Tandem

Ein Deutschbuch für die Realschule

Herausgegeben von: Jakob Ossner und Rudolf Denk

Autoren und Autorinnen: Helmut Alle, Anja Silke Binder, Sabine Bubeck, Sabine Burkhart, Ilona Esslinger, Rainer Fröbel, Ella Krauß und Sorin Michels

Gesamtkonzeption: Jakob Ossner und Rudolf Denk

5

Best.-Nr. 27101 6

Verlag Ferdinand Schöningh

Gedruckt auf umweltfreundlichem,
chlorfrei gebleichtem Papier

Umschlaggestaltung: Matthias Schwedt
Im Quellenverzeichnis nicht aufgeführte Illustrationen: Ralf Weißmantel

(Verlag Ferdinand Schöningh, Jühenplatz 1, 33098 Paderborn)

Printed in Germany. Gesamtherstellung: Ferdinand Schöningh, Paderborn

Druck 5 4 3 2 1 Jahr 00 99 98 97 96

ISBN 3-506-27101-6

Inhalt

Wie ihr dieses Tandem benutzen könnt ... 4

Schule? – Schule! ... 5
Geschichten, Erzählungen, Sachtexte, Gedichte über Schule, Schüler und Lehrer hier und anderswo

Anders sein ... 29
Über Menschen, die woanders und anders leben und solche, die anders leben müssen

Masken ... 51
Wie man sich verwandeln und verstecken kann mit Masken, Kleidern und hinter Geschichten

Theater spielen ... 71
Geschichten vom Theater; Schwänke zum Theaterspielen (alles mit Daumenkino)

Wünsche ... 95
Über Leute mit Wünschen; Wünsche für die Zukunft und unsere Umwelt

Entdeckungen ... 115
Nahe und ferne Entdeckungen: Bekanntes neu sehen und Unbekanntes kennenlernen

Abenteuer Lesen ... 139
Lesen ist ein Abenteuer – die abenteuerliche Geschichte von Karana auf der Insel der blauen Delphine

Tiere ... 159
Wissenswertes über Haustiere und Ungeheuer

Wer ist der Größte? ... 185
Von Schneidern, die Flugzeuge bauen, Glühbirnenerfindern – überhaupt von großen und kleinen Leuten

Knifflige Probleme lösen ... 207
Von Menschen, die nicht aufgaben und die eine Idee hatten

Mut ... 231
Über Mut – aber auch Angst

Früher – ... und heute? ... 255
Von Kaminfegern, Bäckern, Buchdruckern und Goldmachern

Zum Nachschlagen und Nachdenken ... 273
Über Sprache nachdenken ... 273
Grammatik ... 273
Rechtschreiben ... 277
Schreiben ... 282
Lesen und Texte erschließen ... 283
Jede Einheit in der Übersicht ... 286
Übersicht über Texte – Textarten – Autoren ... 298
Quellenverzeichnis ... 300
Übersicht über die wichtigsten Informationen ... 303
Gesamtübersicht ... 304

Wie ihr dieses Tandem benutzen könnt

Ihr findet zwölfmal Geschichten, Erzählungen, Fabeln, Sagen, Legenden, Beschreibungen, Gedichte und andere Texte über Menschen von nebenan und solche, die ganz anders leben, über Tiere und überhaupt Alltägliches und Merkwürdiges. Jede Einheit steht unter einem bestimmten Thema. Die erste heißt *Schule? – Schule!* und die letzte *Früher – ... und heute?*

Jede Einheit hat eine Einstiegseite. Verschiedene Bilder, Cartoons oder ein Text in einem Bild zusammen mit dem Thema der Einheit geben euch Fingerzeige für die Texte und die Aufgabenstellungen. Schaut euch diese Seite als erstes und als letztes (und manchmal mittendrin) an. Ihr werdet immer Neues entdecken.

Durch jede Einheit führen euch rote Überschriften als Wegweiser. Sie zeigen euch, wie es jeweils weitergeht, ohne euch schon alles zu verraten. Manchmal sind diese Überschriften sehr sachlich: *Anderen schreiben – Neues erfahren*; manchmal werfen sie Fragen auf: *Wie sind Goldhamster wirklich? – Sich informieren*, manchmal stoßen sie euch an, selbst weiterzudenken: *Wünsche – gut überlegt?* Es kann spannend sein, wenn ihr nach den Überschriften nicht gleich weiterlest, sondern zuerst einmal eure eigenen spontanen Gedanken äußert. Wenn ihr einmal eine Einheit nicht bis zum Ende durchlesen und durcharbeiten wollt, könnt ihr vor solchen Überschriften abbrechen.

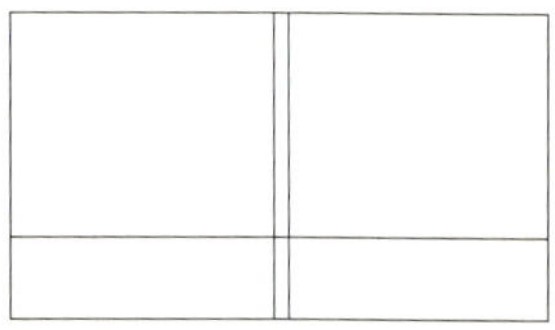

Bald werdet ihr merken, daß die linke und rechte Seite meist eine Einheit bilden. Durch beide Seiten zieht sich ein Strich. Darüber stehen Texte zum Lesen – und darunter Arbeitsaufträge, Informationen, Arbeitshinweise. In jedem Text steckt etwas, was man nicht sofort sieht. Arbeitsaufträge helfen euch beim Verstehen, aber nicht alle Texte haben Arbeitsaufträge. Ihr sollt ja auch lernen, selbst Fragen an einen Text zu stellen. Redet über die Texte nicht nur dann, wenn Fragen darunter stehen. Manchmal werdet ihr einen Text auch nur genießen, in euch aufnehmen, auch das ist erlaubt! Wenn ihr mehr über das Lesen wissen wollt: ab der Seite 285 findet ihr Interessantes und Wissenswertes.

Tandem ist nicht nur ein Lesebuch, sondern auch ein Sprachbuch. Das heißt, ihr bekommt Hilfen, wie man Gespräche führt, für das gute, pfiffige und richtige Schreiben von Texten und über die deutsche Sprache. Schließlich ist *Tandem* auch ein Informationsbuch. Umrahmt und mit dem Zeichen für Information versehen, ist Wichtiges für euch zusammengefaßt, z.B. die Definition von „Subjekt". In Kästen mit dem Zeichen für *Arbeitstechnik* findet ihr Hinweise und Hilfen, wie man sinnvoll an bestimmte Aufgaben herangeht und sie lösen kann. Umrahmt findet ihr auch Angaben zum Leben von Schriftstellern. Wenn ihr zusammenhängend nachlesen wollt, wie Sprache funktioniert, dann lest ab der Seite 273 *Zum Nachschlagen und Nachdenken*. Dort findet ihr auf engem Raum den Stoff der Grammatik, des Rechtschreibens und wie man Texte schreibt. Diese Teile solltet ihr immer in der Klasse besprechen.

Am Schluß hat jede Einheit das *Tandem*-Training: jede Menge Übungen. Da wird noch einmal wiederholt, was zuvor angeregt und besprochen wurde. Ihr solltet aber auch die vielen Arbeitsaufträge innerhalb der Einheit als Übung verstehen, denn nur stetes Üben macht den *Tandem*-Meister.

Und alle, die etwas suchen, finden auf den Seiten 298–300 und auf dem hinteren Umschlagdeckel eine Übersicht, wie alles verteilt ist.

Viel Spaß mit diesem Tandem!

Schule!

Das Recht auf Schule

Hamdah, ein Nomadenmädchen

Hamdah, elf Jahre alt, ist ein Nomadenmädchen. Sie lebt im Stamm der Rashaida. Die Nomaden leben an der Küste des Roten Meeres. Das kleine Volk – längst vergessen von der Außenwelt – zieht durch die Wüste mit seinen Karawanen.

„Warst du in einer Schule?" Hamdah schüttelt den Kopf. „Nein, hier gibt es keine Schulen. Meine Mutter unterrichtet mich in arabischer Sprache und Schrift. Sonst nichts. Die Jungen gehen oft zur Schule und bleiben im Internat. Aber Mädchen und Schule, das ist wirklich unvorstellbar."
Ibrahim fragt weiter: „Was macht ein Mädchen bei den Rashaida-Nomaden den ganzen Tag?" Hamdah muß lachen und verdreht die Augen: „Na, du bist gut! Egal ob Jungen oder Mädchen, wir arbeiten alle! Ich bin jetzt elf, und da gibt es ganz klare Aufgaben für mich. Morgens melke ich die Ziegen. Danach wasche ich ab – natürlich ganz sparsam mit dem Wasser, weil wir das von weither holen müssen. Nach dem Abwasch spiele ich mit meinen Freundinnen. Dann helfe ich Mutter beim Kochen, wieder abwaschen, Koranschule, Handarbeit oder Teppich weben. Und dann wird es bald dunkel."
So beschreibt das Nomadenmädchen seinen Alltag. Ab dreizehn, vierzehn dürfen Jungen und Mädchen nicht mehr zusammen spielen. Beide Geschlechter wachsen in einer getrennten Welt auf.

Bericht aus der Zeitschrift „Treff"

Das ist Hamdah vor dem Zelt ihrer Eltern.

- Schreibe deinen eigenen Tageslauf in Stichworten auf, und vergleiche ihn mit dem Hamdahs.
- Welche Tätigkeiten bestimmen deinen, welchen Hamdahs Tag?
- Vergleiche Hamdahs Leben mit dem Grundsatz 7 der Kinderrechte auf der rechten Seite.

Grundsatz 7 der Kinderrechte

Abgeordnete zahlreicher Völker der Erde haben im Jahre 1959 in einer großen Versammlung die Rechte aller Menschen festgelegt. Einige dieser Rechte sind nur für Kinder gedacht:

Zum Beispiel der **Grundsatz 7:**

Jedes Kind hat das Recht auf kostenlosen Unterricht.

Jedes Kind soll genügend Gelegenheit zu Spiel und Erholung haben.

Schulordnung

Die Furcht Gottes ist der Weisheit Anfang. Deshalb sollen unsere Schüler vor allem fromm sein.

Sie sollen ihre Lehrer ehren, auch wenn diese sie strafen.

Wenn die Schüler das Studieren angefangen haben, sollen sie nicht vom Fleiß ablassen.

Aus den Stunden sollen sie nicht ohne Erlaubnis wegbleiben.

Die Aufgaben sollen sie sorgfältig lernen und mit weggelegtem Buche aufsagen; auch soll niemand vorsagen.

Seine schriftlichen Aufgaben soll jeder selbständig anfertigen, auch anderen seine Ausarbeitungen nicht mitteilen.

Die Wurzeln der Wissenschaft sind bitter, aber die Früchte sind süß.

Aus der Goldberger Schulordnung von Valentin Trotzendorf 1563

- Der Besuch einer Schule ist Pflicht. –
  Der Besuch einer Schule ist ein Recht ...
- Was haltet ihr heute noch aus der Schulordnung von Trotzendorf für vernünftig?

Nancy Durell McKenna

Kwa Zulu, ein Mädchen aus Südafrika erzählt

Ich gehe in Ekuvukeni zur Schule. Der Unterricht beginnt um acht Uhr morgens, und für den Schulweg brauche ich ungefähr fünfzehn Minuten. Um ein Uhr ist die Schule aus, und nachmittags hat eine andere Klasse Unterricht. In der Schule gibt es nicht genug Klassenräume, deshalb können nicht alle Kinder zur gleichen Zeit unterrichtet werden.

Ich gehe in die dritte Klasse. Meine Lehrerin heißt Miss Lungili. Das ist auch ein Zuluname und bedeutet „die Freundliche“. Sie schreibt alles, was wir lernen müssen, an die Tafel, und wir lesen es gemeinsam laut vor und wiederholen es.

Am liebsten mag ich den Naturkundeunterricht, aber wir lernen auch Zulu, Englisch und Rechnen, und außerdem werden wir in Gesundheitsfürsorge und Hygiene unterrichtet.

Großmutter muß 15 Rand [das sind 7 DM] im Jahr bezahlen, damit ich zur Schule gehen kann. Von dem Geld bekommen wir ein warmes Essen in der Schule, und mit dem Rest wird das Schulgebäude repariert und in Ordnung gehalten. Auch meine Schuluniform ist sehr teuer. Sie kostet ungefähr 30 Rand. Ich bin so froh, daß die Frauen in Großmutters Gruppe meine nächste Uniform nähen können.

Auch meine Brüder und Schwestern gehen alle zur Schule, und ich hoffe, daß ich später einmal, wenn ich älter bin, in die Höhere Schule gehen darf. Aber nicht viele Familien in Ekuvukeni können es sich leisten, ihre Kinder zur Schule zu schicken.

Eine andere Schule

Keiner sagt „Spasti“

Schüler besuchen eine Schulklasse, in der Behinderte und Nichtbehinderte gemeinsam unterrichtet werden. Die Bodelschwingh-Schule hat ihren Namen von dem Pfarrer Friedrich von Bodelschwingh, der mit 42 Jahren Leiter eines Hauses war, in dem körperlich und geistig behinderte Menschen lebten.
Für ihre Schülerzeitung schrieben die Jungen und Mädchen einen Bericht.

Fünf von uns fuhren mit Herrn Woesler nach Bonn-Friesdorf, um die Bodelschwingh-Schule zu besuchen, in der in zwei Klassen Behinderte und Nichtbehinderte zusammen unterrichtet werden.
Vieles brachte uns zum Staunen. In diesem Schulversuch geht es so ganz anders zu als auf der „normalen“ Schule. Ein bis zwei Stunden am Tag haben die Kinder „Freiarbeit“, in der sie nach ihrer Wahl arbeiten können. Da gibt es in Regalen Material, das sich die Kinder nach Belieben holen und damit arbeiten – wirklich arbeiten. Die einen suchen sich in Büchern etwas über ihr „Tier der Woche“, die anderen rechnen ein Programm, wieder andere lesen oder „spielen“ ein Lesespiel gemeinsam. Zunächst hatten wir Mühe, die Behinderten von den Nichtbehinderten zu unterscheiden.
Bei Christian war es klar: er muß in einem Dreirad sitzen, mit dem er sich sehr geschickt in der Klasse fortbewegt. Er ist sehr klein und muß vorsichtig sein, daß er sich nicht stößt, denn er hat „Glasknochen“, die sehr leicht brechen. Mit seiner nichtbehinderten Freundin Dina arbeitet er immer zusammen.
Oliver ist von Geburt an an den Beinen gelähmt. Beim 3-Minuten-Lauf in der Turnhalle hielt er auf Krücken mit – eine tolle Leistung, die ein Nichtbehinderter kaum schaffen würde.

Ulli ist mongoloid, d.h. er ist geistig behindert. Er ist immer gut aufgelegt und dadurch bei den anderen Kindern sehr beliebt. Es finden sich immer Mitschüler, die ihm bei der Arbeit helfen und ihn anregen, selbst etwas zu unternehmen. Seine Eltern sind von seiner Entwicklung überrascht und sind überzeugt, daß ihr Junge in dieser Umgebung viel mehr gefördert wird als in einer Schule, in der er nur mit geistig behinderten Kindern Kontakt hätte.
Alexander ist Spastiker. Er kann nicht alle Körperbewegungen

unter Kontrolle halten. Vor allem beim Sport braucht er viel Zuspruch und Anfeuerung. Ariane ist taub. Sie hat in der kurzen Zeit schon gut sprechen gelernt. Ihr Temperament beim Sport fiel uns besonders auf. Ihr könnt euch vorstellen, daß die zwei Lehrerinnen, die meist gleichzeitig dieses zweite Schuljahr unterrichten, ziemlich vielseitig sein müssen.

Wenn die Kinder still arbeiten, nehmen sie sich meist eines der behinderten Kinder zur Einzelbetreuung vor. Aber auch der Unterricht verlangt die besondere Ansprache der Behinderten.

Uns hat besonders beeindruckt, welche Stimmung in der Klasse herrschte. Da hörte man von keinem Kind Schimpfwörter wie „Mongo" oder „Spasti". Die Nichtbehinderten haben keine Angst vor den Behinderten und ihren Krankheiten. Sie nehmen sie mit ihren Schwächen und Stärken. Alle lernen voneinander!

Sich gegenseitig helfen – gemeinsam lernen:
Was könnte das in unserer Schule heißen?
Wo hättet ihr als Neue in der Schule gerne Hilfe?
Wie könnt ihr euch gegenseitig helfen?

Nicht nur darüber reden – auch tun!

Irmela Wendt

Wie Schule sein soll

Wie Schule ist
wissen sie alle

ein Saustall
sagt Oskar Vette
ein Schwitzkasten
sagt Babette
eine Fehlerzählautomatikanlage
sagt Horst
ein Wettkampfstadion für Nieten
sagt Kunigunde Porst
ein Zoo für Angepaßte
sagt Agathe
ein Aquarium für Mundhalter
sagt Willi Strate
ein Freizeitknüller
für gewisse Lehrer
sagt Benjamin
sagt Fridolin
sagt Edda Kühn

und nicht einer sagt
wie Schule sein soll
weil einer so was
mit einem Wort
einfach nicht sagen kann.

... und wie soll Schule sein?
Verfaßt ein Gegengedicht.
Ihr könnt so anfangen wie hier;
den passenden Schluß müßt
ihr selber suchen.

Wie Schule sein soll
wissen wir alle
Ein Ort für Lerner
sagt Fredo Ferner
Ein Platz für Neugierige
sagt Veronika Vierige...

Schulgeschichten erzählen

Peter Härtling

Warum Bernhard mit dem Hintern heult (aus: *Ben liebt Anna*)

Ben hat sich in der Schule vorsichtig mit Anna, einem Aussiedlermädchen, angefreundet und sie mehr und mehr liebgewonnen. Die anderen Kinder der Klasse lassen Anna links liegen, bis sich eines Tages ausgerechnet Bernhard, Bens bester Freund, für sie zu interessieren beginnt.

[...] Also ich bin auch noch da, sagte Seibmann. So begann er oft die Stunde.
Irgendwas muß ich mit dem Bernhard machen, dachte Ben. Der muß was abkriegen, sonst platz ich. Wirklich!
Er holte aus seinem Ranzen einen Sticker, einen Aufkleber, den er von Holger geschenkt bekommen hatte. Ein Mondgesicht, aber kein grinsendes, sondern ein greinendes. Unterm Tisch zog er das Bildchen von der Folie. Nun mußte er bloß noch abwarten. Wenn Bernhard aufstand, legte er den Sticker umgekehrt auf den Stuhl, und Bernhard hatte einen heulenden Mond am Hintern.
Ben mußte eine Menge Geduld aufbringen. Endlich mußte Bernhard zur Tafel. Wenn er zurückkam, durfte er nichts auf dem Stuhl sehen. Also konnte Ben den Aufkleber erst hinlegen, wenn sich Bernhard setzte. Richtig unterschieben. Das tat er dann auch. Da Bernhard Tafeldienst hatte, mußte er sicher nochmal nach vorn. Hoffentlich bald! [...]
Tatsächlich mußte Bernhard die Tafel putzen, ehe die Stunde zu Ende war. Der Mond saß fabelhaft. Richtig in der Mitte. Bei jedem Schritt von Bernhard verzog er das Gesicht. Ben wünschte sich, daß der Gang zur Tafel doppelt so lang wäre. Aber es reichte. Das Gesicht machte tolle Fratzen. Alle hatten es bemerkt. Die ersten begannen zu prusten. Bernhard begriff nicht, was los war. Er guckte sich um. Seibmann konnte den Mond an Bernhards Hintern noch nicht sehen.
Was ist denn jetzt schon wieder los? fragte Seibmann.
Keiner sagte etwas. Alle zischelten, kicherten, hielten sich die Hände vor den Mund. Ben sah zu Anna rüber. Sie hatte die Backen aufgeblasen, die Faust vor den Mund gepreßt und freute sich.

Peter Härtling
wurde 1933 in Chemnitz geboren. Nach dem Krieg mußte die Familie über Österreich nach Süddeutschland flüchten. Peter Härtling verlor sehr früh beide Eltern. Er arbeitete jahrelang in einem Verlag, seit 1973 ist er freier Schriftsteller.
Zu seinen bekanntesten Kinderbüchern gehören *Ben liebt Anna* und *Das war der Hirbel.*

Ben spürte, wie die Ameisen in ihm aufhörten zu kribbeln. Er war froh.

Bernhard hatte noch immer nicht spitz gekriegt, was los war. Er machte einen großen Schritt, und das Mondgesicht heulte schrecklich.

Regine prustete nicht mehr. Sie lachte spitz und hoch.

Es reicht, sagte Herr Seibmann.

Bernhard war nun völlig durcheinander und drehte sich um sich selbst.

Bernhard tanzt, rief Jens.

Ruhe! schrie Seibmann. Endlich sah er den Grund des Aufruhrs. Er lachte nun auch. Das ist schon komisch! sagte er. Bernhard sah Seibmann fragend an und war den Tränen nah.

Dein Po schneidet Gesichter, sagte Herr Seibmann. Komm mal her! Er riß den Sticker ab und klatschte ihn an die Tafel. Das war's, sagte er und fragte plötzlich sehr scharf: Wer war das?

Ben zuckte zusammen.

Aber Seibmann stand schon neben ihm.

Du, Ben?

Ben stand auf und antwortete leise: Ja.

Warum?

Ben schwieg.

Bloß so? fragte Seibmann.

Bloß so, flüsterte Ben.

Dann kannst du auch bloß so deine Mathe-Aufgaben nach dem Unterricht hier machen. Klar?

Also ging doch alles schief. Selbst nachdem er Bernhard eins ausgewischt hatte. Jetzt konnte er nicht mit Anna reden. Aber vielleicht würde sie, bevor sie rausging, zu ihm kommen, ihm was sagen.

Das tat sie nicht.

Sie lief, zusammen mit Regine, kichernd aus der Klasse. Und sah nicht mal zu ihm hin. Seibmann setzte sich neben Ben, überraschte ihn mit seiner Freundlichkeit und sagte: Jetzt wollen wir mal miteinander rechnen. Du bist schon eine Type, Ben.

- Schreibe die Stellen heraus, die etwas über Bernhard aussagen.
- Im Klassenzimmer spricht Bernhard nicht über seine Gefühle. Im Schulhof bricht er sein Schweigen: *„Als ich nach vorne gehen mußte, um die Tafel zu putzen, ...“* Schreibe weiter.
- Und eure Schulstreiche ... ?

Auch ein Schulstreich?

①

②

③

Überlege dir vor dem Schreiben:

Schreibtips zum Erzählen

Wer erzählt:	Eine Schülerin, die mitmachte, der Lehrer oder ein Schüler, der nicht mitmachen wollte?
Schreibziel:	Soll deine Geschichte lustig, eher nachdenklich oder traurig werden? Wie geht die Geschichte aus?
Handlung und Motive:	Wer plante den Streich? Wer führte ihn durch? Warum kamen die Kinder überhaupt auf diesen Einfall?
Erster Satz:	Wie könnte der erste Satz lauten?

Lest euch eure Geschichte gegenseitig vor. Welche Geschichte findet ihr besonders interessant? Woran liegt das?

Das ist wert, gut erzählt zu werden ...

Charles M. Schulz

Schreibe eine unterhaltende Erzählung von dieser besonderen Schulstunde.

Erzählen

Bei allen Gelegenheiten wird erzählt.
Manchmal wollen wir etwas loswerden: *„Gestern passierte mir etwas Schreckliches ...“*
Erzählungen können auch informieren: *„Heute schrieben wir unsere erste Englischarbeit ...“*

In diesem Fall geht es aber nicht um genaue Informationen, sondern darum, daß uns etwas besonders wichtig war.
Am häufigsten wollen wir mit Erzählungen andere unterhalten: *„Letzten Sommer, im Ferienlager, ...“*

Schulleben: Sich kennenlernen – miteinander sprechen

Irmela Brender

Eine

Eine drehte sich um nach ihm, als alle anderen die Köpfe schon wieder über die Bücher beugten. Er nahm das den anderen nicht übel, er wußte, ein Neuer in der Klasse ist nicht so interessant, daß man ihn die ganze Stunde hindurch anstarren könnte. Schließlich ging der Unterricht weiter, und er mußte eben da sitzen und sich eingewöhnen. Aber die eine im blauen Kleid sah immer wieder hin zu ihm, nicht neugierig, noch nicht einmal lächelnd. Das Profil, das sie ihm zeigte, manchmal auch noch ein bißchen Wangenfläche dazu, war ernst und aufmerksam, als habe sie über ihn nachzudenken. das halbe Klassenzimmer lag zwischen ihnen, und er konnte ihre Augenfarbe nicht erkennen. Braun, schätzte er, und ein paar Sommersprossen auf der Nase, und das ganze Gesicht ein bißchen zu mager. Die gehört nicht zu den Niedlichen, dachte er, die sich um einen Neuen kümmern, weil das so gut paßt zu ihrer Niedlichkeit und weil sie dann noch einen haben, der sie nett findet. Die gehört vielleicht noch nicht mal zu den Netten.

Da ist eine, die ich gerne näher kennenlernen möchte. Wie ist die wohl wirklich?

Irmela Brender
wurde 1935 in Mannheim geboren. Sie arbeitete als Journalistin und Verlagslektorin. Sie schreibt u.a. Bücher und Geschichten für Kinder und Jugendliche. Irmela Brender lebt heute in Sindelfingen als freischaffende Buch- und Funkautorin. Ein besonderer Lesetip ist ihr Buch „Die Kinderfamilie“.

Eine Struppige ist das, überlegte er, eine, die kicken kann, fast wie ein Junge, und plötzlich wegläuft, wenn man glaubt, sie sei ein Kumpel. Eine, die nicht mit Freundinnen kichert und tuschelt, sondern viel allein herumläuft, nicht spazierengeht, sondern eben herumläuft, und die allerhand kennt in der Stadt. Eine, von der man manches erfahren kann, aber nicht unbedingt das, was zählt.
Es fiel ihm ein, daß er sich irren könnte, aber er glaubte es nicht. Ich werde ihr ein Zeichen geben, sagte er sich, und wenn sie reagiert, dann habe ich mich nicht geirrt. Dann ist sie eine, die ich mögen könnte, zumindest mögen.
Als sie sich wieder umsah, lächelte er. Da stand sie auf und brachte ihm ihr Buch. Fast unfreundlich legte sie es vor ihn auf den Tisch; er sah dabei, daß sie magere Finger hatte mit ganz kurzen Nägeln, das paßte auch. „Danke, ich geb's dir nachher wieder", sagte er schnell, bevor sie etwas sagen konnte. Sie nickte und ging zurück an ihren Platz.
Alle beugten die Köpfe über die Bücher, er auch. Aber er gab acht, daß er den Augenblick nicht verpaßte, in dem sie sich noch einmal nach ihm umschaute und beinah lächelte.

Kennt ihr euch eigentlich schon richtig?

Jemanden vorstellen

Auf Zetteln sind alle Namen der Klasse notiert. Jeder zieht einen Zettel und hat nun die Aufgabe, diese Person vorzustellen, ohne ihre Namen zu verraten. Welche Vorlieben oder Abneigungen hat sie? Welches Spiel spielt sie am liebsten? Was möchte sie einmal werden? Die Klasse beginnt zu raten, um wen es sich handeln könnte.

Über sich selbst reden

Jeder schreibt von sich einen kleinen Steckbrief: Lieblingsspiele, Berufswünsche, Träume und allerhand Erstaunliches. Alle Steckbriefe werden gesammelt, gemischt und nacheinander vorgelesen. Jetzt kann die Klasse herausfinden, wer den Steckbrief verfaßt hat.

Gina Ruck-Pauquèt

Der Krebs

Als Dieter zum erstenmal die Klasse betrat, fürchtete er sich einen Moment lang. Wie die ihn anstarrten! Lauter fremde Mädchen und Jungen. Saßen da und machten große Augen, waren erwartungsvoll.

Als ob sie glauben, daß ich gleich einen Rüssel ausfahre, dachte Dieter, Hörner kriege oder Kikiriki rufe!

Am liebsten hätte er ihnen die Zunge rausgestreckt. Seine Furcht war fort. In der Pause strichen ein paar um ihn rum, stießen sich an und kicherten. Das war wegen seiner Jacke. Das konnte er sich schon denken.

Dieter ging langsam auf die Gruppe zu, die sich unter der Kastanie gebildet hatte. Er wußte sofort, wer da die Hauptperson war. So was spürte er. Kurz darauf erfuhr er, daß der Junge Leo hieß. Er war klein und dünn und dunkelhaarig, und er war wie eine aufgezogene Feder, in jedem Augenblick bereit loszuschnellen.

Gegen mich, dachte Dieter. Der hat was gegen mich.

„Guck mal, was der für 'ne Jacke hat!" sagte einer, ein Blonder, der Timo hieß.

Er packte Dieter bei den Schultern und drehte ihn mit dem Rücken zu Leo. „Toll, was?" „Das ist 'n Krebs", sagte Inga, „'n weißer Krebs".

„Riesig", sagte Tobbi. „Wo hast'n die Jacke her?!"

Dieter blickte Leo an, der mit zusammengekniffenen Augen zurückstarrte. Die Jeansjacke mit dem aufgenähten weißen Krebs.

„Die hat mein Vater aus dem Ausland mitgebracht", sagte Dieter zu Leo. Aber der guckte weg, nahm die Antwort nicht an. Er hatte ja auch nicht gefragt. Die anderen schwiegen, waren betreten. Nur Meike nicht.

„Gib mal", sagte sie. Dieter schlüpfte aus der Jacke. Meike zog sie an, verschwand fast darin. Einer lachte. Leo stand mit einer harten Bewegung auf. Die anderen zögerten. Dann läutete die Glocke und nahm ihnen die Entscheidung ab.

So war das am ersten Tag. Dieter machte sich nicht allzuviel Gedanken darüber. Leo war hier der Macher, das war klar. Sollte er doch! Es gab genug andere Kinder, und Dieter war einer, der leicht Freunde fand. Meike hatte sich sowieso gleich an ihn ange-

---

- Versucht ohne Worte zu spielen, wie Dieter das Klassenzimmer betritt.
- Obwohl Dieter noch nichts mit Leo gesprochen hat, spürt er, daß Leo „die Hauptperson" ist. Lest noch mal die Zeilen 9–12 und gebt wieder, warum sich Dieter sicher ist.
- Sucht weitere Stellen auf dieser Seite, die deutlich machen, wie die Jungen zueinander stehen.

Mit dem Körper sprechen

Auch unser Körper, unser Gesichtsausdruck (Mimik), unsere Hände (Gestik) sprechen. Selbst wenn keine Worte fallen, können wir an der Körpersprache eines Menschen erkennen, was er meint.

schlossen. Und Tobbi und Friedel zeigten ihm das Schwimmbad und den Park.

„Der Leo mag dich nicht", sagte Meike. Sie saßen nebeneinander auf der Bank am Omnibusbahnhof und Meike zupfte an den ausgefransten Beinen ihrer Jeans.

„Warum sagst du das so leise?" fragte Dieter. Meike schwieg.

„Der ist zu allem fähig!" sagte Tobbi. „Der Leo ja. Ist'n irrer Typ", setzte er hinzu. „Hast du seinen Gürtel gesehen? Hat er selbst aus Ziegenleder gemacht. Sind kleine Fotos draufgeklebt. Von 'nem Pferd, auf dem er geritten ist, und von 'nem echten Indianer, den er kennt. Er war nämlich mal in Amerika."

Friedel nickte. Er warf die Unterlippe auf und machte ein knallendes „Ppp!", das nach Anerkennung klang.

Ein paar Tage später redeten sie in der Klasse so einen Blödsinn: „Krebs – immer zwei Schritte vor und einen zurück."

„Von wem kommt das?" fragte Dieter.

Die anderen zuckten die Achseln. Das Gerede hielt sich nicht lange. Nur, daß sie ihn Krebs nannten, das blieb. Sie nannten ihn den Krebs, und sie mochten ihn. Fast alle mochten ihn.

Es kam jetzt vor, daß Dieter Leo für Augenblicke allein dastehen sah, – auf dem Schulhof oder sonst irgendwo. Und er begriff, daß Leos Feindseligkeit aus der Furcht entsprungen war, in Dieter einen Rivalen zu finden, der ihm die Gunst der anderen nahm.

Im frühen Herbst kam das „Parkgerücht" auf. Daß es nicht mit rechten Dingen zugehe in den Nächten im Park. Genaues wußte allerdings keiner. „Wache halten müßte man", sagte Hanna. „Auf 'nem Baum oder so." – „Ja –", sagte Timo, „wenn meine Eltern nicht die dämliche Gewohnheit hätten, mich abends ins Bett zu schicken ..."

„Bist aber froh, was?" sagte Meike. „Würdest dir schön in die Hose machen vor Angst."

„Ich tu's!" sagte Leo da.

„Was?" fragte Friedel.

„Draußen bleiben", sagte Leo. „Auf dem Baum da sitze ich", sagte er und zeigte hin. „Die ganze Nacht." Sein Blick streifte Dieter. „Da wird dir aber kalt", sagte Dieter. Leo sah ihn noch einmal an. Es war, als ob etwas knackte. „Der macht das", sagte Inga später. „Echt!"

„Glaub's schon", sagte Dieter.

Leo erzählt von seiner nächtlichen Wache im Park. Seine Mitschüler glauben ihm nicht.

- Überlegt, was Leo gesagt und vor allem wie er es gesagt haben könnte, so daß ihm niemand glaubte.
- Versucht auch diese Szene zu spielen.

Wie etwas gesagt wird

Es kommt nicht nur darauf an, **was** du sagst, sondern auch, **wie** du es sagst. Du kannst etwas *laut* oder *leise, schnell* oder *langsam; überzeugt, glaubwürdig, bestimmt, mit Nachdruck* ... sagen, aber es kann auch *unglaubwürdig, ängstlich* ... klingen. Glaubwürdig bist du dann, wenn deine Worte nichts anderes sagen als deine Stimme und dein Körper.

Und Leo war wohl wirklich draußen geblieben in der Nacht. Er sah blaß und müde aus, als sie am nächsten Morgen vor Schulbeginn im Klassenzimmer auf ihn einstürmten.
„Red schon!" – „Was war?" – „Sag!"
Aber was er dann faselte von einem Mann im dunklen Umhang und von einer klagenden Stimme, das klang wenig glaubwürdig. Wahrscheinlich war gar nichts gewesen.
„Glaubst du ihm?" fragte Tobbi leise.
„Ne", sagte Dieter, „der spinnt!"
Hatte er es zu laut gesagt? Hatte Leo es gehört? Jedenfalls passierte es an dem Nachmittag. Und was passierte, sprengte den Rahmen aller Feindseligkeiten, die je zwischen den Kindern ausgetragen worden waren.
Sie hatten im Park Herbstblätter für den Zeichenunterricht gesammelt. Es war ein warmer Nachmittag, und sie hatten ihre Jacken unter einen Strauch gelegt. Als sie zurückkamen, lag Dieters Jacke oben. Dieters Jeansjacke mit dem weißen Krebs. Aber der Krebs war nicht mehr weiß. Er war überhaupt nicht mehr da, der Krebs.
Dieter hob die Jacke hoch. Wo der Krebs gewesen war, war ein Loch. Man konnte den Arm durchstecken. Meike heulte gleich los.
„Rausgebrannt", sagte Timo. „Regelrecht rausgebrannt."
„Das ist doch ...", Hanna fehlten die Worte.
„Eine Sauerei ist das", sagte Tobbi. „Die größte Sauerei, die ich erlebt hab!"
Sie blickten sich nacheinander an. Leo fehlte.
„Der ist schon weg", sagte Friedel. „Er hat mir gesagt, daß er weg muß." „Das hätte ich nicht gedacht", sagte Inga. „Daß er sowas macht, nicht." Dieter biß auf seiner Lippe rum. Er hielt die Jeansjacke mit zwei Händen, so, als sei sie ein verwundetes Lebewesen.
„Warte", sagte er leise, „jetzt werd ich's dir zeigen, du!"
Timo legte ihm die Hand auf die Schulter. Dann gingen sie schweigend auseinander.
Abends pfiffen sie unter Dieters Fenster. Sie machten ihm Zeichen. Er sollte runterkommen. Sie hatten etwas für ihn.
Gewohnheitsmäßig griff Dieter nach seiner Jacke. Dann sah er es wieder. Er legte sie hin, zog den blauen Pullover über und rannte hinaus.
Sie machten auf geheimnisvoll. Hanna trug das Päckchen. Als sie bei der Bank vorm Omnibusbahnhof ankamen, blieben sie stehen und blickten sich nach allen Seiten um.
„Gib's ihm jetzt!" sagte Timo. Hanna gab es ihm. In dem Päckchen war Leos Gürtel aus Ziegenleder. Dieter hielt Leos Gürtel in der Hand. Er starrte ihn an, die Nieten aus weißem Metall, das Foto von dem Indianer und das des Pferdes. Sie hatten Leo den

- Die Situation spitzt sich zu. Wie konnte es soweit kommen?
- Was meint ihr zum Verhalten der Klasse?
- Stell dir vor, Timo würde Dieter auffordern mit Leo zu sprechen. Versuche zu erzählen, wie Leo und Dieter einander begegnen und miteinander reden. So könnte die Geschichte beginnen: „Dieter paßte Leo auf dem Nachhauseweg ab. Leo tat so, als würde er ihn überhaupt nicht sehen ..."
- Gespräche gelingen nicht immer. Woran kann es liegen?

Gürtel weggenommen! Wahrscheinlich im Hallenbad, dachte Dieter. Bestimmt sogar. „Na?“ sagte Timo. „Mensch!“ sagte Dieter. „Rache ist süß“, sagte Tobbi. „Ich schlage vor, du schneidest ihn in kleine Stücke, und die legen wir ihm dann morgen hin.“ „Ne“, sagte Friedel, „ich würde ihn verbrennen.“ – „Und ihm die Asche mit den Nieten in einer Urne servieren“, Inga lachte.

Dieter wog den Gürtel in der Hand. „Ich weiß noch nicht“, sagte er.

„Mach, wie du meinst“, sagte Timo. „Es ist deine Rache. Ich muß heim.“ „Okay“, sagte Dieter. „Bis morgen dann. Und danke auch!“

In seinem Zimmer legte er den Gürtel über seine Jacke. Das eine Ende des Gürtels hing auf den Boden hinab. Dieter setzte den Fuß darauf. Er würde es nicht mit der Schere machen. Und auch nicht mit dem Feuer. Mit seinen Händen und Füßen würde er es machen.

„Siehst du, Leo“, sagte Dieter. „Zuerst die Jacke und dann der Gürtel.“ Und dann? dachte er weiter. Und dann? Und dann?

Dann wäre Leo wieder am Zug. Er würde etwas noch Gemeineres tun. Dann wieder er, Dieter. Er würde etwas tun, was er sich jetzt überhaupt noch nicht vorstellen konnte.

Wieder Leo, blaß, mit zusammengekniffenen Augen, Dieter, Leo, Dieter. Beide allein, gegeneinander. Und der Haß und die Rache wären ein Gefängnis, dem sie beide nicht mehr entkommen würden.

Dieter schleuderte den Gürtel in die Zimmerecke. Dann ging er vor den Spiegel und sah sich an.

Am anderen Morgen waren alle früher als gewöhnlich. Sie standen herum, rückten hier und da etwas zurecht und schwiegen.

Nur Leo saß auf seinem Platz. Er saß unbeweglich, die Ellenbogen aufgestützt, die Fäuste an den Schläfen.

Dann kam Dieter. Er schloß die Tür hinter sich und blickte gleich Leo an. Die linke Hand hielt er hinter seinem Rücken versteckt. Und während die anderen, wie von einem bösen Zauber angerührt, versteinerten, ging Dieter zu Leo hin.

Er machte einen Schritt und noch einen, stand vor Leo, brachte seine Hand in einem matten, niedrigen Bogen nach vorn und legte etwas auf Leos Schreibpult.

Es war Leos Gürtel, – unversehrt. Weiße Nieten, das Foto von dem Indianer und das des Pferdes. Sehr ruhig legte Dieter den Gürtel hin. Für eine Sekunde oder so ließ er seine Hand noch auf ihm ruhen.

Dann nahm er die Hand fort, und manche sagten später, er habe Leo zugelächelt.

Gespräche führen – Verständnis sichern

Um ein Gespräch gut zu führen, solltest du folgende Regeln beachten:

- Gib deinem Gesprächspartner Zeit, seinen Standpunkt darzustellen.
- Frage nach, wenn du etwas nicht verstanden hast.
- Mache ihn darauf aufmerksam, wenn du etwas für unglaubwürdig hältst.
- Halte fest, wie du etwas verstanden hast.
- Entschuldige dich, wenn du im Eifer des Gefechtes jemanden verletzt hast.
- Versuche, nicht immer recht zu haben.

Versucht ein Gespräch zwischen Leo und Dieter, in dem ihr diese Regeln einzuhalten versucht, zu spielen. Die Zuschauer schreiben auf, welche Regeln eingehalten wurden.

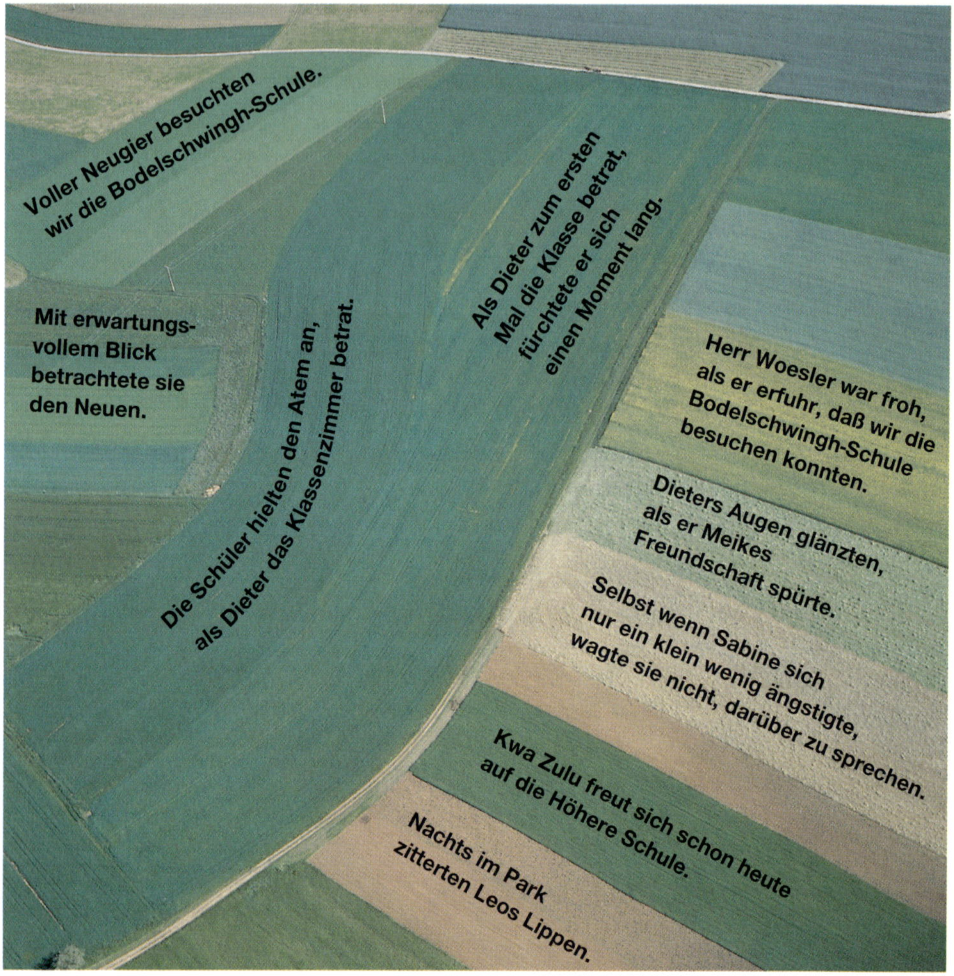

Angst, Ängstlichkeit, Entschlossenheit, Feigheit, Freude, Fröhlichkeit, Frohsinn, Furcht, Spannung, Spaß, Trauer, Traurigkeit, Vergnügen, ...

- Welche Ausdrücke passen zu welcher Situation? Ordne die Wörter in diese Tabelle ein. Vergleicht dann eure Ergebnisse.

Wortfelder suchen

Oft suchen wir nach einem passenden, treffenden Ausdruck. **Wortfelder** helfen uns, entsprechende Ausdrücke zu finden. Wortfelder umfassen alle Wörter mit ähnlicher Bedeutung.

- Nenne weitere Wortfelder, die du bereits kennst.
- Überprüft, ob ihr in den Erzählungen, die ihr geschrieben habt, noch etwas treffender sagen könnt.

- Nennt die Gefühle, die die Kinder in der Bildergeschichte vermutlich bewegen.
- Betrachtet das erste Bild genauer. Welche Gefühle werden den Jungen am Rand beherrschen? Sammelt Ausdrücke, die zur Situation des Jungen passen.
- Im letzten Bild sprechen die beiden über ihre Gefühle. Wie könnte der traurige Junge seine Gefühle ausdrücken?

Ein Schleichdiktat schreiben

7. Diktattext

Früher saß Simone neben mir, und wir waren sehr gute Freunde. Jetzt lebt sie mit ihrer Familie in Frankreich. Erst in zwei Jahren wird sie wieder in unsere Klasse zurückkommen. Simone schrieb mir schon ein paarmal. Im letzten Brief erzählte sie mir von ihrer neuen Schule. Sie hat nun jeden Nachmittag Unterricht und kommt manchmal erst um fünf Uhr nach Hause. Sie sitzt neben einem Mädchen, daß Marie heißt. Marie hilft Simone beim Lernen. In ihrer neuen Schule gibt es Mittagessen für alle Schüler. Über ihre Lehrer und Mitschüler kann sie noch nicht viel erzählen, aber ihre Klasse ist bisher ganz nett.

(103 Wörter)

Lies dir den Text mehrmals gut durch. Teile ihn in sinnvolle Abschnitte ein. Lege den Text jetzt an eine beliebige Stelle im Zimmer. Schleiche zum Text und präge dir einen Abschnitt auswendig ein. Gehe nun an deinen Arbeitsplatz zurück, und schreibe diesen Abschnitt auswendig auf. Wenn du alle Abschnitte auf diese Weise aufgeschrieben hast, mußt du deinen geschriebenen Text mit der Vorlage vergleichen und die Fehler korrigieren.

Die Schreibung von Wörtern sichern und Fehlerschwerpunkte bearbeiten

8. Wie schreibt man?

Schreibung	Seite	Problem	Erklärung und Hinweise
Hygiene	8	*y*-Schreibung	*Hygiene* ist ein Wort aus dem Griechischen und bedeutete einstmals *Gesundheit*; heute heißt es eher *Sauberkeit*. Im Deutschen gibt es so gut wie keine Wörter mit *y*. Die Schreibung des Wortes muß man sich merken: Zuerst *y*, dann *i* und *e*, die beide gesprochen werden.
kribbeln	13	*bb*-Schreibung	Es gibt nur wenige Wörter, die mit zwei *bb* geschrieben werden: *Ebbe, krabbeln, dribbeln.* Die beiden *bb*-Buchstaben stehen, weil der Vokal davor kurz und betont ist; in Silben: *Eb-be; krab-beln; drib-beln.*
Krebs	18	Das Wort wird anders geschrieben als es gesprochen wird.	Wenn man das Wort deutlich spricht, dann hört man am Schluß einen *p*-Laut, der aber nicht geschrieben wird. Andere solche Wörter sind: *Herbst, Abt.* Diese Wörter muß man sich merken.
passierte	19	*ie*-Schreibung	Viele Verben enden auf *-ieren: marschieren, spazieren, passieren, experimentieren, kombinieren ...*

Anders sein

Für uns
sind die Andern anders.

Für die Andern
sind wir anders.

Anders sind wir,
anders die Andern,
wir alle Andern.

James Krüss

Andere Länder – anderes Leben

Eismeer
KARA-SEE
NOWAJA-SEMLJA
BARENTS-SEE
LAPTEW-SEE
NEUSIBIR. INSELN
OSTSIBIRISCHE SEE
SONNTAG
MONTAG
Sibirien
Lena
NÖRDL. POLARKREIS
inavien
URAL
Asien
Jakutsk
Ob
Jenissej
St. Peters-burg
BERING-MEER
KAMT-SCHATKA
OCHOTSK. MEER
Baikal-see
ALEUTEN
Europa
Moskau
Nowo-sibirsk
Amur
Wolga
KAUKASUS
KASPISCHES MEER
Aral-see
SCHWARZES MEER
KURILEN
Istan-bul
Peking
Tokyo
HIMALAYA
Huang He
LINIE DES DATUMWECHSELS
Pazifischer Ozean
Suez-kanal
Tsangpo
Jangtse-kiang
Shang-hai
Kairo
PERSISCHER GOLF
Riad
Indus
Neu-Delhi
Ganges
Hong-kong
MEER
ROTES MEER
ARAB. MEER
Nil
GOLF VON BENGALEN
CHINES.
Singa-pur
BORNEO
ÄQUATOR
Nairobi
Kongo
NEU-GUINEA
Dares-salam
Südsee
Sambesi
FIDSCHI
MADA-GASKAR
Perth
Sydney
Melbourne
Indischer Ozean
Australien
TASMANIEN
NEU-SEELAND
Südostasien und Australien

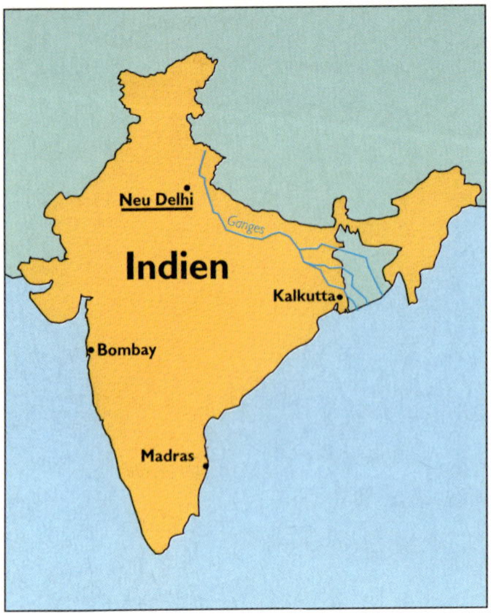

Das Leben in Indien

Als es noch keine Flugzeuge und Eisenbahnen gab, brauchte man von Europa aus viele Monate, um nach Indien zu gelangen. Der Landweg war beschwerlich und voller Gefahren, der Weg über das Meer ebenso. Trotzdem unternahmen Seeleute die weite Reise, um mit Indien Handel zu treiben. Dort gab es nämlich die begehrten Gewürze: Pfeffer, Nelken, Zimt, Ingwer und Muskat.

Indien liegt im Süden Asiens. Nach China ist es das Land mit den meisten Bewohnern. Der größte Teil Indiens besteht aus einer bergigen Halbinsel im Indischen Ozean. Weiter nördlich liegt das Tiefland mit den mächtigen Flüssen Ganges und Bramaputra. Ganz im Norden wird Indien durch den Himalaja begrenzt – das höchste Gebirge der Welt.

Indische Kinder leben entweder in sehr großen Städten mit vielen Einwohnern oder aber in Dörfern, in denen es oft keinen Strom gibt. Fast alle Kinder haben viele Geschwister, selten gibt es kleine Familien mit nur einem Kind. Meist wohnt die Familie mit ihren Angehörigen sehr nah zusammen.

Weil es in Indien selbst im Winter nie so kalt wird wie bei uns, tragen die Kinder auch andere Kleidung, die Jungen meist ein längeres Hemd ohne Kragen, die Mädchen schon recht bald wie die erwachsenen Frauen einen Sari. Dieser besteht aus einem langen, bunten Stoff aus Seide oder Baumwolle, der um die Taille geschlungen und über die Schulter geworfen wird. Darunter wird ein Unterrock und ein kurzes, enganliegendes Oberteil getragen, meist farblich passend.

Nudeln findet man auf indischen Mittagstischen nicht, auch keinen Braten oder Schnitzel, wie wir sie kennen. Weil für viele Inder Tiere heilig sind, ernähren sie sich hauptsächlich von Gemüse und Obst, das in ihrem Land wächst. Sehr oft gibt es Chapatis, Fladen aus

Weizen oder Hirse, die zum Gemüse gegessen werden, oder auch Reis. Indische Gerichte sind sehr würzig, manchmal sogar so scharf, daß wir Schwierigkeiten hätten, sie zu essen. Als Würzmittel hierfür wird Curry verwendet, eine Mischung aus verschiedenen Gewürzen. Ach ja, das Problem mit Messer und Gabel zu essen, haben indische Kinder nicht: Sie essen ihre Mahlzeiten mit den Fingern der rechten Hand, was leichter aussieht als es tatsächlich ist!

Genau wie bei uns müssen indische Kinder zur Schule gehen. Trotzdem können viele Kinder weder lesen noch schreiben.

Der Grund dafür ist entweder, daß die Schule zu weit entfernt ist oder daß die Kinder mithelfen müssen, durch ihre Arbeit die Familie zu ernähren.

Chapatirezept

Du brauchst:

- 1 kg Weizenmehl
- 60 g Reismehl
- 60 g Butter

Siebe das Mehl. Gib so viel Wasser hinzu, daß ein fester Teig entsteht. Laß diesen Teig eine Stunde lang ruhen. Knete den Teig mit etwas kaltem Wasser, bis er weich wird. Forme kleine, flache Fladen, und backe sie in einer heißen Pfanne.

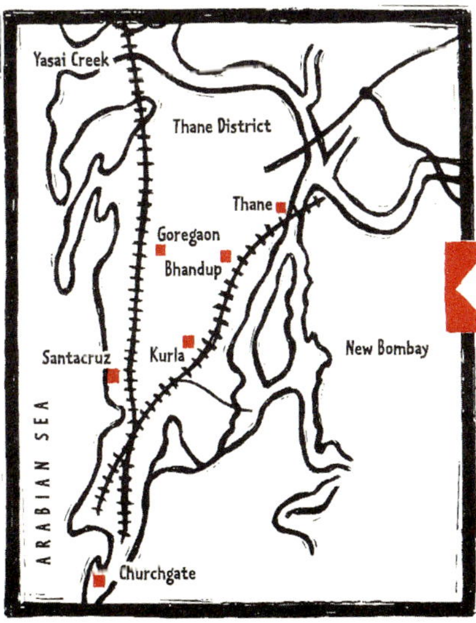

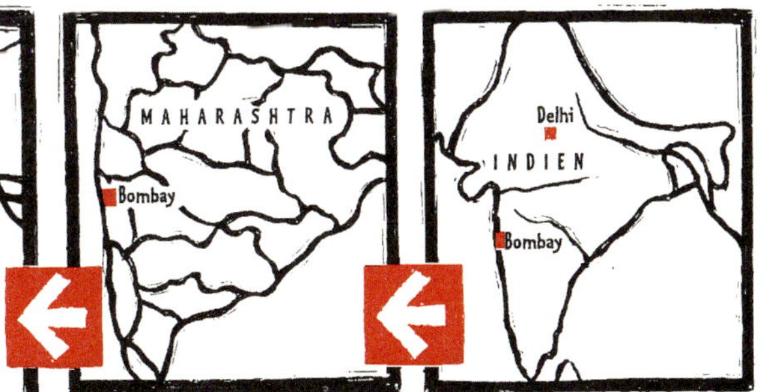

Auf den folgenden Seiten lernt ihr Poonam Mishra, ein indisches Mädchen aus Bombay, kennen.

Mit Hilfe der nebenstehenden Karte und des Briefes auf Seite 34 könnt ihr erfahren, wo Poonam Mishra lebt.

Erst überlegen, dann schreiben ...

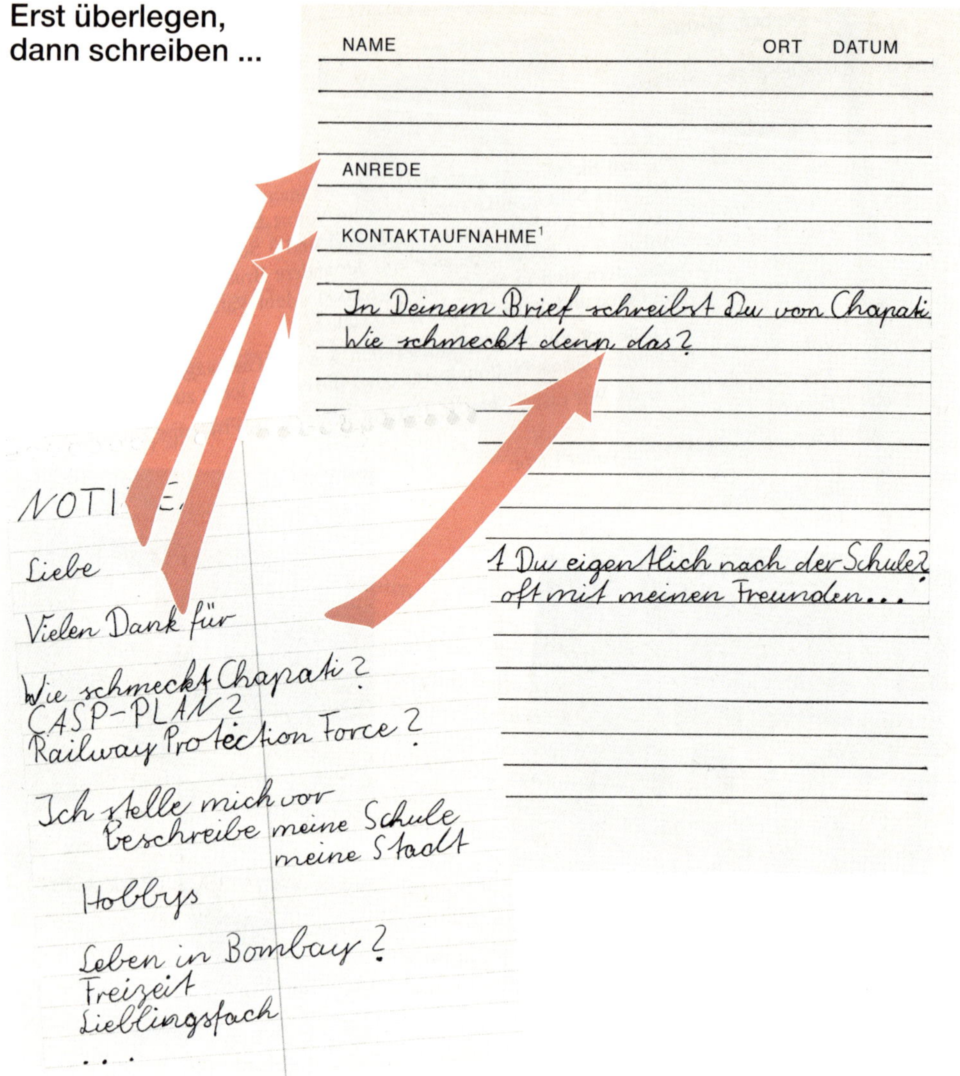

NAME ORT DATUM

ANREDE

KONTAKTAUFNAHME[1]

In Deinem Brief schreibst Du von Chapati
Wie schmeckt denn das?

4 Du eigentlich nach der Schule?
oft mit meinen Freunden...

NOTIZEN

Liebe

Vielen Dank für

Wie schmeckt Chapati?
CASP-PLAN?
Railway Protection Force?

Ich stelle mich vor
Beschreibe meine Schule
meine Stadt

Hobbys

Leben in Bombay?
Freizeit
Lieblingsfach
...

[1] Hier knüpft man an einen vorausgegangenen Brief an.

Tips zum Briefeschreiben

- Was willst Du überhaupt schreiben? Mache als erstes Notizen.
- Suche eine sinnvolle Reihenfolge für Deine Gedanken und Einfälle!
- Beginne in der Reinschrift mit deinem Namen links oben und dem Datum rechts oben. Lasse drei Zeilen frei, und schreibe dann die Anrede. Vor der Grußformel am Ende des Briefes läßt du wieder eine Zeile frei.

Matti A. Pitkanen
Illka Pitkanen

Die Sprache der Lappen

Die Grundschule, die Ari besucht, ist im selben Dorf, in dem er wohnt, so daß Ari bequem mit dem Fahrrad oder mit dem Tretschlitten hinfahren kann. Vom nächsten Jahr an muß er allerdings in eine andere Schule, nach Hetta. Dann muß er mit dem Schulbus fahren. Im Winter braucht er dafür eine Stunde. Viele Kinder in Lappland haben aber einen noch längeren Schulweg. Manche müssen sogar die Woche über in der Schule wohnen.

Aris Schule ist, wie viele Dorfschulen in Lappland, eine Zwergschule, das heißt, es werden immer zwei oder drei Klassen zusammen in einem Klassenzimmer unterrichtet. Wenn der Lehrer den Schülern einer Klasse gerade etwas erzählt, gibt er den anderen eine Arbeit, bei der sie still sind. Nach einer Weile geht es umgekehrt, und so immer weiter. Meistens hat so eine Schule auch nur einen festen Lehrer, die in Lappland herumreisen und jeden Tag an einer anderen Schule arbeiten. So einen Lehrer hat Ari in Lappisch.

Lappisch ist die Sprache der Lappen. Es hat eine Zeit gegeben, da war fast das ganze heutige Finnland von Lappen bewohnt. Sie sind, so kann man sagen, die Ureinwohner Finnlands. Sie lebten von der Fischerei und von der Jagd und waren die ersten, die Rentiere züchteten. Und dann drangen die Finnen immer weiter nach Norden vor, und je weiter sie vordrangen, desto weiter drängten sie die Lappen zurück. Heute bewohnen die Lappen nur noch die allernördlichsten Teile Finnlands, ebenso von Schweden, Norwegen und Rußland.

Wie ihre Vorfahren leben die meisten Lappen auch heute noch vom Fischen, Jagen und Rentierzüchten. Die Finnen, die aus dem Süden nach Lappland gezogen sind, haben es von ihnen gelernt. Obwohl es im finnischen Lappland inzwischen mehr Finnen als Lappen gibt, haben die Lappen viele ihrer alten Bräuche bewahren können. Sie legten Wert darauf, daß ihre schöne alte Sprache erhalten bleibt und nicht eines Tages ausstirbt. Deshalb lernen viele Lappenkinder in der Schule, in der eigentlich finnisch gesprochen wird, auch lappisch.

Ari fällt es nicht sehr schwer. „Ich bin ein Rentierjunge“ heißt zum Beispiel ganz einfach: „Mon lean poatsurbartni.“

Schreibe einen Brief an Poonam oder an Ari.

Andere Sprachen – Zahlen und Zeiten einmal anders

Nach einer Idee von Franz Fühmann

Wenn wir Chinesisch sprächen oder Eskimos wären ...

Küslübürtün ist ein „großer und erhabener Sprachgeist" aus der Türkei, der immer wieder erscheint, um die großartige Welt der Sprachen zu erklären ...

„Hallo Kinder! Heute will ich euch von der chinesischen Sprache und von der Sprache der Eskimos erzählen. Der Satz *Steffen zeigt Peter ein schönes Bild* würde im Chinesischen etwa so heißen:

Steffen Peter schön Bild zeigen.

Im Chinesischen stehen alle Wörter in der Grundform und können nicht verändert werden."

„Ihr seht, ein eigenes Wort für die Zeit ist nicht zu erkennen, und das Verb kann im Chinesischen nicht verändert werden. Um eine andere Zeit festzulegen, muß man ein Hinweiswort hinzufügen, vielleicht für die Vergangenheit ein *vormals*. Dann heißt der Satz so:

Steffen Peter schön Bild vormals zeigen."

„Die Eskimos haben dagegen eine ganz gefräßige Sprache. Jeder Satz ist ein Wortungetüm, da jedes Wort zusätzlich erklärt wird. Unser Beispiel sieht dann so aus:

Personsteffeneigenschaftschönsachebildpersonpeterjetztzeigen."

In dem Satz *Steffen zeigt Peter ein schönes Bild*

ist die Rede davon, daß
Steffen das Bild zeigt
Peter das Bild gezeigt bekommt
das Bild schön ist
sich alles in der Gegenwart abspielt

- Wodurch erfahren wir, daß sich dies alles in der Gegenwart abspielt?
- Wie können die Chinesen und die Eskimos Zeitstufen ausdrücken?

Macht verschiedene Vorschläge.
Beachtet: Das Verb steht dafür nicht zur Verfügung.

Hans Manz

Scheinbare Zeitwörter

Tafel schwamm
Sand floh
Wasser lachen
Fett sucht

Kata log
Wurst haut
Fenster laden
Zimmer flucht

Hühner stiegen
Kinder wiegen
Straßen graben
Strumpf band

Regen tropfen
Jäger knarren
Fersen blasen
Hand stand

Hans Manz

Ableitungen

biegen – bog
wiegen – wog
liegen – log

trinken – trank
stinken – stank
blinken – blank

schlagen – schlug
tragen – trug
klagen – klug

dachte – denken
sachte – senken
lachte – lenken

ziehen – zog
fliehen – flog

lief – laufen
rief – raufen

Diese Sprachspiele sind nur möglich, weil im Deutschen Zeit… …ung des Verbs ausgedrückt werden kann.

Vergangenes Geschehen kann im Deutschen dur… mitgeteilt werden.

Vergangenes ausdrücken: Pr…
Im Deutschen gibt es … …gangenes ausdrücken:
Gestern, damals, … …abei auch die Form des Verbs.
Wenn w… … Präteritumform setzen:
Vorsic…
In de… …erfektform, mit der wir ausdrücken,
daß …
Da … …*ichen*.

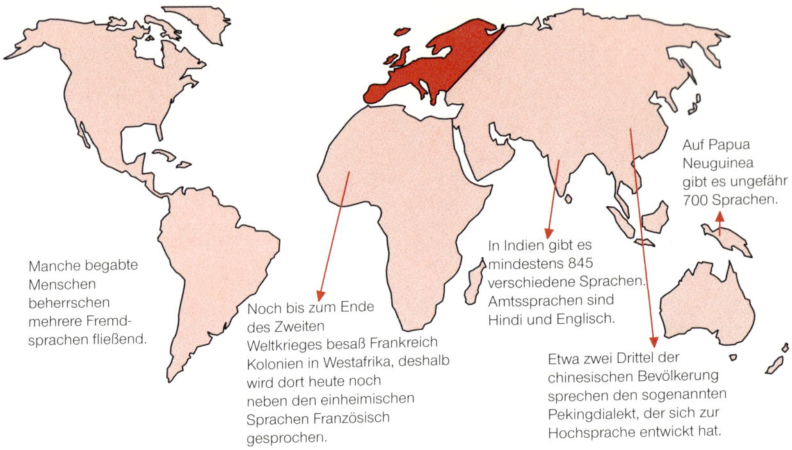

Josef Reding

Uno, due, tre

Uno, due, tre
Am Anfang sagt ich: Nee!
Carlo kann ich nicht verstehn,
wenn wir zwei zur Schule gehn.
Darum, für den Weg nach Haus,
such ich einen anderen aus.

Quatro, cinque, sei.
Der Carlo rief nur: „Hei!
Ich jetzt eure Sprache lern!
Du mir helfen? Bitte? Gern?"
Da hab herzlich ich gelacht
und mit Carlo Deutsch gemacht.

Sette, otto, nove.
…ie Feindschaft ist für Doofe.
…vill nichts von anderen lernen,
…manderen sich entfernen.
Die… macht die Menschen dumm,
Bis ze… und schließlich stumm.
kann sch…
kann die ri…
kann auch C… …ehn,
und ihn oft zu…

Uno, due, tre.
Sprachen tun nicht…
Wenn einer fremde S…
dann verhöhnt und fop…
Jeder kann – wir wollns…
In seiner Sprache uns besc…

Sprachen der Welt

Es gibt auf der ganzen Welt mehrere Tausend verschiedene Sprachen. Einige besonders verbreitete Sprachen sind Chinesisch, Englisch, Spanisch, Hindi und Arabisch. Eine Ursache für die Verbreitung der europäischen Sprachen war die Kolonisierung fremder Kontinente durch europäische Mächte. So brachten z.B. englische Siedler ihre Muttersprache nach Nordamerika, Kanada und Australien. Die Spanier eroberten große Teile Südamerikas. Heute ist Spanisch die Amtssprache der meisten lateinamerikanischen Länder. Daneben existieren noch Sprachen und Mundarten der ursprünglichen Bevölkerung.

Westliche Schreibweise	Arabische Schreibweise	Chinesische Ziffern	Römische Ziffern
1	١	一	I
2	٢	二	II
3	٣	三	III
	٤	四	IV
	[illegible]	五	V

Andere Zeichen – anders lesen

Der Junge, von dem auf den folgenden Seiten die Rede ist, hatte in seiner Kindheit ein schweres Schicksal zu meistern.
Louis Braille wurde 1809 geboren und wuchs in der französischen Kleinstadt Coupvray auf. Sein Vater war Sattler, „einer der besten", wie man sagte, denn von weither kamen die Leute, um sich Zaumzeug und Sättel für ihre Pferde anfertigen zu lassen.
Louis interessierte sich sehr für die Arbeit seines Vaters, besonders für die Werkzeuge, doch sein Vater verbot ihm den Umgang mit diesen Geräten, da sie für den kleinen Jungen viel zu gefährlich waren. Doch der dreijährige Louis war zu neugierig und wohl noch zu klein, um die Gefahr einzuschätzen, als er heimlich in die Werkstatt schlich und mit einer Ahle experimentierte. Eine Ahle ist ein langes, spitzes Werkzeug, um Löcher durch das Leder zu bohren. Dies versuchte auch Louis. Plötzlich rutschte die Ahle weg und verletzte sein Auge. Die Verletzung war so schwer, daß sogar das zweite Auge in Mitleidenschaft gezogen wurde. Die Ärzte wußten keinen Rat mehr. Louis war blind.
Einige Jahre vergingen. Louis mußte sich täglich mit seinem schweren Schicksalsschlag auseinandersetzen. Es war bitter für ihn, nicht wie die anderen lesen zu können. Dieser Gedanke beschäftigte ihn immer wieder ...

Margaret Davidson, André Dahan

Das Alphabet aus Punkten

Louis nutzte jede Minute. Selbst wenn er in den Ferien zu Hause war, arbeitete er an seinen Punkten. Oft packte ihm seine Mutter zum Mittagessen Brot, Käse und Obst ein, und dann zog er los und setzte sich irgendwo auf einen sonnigen Hügel. An anderen Tagen ließ er sich am Wegesrand nieder und beugte sich über Papier und Brett. „Da ist Louis und macht seine Nadelstiche", sagten die Nachbarn lächelnd, wenn sie vorbeikamen. Was tat er da? War das eine Art Spiel, mit dem sich der blinde Junge die Langeweile vertrieb? Louis hielt sich nicht mit Erklärungen auf. Er fuhr einfach fort, seine Punktmuster zu stanzen.
In Coupvray hatte Louis viel Zeit, um an seinen Versuchen zu arbeiten. In der Schule ging das lange nicht so gut. Es gab dort so viele andere Dinge zu tun. Louis mußte am Unterricht teilnehmen. Er verbrachte jeden Tag ein oder zwei Stunden in den Werkstätten. Er musizierte und mußte seine Hausaufgaben machen. Er mußte mit den anderen Jungen zum Essen gehen – andernfalls kam jemand, um nach ihm zu schauen.
Aber Louis fand dennoch Zeit, um sich mit seinen Ideen zu beschäftigen. Er arbeitete zwischendurch – vor dem Frühstück, nach dem Abendessen und spät in der Nacht. Das war die allerbeste Zeit. Die anderen Jungen schliefen, und alles war ruhig. Stunde um Stunde beugte sich Louis über sein Brett und experimentierte[1] mit verschiedenen Punktmustern.

---

[1] experimentieren: Versuche anstellen

Manchmal war er so müde, daß er im Sitzen einschlief. Und manchmal war er so vertieft, daß er die Zeit ganz vergaß und arbeitete, bis er die Milchwagen unter dem Fenster vorbeirumpeln hörte. Dann hob Louis erstaunt den Kopf, denn dieses Geräusch sagte ihm, daß es bereits früher Morgen sein mußte. Wieder hatte er eine ganze Nacht durchgearbeitet! Dann kroch Louis in sein Bett, um noch ein oder zwei Stunden zu schlafen – bevor er aufstehen mußte, um zum Frühstück und zu seiner ersten Unterrichtsstunde zu gehen. Seine Freunde machten sich immer größere Sorgen um ihn.
„Du schläfst ja überhaupt nicht!“
„Fortwährend vergißt du zu essen!“
„Und wofür?“ schimpfte ein dritter Junge. „Für ein Hirngespinst! Das ist es!“
„Vielleicht habt ihr recht!“ antwortete Louis ihnen immer sanft. Und arbeitete weiter.
Drei Jahre vergingen – drei Jahre voll harter Arbeit, Versuche und ohne rechte Fortschritte. Manchmal war Louis so müde, daß er kaum seine Hand heben konnte. Und gelegentlich verließ ihn auch der Mut.
Immer wieder hatte Louis Hauptmann Barbiers Punktschrift vereinfacht. Aber sie war ihm immer noch nicht einfach genug. Nein, das Lesen der Punkte war immer noch zu schwierig.
Hatten die Jungen recht? War es ein Hirngespinst? Seit Jahrhunderten bemühten sich Männer bereits um die Lösung dieses Problems – kluge Männer, bedeutende Männer, ältere Männer. Und alle waren gescheitert. Für wen hielt er sich eigentlich? Was gab ihm das Recht, sich ihnen überlegen zu fühlen? „Manchmal denke ich, ich bringe mich um, wenn es mir nicht gelingt“, sagte Louis zu Gabriel. Dann kam Louis eine neue, völlig andere Idee. Sie erschien ihm so einfach – im nachhinein. Hauptmann Barbiers Nachschrift basierte[1] auf Lauten. Aber in der französischen Sprache gab es so viele Laute. Manchmal brauchte man fast hundert Punkte, um ein einfaches Wort zu schreiben. Das war viel, viel zuviel, um es mit den Fingerkuppen leicht lesen zu können. Aber was würde geschehen, wenn er die Punkte nach einem anderen System anordnete? Was, wenn sie statt dessen die Buchstaben des Alphabets ersetzten? Schließlich gab es davon nur sechsundzwanzig!
Louis war ganz aufgeregt. Er war sicher, daß er sich diesmal auf dem richtigen Weg befand. Nun arbeitete er noch eifriger als zuvor, und schon bald begann seine Schrift, Gestalt anzunehmen.
Zuerst markierte[2] Louis mit einem Stift auf einem dicken Stück Papier sechs Punkte. Dieses Sechspunktemuster nannte er eine Zelle. Sie sah so aus:

○ ○
○ ○
○ ○

[1] basieren: beruhen
[2] markieren: hier: zeichnen

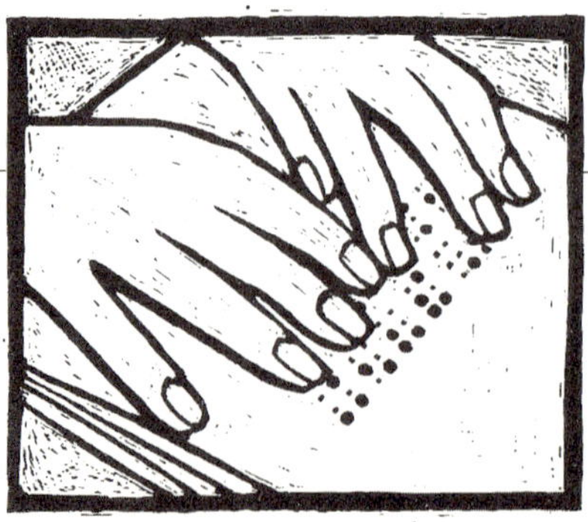

Die Blindenschrift besteht aus Punktmustern, die mit den Fingern ertastet werden.

Er numerierte jeden Punkt in der Zelle:

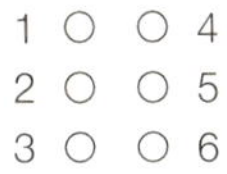

Dann nahm er seinen Stylus[1] und drückte den Punkt Nummer eins – der für A stehen sollte – heraus:

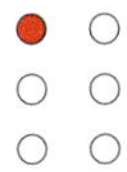

Dann drückte er die Punkte eins und zwei heraus – sie würden für B stehen:

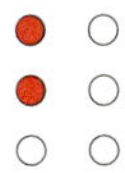

Die Punkte eins und vier bedeuteten C:

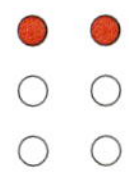

Louis machte einen Buchstaben nach dem anderen. Und als Louis Brailles Punktealphabet fertig war, sah es so aus:

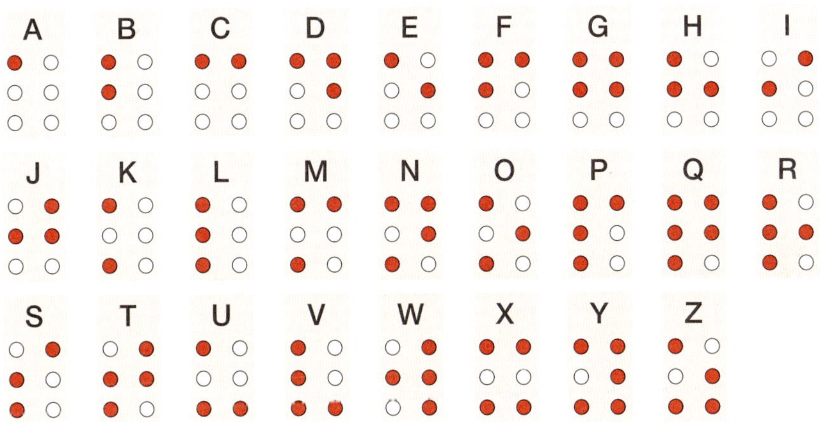

Louis fuhr mit den Fingern über sein Alphabet. Es war so einfach! So einfach! Der fünfzehnjährige Louis Braille hätte am liebsten vor Freude laut geschrieen, geweint oder gelacht. Alle Buchstaben des Alphabets wurden aus den gleichen sechs Punkten gebildet – die immer wieder zu verschiedenen Mustern angeordnet waren! Er wußte natürlich, daß Menschen, die sahen, wenig damit würden anfangen können. Aber für sie war es ja auch nicht gedacht. Es war für Blinde zum Abtasten gedacht! Rasch! Einfach! Und es funktionierte.

[1] Stylus: Stift

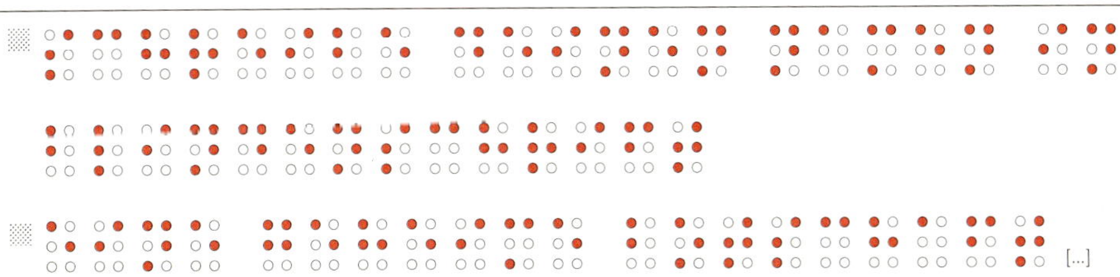

Anders sehen ... und andere sehen

Blinde Menschen müssen lernen, mit ihrer Behinderung zurechtzukommen. Trotzdem sind sie manchmal auf Hilfe angewiesen.
Wenn wir einen blinden Menschen ansprechen wollen, müssen wir ihm deutlich machen, daß er selbst gemeint ist, da er ja unsere Blickrichtung nicht sehen kann. Wenn er uns wegen vieler Nebengeräusche (z.B. Straßenverkehr, Stimmen) auch schlecht hören kann, treten wir dicht an ihn heran und reden ihn von der Seite an. Ihr könnt euch vorstellen, daß blinde Menschen erschrecken, wenn sie unvermutet angefaßt werden.

Erst fragen – dann helfen

So könnt ihr Hilfe anbieten:

Kann ich etwas für Sie tun?
Möchten Sie über die Straße?
Darf ich dir helfen?
Kommst du allein zurecht?

Du hilfst einem Blinden über die Straße.
Du gehst mit einem Blinden durch das Schulhaus.
Du bietest einem blinden Menschen einen Sitzplatz an.
Du begegnest einem blinden Menschen und möchtest dich mit ihm unterhalten.

Peter Härtling

Fräulein Einauge

Also – eigentlich ist sie noch kein Fräulein und eigentlich hat sie nicht nur ein Auge. Sie ist ein Mädchen von fünf Jahren, heißt Sophie, und sie hat zwei ziemlich freche, braune Augen, von denen das eine mit einem großen, runden Pflaster zugeklebt ist.
Ist dein Auge kaputt? ist sie im Kindergarten gefragt worden. Und wenn sie mit ihren Eltern und Geschwistern unterwegs ist, wird sie von den Leuten neugierig, prüfend oder nachdenklich angeschaut. Das kann sie nicht leiden.
Die gucken mich immer so blöd an, alle, sagt sie.
Manchmal weint sie deswegen. Eher aber hat sie auf alle Gaffer eine riesige Wut. Das liegt ihr mehr. So klein und zart sie auch ist, so laut und heftig kann sie sein. Dann geht selbst ihr ältester Bruder vorsichtig mit ihr um, weil er fürchtet, daß die Sophie wieder „explodiert“.
Sie erzählt niemandem, warum sie das Pflaster auf dem Auge hat, obwohl sie es genau weiß. Das verstehen die doch nicht, sagt sie, die glotzen bloß immer und sagen: Ach, du armes Kind. Denen sag ich auch nicht, daß das Pflaster wieder runterkommt.
Gut, Sophie, dann laß es bleiben. Aber mir erlaubst du es, die Geschichte zu erzählen.
Und die fängt vor der Sophie an. Genauer gesagt, als die Sophie noch im Bauch ihrer Mutter war. Die ganze Familie, ihre zukünftigen drei Geschwister und die Eltern, freuten sich auf die Sophie, obwohl man damals noch nicht wußte, daß es eine Sophie sein würde.
Die Mutter ging alle drei Wochen zum Doktor und ließ sich untersuchen. Bei einer der Untersuchungen, gar nicht mehr lange vor der Geburt, stellte der Arzt fest, daß die Mutter krank sei.
Aber ich fühle mich gar nicht krank, sagte sie.
Der Arzt erklärte ihr, es sei eine Krankheit, die für Erwachsene nicht schlimm sei, so etwas wie eine kleine Grippe. Aber für werdende Mütter sei sie schrecklich gefährlich. Vor allem für die Kinder, die sie auf die Welt bringen. Die könnten schon bei der Geburt tot sein. Oder verkrüppelt. Oder sie könnten ein krankes Gehirn haben. Oder blind sein. Diese Krankheit heiße Toxoplasmose. Ein schwieriges Wort für eine böse Sache.
Die Mutter kam nach Hause, erzählte. Alle waren traurig und hatten Angst. Nach einer Weile sagten sie sich aber, das hat keinen Sinn. Jetzt müssen wir denken, daß alles gutgehen wird. Wir müssen hoffen. Dennoch waren sie häufig niedergeschlagen.
Als das Kind in der Universitätsklinik geboren wurde, waren gleich mehrere Ärzte da und wollten helfen. Es war ein Mädchen, nicht einmal so lang wie der Unterarm eines Mannes, hatte eine Menge schwarzer Haare und schrie.
Die Mutter bat, kaum war es auf der Welt: Ich möchte es sehen. Sie sah nach, ob alles an dem kleinen Geschöpf „dran“ war. Alles war vorhanden. Es ist gut, sagte sie. Sie telefonierte mit zu Hause und sagte: Es ist ein Mädchen. Es sieht gesund aus. Jetzt ist es schon fort, in der Kinderklinik.
Die Familie hatte schon vorher beschlossen, das Baby, sollte es ein Mädchen sein, Sophie zu nennen.

Die Sophie lag in der Kinderklinik, und man gab ihr Mittel, mit denen man die Toxoplasmose bekämpfen wollte. In der Klinik mußte sie viele Wochen bleiben. Wenn die Familie sie besuchte, mußten alle vor einer Glaswand stehenbleiben, und dahinter, inmitten von schreienden, kranken Babys in kleinen Betten, lag die kranke, schreiende Sophie.
Die Glaswand schützt vor möglichen Ansteckungen, erklärte der Vater, der als Kind auch einmal in solch einem durchsichtigen Käfig gelegen hatte.
Die Ärzte gaben beruhigende Auskünfte. Die Familie wollte ihnen auch glauben, aber die Furcht war manchmal stärker. Und als sie die Sophie endlich nach Hause nehmen durften, dick verpackt, waren sie ebenso glücklich wie unsicher. Was würde passieren?
Der Chefarzt hatte die Eltern zu sich gebeten und ihnen ganz offen gesagt: Sie müssen eine Zeitlang auf alles aufpassen. Ob das Kind sich richtig bewegt. Ob es richtig hinguckt. Ob es zur richtigen Zeit gehen lernt. Auf alles das müssen Sie achten. Wenn alles gutgeht, wissen Sie spätestens in eineinhalb Jahren, daß dem Kind nichts fehlt.
Und wie sie hinguckten, prüften, aufpaßten! Ihnen fiel nichts auf. Oder doch. Bisweilen schrie die Sophie heftig und krampfte sich zusammen. Nichts und niemand konnte sie beruhigen. Der Vater nahm sie auf den Arm, ging mit ihr in der Stube auf und ab und erfand aus lauter Verzweiflung das Unsinnslied:

Ding dong dieberle
die Sophie ist 'ne Hex.

Das Lied wird heute noch gesungen, wenn einer aus der Familie mal durchzudrehen droht.
Die Ärzte, befragt, was es mit dem gräßlichen Brüllen auf sich habe, fanden, das sei zwar nicht üblich, habe aber mit der Krankheit nichts zu tun. Die ist eben gern zornig, sagten sie, und damit hatten sie schon damals recht.
Allerdings hatten sie doch einen Schaden entdeckt, den die Krankheit hinterlassen hatte. In Sophies linkem Auge hatte sie sich eingenistet und, wie es bei den Ärzten heißt, „einen Herd gebildet". Und dieser Herd bewirkte, daß Sophie mit diesem Auge offenbar nur sehr wenig sah.
Davon merkte Sophie nichts, denn ihr rechtes Auge ist besonders gut und gleicht den Mangel aus. Sie konnte auch nicht wissen, daß sie anders sah als Leute mit zwei guten Augen. Wer sich ein Auge zuhält, kann das selber feststellen: Er sieht dann nicht mehr „räumlich", also ein Zimmer, wie es ist mit seiner Tiefe, sondern „flach". Er sieht einen Raum wie ein Bild. So sieht die Sophie. Und für sie ist das „richtig".
Als sie fünf Jahre alt war, meinten die Ärzte, man könne dem schwachen Auge doch helfen. Wenn man, sagten sie, das gute Auge mit einem Pflaster zudeckt, ist Sophie gezwungen, ihr schlechtes Auge anzustrengen. Auf den Versuch kam es an. Das runde, große Pflaster bedeckte ihr gutes Auge.
Was siehst du? fragten sie alle gespannt. Alles, sagte sie, nur viel dunkler. Und sie sauste los, ohne daß man ihr helfen mußte. Es stellte sich allerdings heraus, daß sie doch nicht „alles" sieht. Gegenstände oder Menschen in größerer Entfernung erkennt sie kaum. Und je dunkler es ist, desto schlechter sieht sie. Auf dem Fernsehschirm nimmt sie deshalb, weil er dunkler ist, so gut wie gar nichts wahr.
Fünf Wochen ertrug sie das Pflaster ohne Widerstand.
Prima, Sophie, wurde sie gelobt. Sie war stolz, wenn sie auch die Neugierigen weiterhin blöd fand. Die Ärzte waren begeistert. Die Sehkraft habe sich verbessert. Und weil

alles so gutgegangen sei, solle sie das Pflaster noch einmal sechs Wochen auf dem Auge tragen!

Das, fand Sophie, war keine Belohnung, sondern eine Strafe. Doch sie fügte sich. Nicht ganz. Jetzt öffnete sie gelegentlich das Pflaster und linste daneben hinaus.

Du siehst aus wie ein Pferd mit einer Scheuklappe, sagte jemand zu ihr.

Was ist eine Scheuklappe? fragte sie danach ihren Vater. Manchmal haben die Pferde, die Wagen ziehen müssen, erklärte er, neben den Augen Klappen aus Leder, so daß sie nicht zur Seite linsen können und nichts sehen, was sie erschrecken könnte.

Die sind ja blöd, wetterte sie los. Ich lins zur Seite! Und erschrecken tut mich nichts! Ich bin kein Pferd. Nee!

Alle waren nachsichtig, sollte sie eben manchmal das Pflaster lüpfen. Sie war schon lange genug tapfer gewesen. Und der Arzt war auch so mit ihr zufrieden.

Siehst du gut? fragte er.

Immer besser, antwortete sie.

Dann kannst du eine Weile ohne Pflaster gehen, aber später müssen wir's noch mal aufs Auge kleben.

Ganz später, sagte sie.

Der Arzt lachte. Da freust du dich, nicht wahr, Sophie?

Ja, sagte sie, jetzt kann mich keiner mehr dumm fragen: Ach, du armes Kind, was ist denn mit deinem Auge? Und sie machte die Frager so frech nach, daß der Arzt noch mehr lachen mußte.

Sie hat wieder beide Augen. Sie ist nicht mehr Fräulein Einauge. Sie rennt nicht mehr mit der Scheuklappe rum. Niemand kann ihr mehr was anhaben, und niemandem braucht sie was zu erzählen, was sie doch nicht erzählen will.

Einen Brief schreiben

SOS – Mein Briefkasten verhungert. Ich spiele gerne Klavier und Trompete. Sonst treibe ich Sport, Fußball vor allem. Ich bin 11 Jahre alt. Peter Weinelt ...

Hallo Mädchen und Jungen! Ich (11) suche Brieffreundschaften in der Schweiz und Deutschland. Ich besitze zwei Hunde, einen Hamster und ein Kaninchen. Meine Hobbies sind Lesen, Schwimmen und vieles andere. Schreibe an Franziska Müller

Hallo, ich suche einen Brieffreund! Ich bin 10 Jahre alt. Meine Lieblingstiere sind Frösche. In der Freizeit beobachte ich gerne Tiere. Bitte schreibe an Werner Holter ...

Hilfe, mein Briefkasten stirbt, wenn nicht sofort ein paar Briefe kommen. Ich bin 9 Jahre alt und meine Hobbies sind Malen, Lesen, Schwimmen usw. Daniela Schwarz ...

1. Brieffreundschaften
   Wähle eine Anzeige aus, und schreibe einen Antwortbrief:

2. Ich glaube fast, daß ich meine Bestzeit bald unterbieten kann.
   Ich stürmte gleich hoch in mein Zimmer und mußte ihn sofort lesen.
   In der Schule geht es einigermaßen.
   Tschüß, bis bald.
   Ich muß halt fleißig trainieren.
   Im Schwimmtraining komme ich ganz gut voran.
   Wie geht es Dir?
   Doch leider war es für meinen Bruder.
   Ich habe mich riesig gefreut, als er in meinem Briefkasten lag.
   Schreibe schnell zurück.
   Stuttgart, den 2. Juni 1993
   Neulich klingelte abends das Telefon, so gegen 19.00 Uhr.
   Hast Du Deinen Kummer wegen Deines Meerschweinchens überwunden?
   Liebe Tanja,
   Es freut mich wahnsinnig, daß Du in den Ferien zu mir kommen kannst.
   Deine Sonja
   Das ist ja unsere Telefonzeit.
   Schade!
   Ich hoffe, Du hast Dich mit dem neuen, süßen Tierchen gut angefreundet.
   Das wird eine Wucht, kann ich Dir sagen.
   Ich warte darauf!
   vielen Dank für Deinen netten Brief.
   So, ich muß Schluß machen, denn das Training ruft.

   In diesem Brief ist einiges durcheinander geraten. Bringe die Sätze in die richtige Reihenfolge, und schreibe sie in dein Heft. Unterstreiche die Anredepronomen.

Zeiten und Zeitformen untersuchen

3. Bestimme in den Sätzen a) bis f) den Zeitpunkt, wann etwas geschieht. Mit welchen Wörtern wird die Zeit gekennzeichnet? Schreibe so in dein Heft:

Es geschieht in der

Vergangenheit	Gegenwart	Zukunft
	dreht auf	

a) Marion dreht das Radio laut auf.
b) Heute ist Sonntag, der 12. Februar 1995.
c) In den nächsten Tagen ist mit Regen zu rechnen.
d) Der Mond dreht sich um die Erde.
e) Sylvester ist bei uns immer am 31. Dezember.
f) In diesem Jahr war es häufig sehr regnerisch.

4. Setze die Perfektform zu dem jeweiligen Infinitiv und der angegebenen Person.

reisen	ich bin gereist
gedeihen	es
malen	sie (Pl.)
mahlen	ihr
schreien	du
springen	wir

backen	wir haben gebacken
befehlen	ihr
lesen	du
fechten	sie (Pl.)
pfeifen	er
werben	ich

5. Eine lustige Übung

Gießkanne		
ich gieße Kannen	ich goß Kannen	ich habe Kannen gegossen
du ...	du ...	du ...
...	...	...

Spargeld		
ich spare Geld	ich sparte Geld	ich habe Geld gespart
du ...	du ...	du ...
...	...	...

Setze die Übung mit folgenden Ausgangswörtern fort:
Standpunkt, Greifvögel, Weinessig, Trugbild, Niespulver
Du findest bestimmt auch selbst neue Wörter.

Simon erzählt

Gestern ging ich mit Marc in den Supermarkt. Wir wollten etwas zum Trinken kaufen, da es sehr heiß war. Wir mußten kurz suchen. Dann fanden wir die Getränkeabteilung. Wir nahmen jeder eine Limonadenflasche aus dem Regal. Plötzlich fällt mir die Flasche aus der Hand. Eine Riesenpfütze ergießt sich auf den Fußboden. Ich springe rasch zur Seite, um nicht naß zu werden. Tausende von Glassplittern liegen auf dem Fußboden. Marc rennt aufgeregt hin und her. Er weiß nicht, was er tun soll. Auch ich schaue hilflos aus der Wäsche.

Dear Sebastian,

ich schreiben gerne dir. Ich lernen Deutsch. Du must helfen mir! Thanks! Gestern ich geben ins Cinema. Ein schöner Cartoonfilm. Ich lachen sehr viel. Letzte Woche ich spielen football in London. Wir spielen toll und gewinnen.
Im letzten Jahr im Sommer wir fahren nach Scotland. Es ist super, wir wandern und fischen viel.
Sebastian, schreiben mir bald und zeigen mir, wie zu schreiben Brief auf Deutsch.

Bye, bye
Robin

6. Ersetze die Präsensformen im Text durch die entsprechenden Formen des Präteritums. Welche Auswirkung hat die Veränderung?

7. Brieffreundschaften mit jungen Menschen im Ausland sind sehr wichtig für das gegenseitige Verstehen. Manchmal treten Sprachschwierigkeiten auf. Robin aus Nottingham besitzt nur wenige Deutschkenntnisse, trotzdem hat er seinem Brieffreund Sebastian einen Brief auf Deutsch geschrieben. Sebastian soll ihn verbessert zurückschicken. Kannst du ihm helfen? Du kannst ihm vor allem den Gebrauch der Zeiten erklären.

Die Schreibung von Wörtern sichern und Fehlerschwerpunkte bearbeiten

8. Wie schreibt man?

Schreibung	Seite	Problem	Erklärung und Hinweise
die Andern	29	Schreibt man das wirklich groß?	J. Krüss schreibt hier nicht richtig! *Die andern* wird immer klein geschrieben. Was dem Dichter hier erlaubt ist, weil er etwas besonders hervorheben will, ist dir nicht erlaubt!
Indischer Ozean – indische Kinder	32	Warum einmal groß und das andere Mal klein?	Groß werden Eigennamen geschrieben. Der *Indische Ozean* ist nicht irgendein Ozean, sondern ein ganz bestimmter, der den Namen *Indischer Ozean* hat. Daher wird hier groß geschrieben. Genauso: *Atlantischer Ozean.*
Unterrock	32	Warum zwei r-Buchstaben	Wenn du dich nur auf das Sprechen verläßt, dann hörst du vermutlich nur einen r-Laut. Das Wort kommt aber von *unter* und *Rock*. Die Buchstaben bleiben bei der Zusammensetzung erhalten. Ähnlich: *Unterricht.*
Notizzettel	37	Warum zwei z-Buchstaben und nicht tz?	*Notiz* ist ein lateinisches Wort und bedeutet soviel wie *das Gemerkte.* Daher steht hier auch kein *tz* wie in *Sitz, Blitz, Witz.* Da das zweite Wort mit *z* beginnt, stehen in der Mitte nun zwei *zz.*

Masken

Verwandeln – verkleiden – verbergen

Clark verwandelt sich in Superman!
In Linda schlummert Supergirl!

Wer verbirgt sich in dir?

- Die Kinder haben sich verkleidet und sich in verschiedene Personen verwandelt. Über welche neuen Eigenschaften verfügen sie jetzt?
- Habt ihr auch Lust, euch zu verkleiden?

  Eine Kleiderkiste im Klassenzimmer ...

Vertauschen

Mark Twain

Der Prinz und der Bettelknabe

Um die Mitte des 16. Jahrhunderts wird an einem Herbsttag in London Tom Canty als Sohn des Bettlers John Canty geboren. Am selben Tag kommt in einem anderen Haus in London das erste Kind des Königs Henry Tudor, Prinz Eduard Tudor auf die Welt. Beide Knaben lernen sich eines Tages zufällig im Schloß kennen. Tom erzählt begeistert von seinen Spielen auf der Straße und am Fluß. Aufgeregt reagiert der Prinz ...

„Ach bitte, hör auf! Was du erzählst, ist wundervoll. Oh, hätte ich doch nur einmal einen solchen Kittel wie du und dürfte meine Schuhe ausziehen. Ein einziges Mal möchte ich so spielen, ohne daß mir jemand sagt, ob ich es tun darf oder nicht. Ich sagte es schon: Ich würde gern meine Krone hingeben!"

„Und ich wünsche mir, nur ein einziges Mal so gekleidet zu sein wie Ihr, edler Herr, ach nur ein einziges Mal!"

„Das willst du? Es gibt nichts Leichteres als das. Gib mir deine Lumpen und zieh meine Sachen an. Unser Glück wird sicher nur kurz sein, aber deshalb sicher um so schöner. Schnell, laß uns unsere Sachen tauschen, ehe jemand kommt."

Es vergingen nur wenige Minuten, nach denen der Prinz von Wales in den zerfetzten Lumpen des kleinen Tom, und der Bettlerjunge Tom Canty mit den königlichen Kleidern als Prinz dastand. Darauf traten beide vor einen großen Spiegel. Verdutzt schauten sie sich an und der Prinz sagte höchst erstaunt:

„Das ist nicht möglich. Ich sehe aus wie du vorher. Was hältst du davon, Tom?"

„Ach, hoher Herr, ich darf Euch darauf nicht antworten. Mein Stand ist zu niedrig, als daß ich dazu eine Meinung haben dürfte."

Mark Twain

hieß eigentlich Samuel Langhorne Clemens und lebte von 1835–1910. Bevor er Schriftsteller wurde, arbeitete er in einer Druckerei und fuhr als Lotse auf dem Mississippi. Seine Aufgabe war es, dem Kapitän die Wassertiefe zuzurufen. Der Ausruf „mark twain" (= „markiere zwei") wurde dann sein Schriftstellername. In der ganzen Welt sind seine Erzählungen von Tom Sawyer und Huckleberry Finn bekannt.

„Dann will ich es tun. Du hast die gleiche Haarfarbe, die gleichen Augen, die gleiche Gestalt, das gleiche Gesicht, die gleichen Bewegungen und die gleiche Haltung wie ich. Wenn wir beide keine Kleider anhätten, könnte niemand sagen, wer von uns beiden du ist und wer der Prinz von Wales. Eigentlich müßte ich jetzt fühlen können, wie dir zumute war, als die Wache dich mißhandelte. Zeig, hast du da nicht eine Verletzung?"

„Nicht der Rede wert, mein Prinz, und die Wache handelt ja gewiß nur auf Befehl ..."

„Schweig! Das ist nicht befohlen, und eine Schande ist es trotzdem", rief der kleine Eduard Tudor und stampfte mit dem Fuße auf. „Wenn ich es dem König sagen würde, – aber warte einmal. Bleib hier, bis ich zurückkomme. Ja, bleib hier, ich befehle es dir!"

Bevor er ging, nahm er noch einen Gegenstand vom Tisch, suchte ein Versteck und verbarg diesen darin. Es mußte sicher etwas Wichtiges sein. Doch gleich darauf war er verschwunden. So schnell er konnte, mit gerötetem Gesicht und zornig funkelnden Augen, rannte der Thronfolger in dem Bettlerkittel Toms durch den Palast. Sobald er ans Tor gelangte, schrie er die Schildwache an:

„Öffnet! Macht das Tor auf!"

Die Wache gehorchte sofort. Es war jene, die vorher den kleinen Tom mißhandelt hatte. Als der Prinz nun ins Freie stürzte, gab ihm der Soldat eine schallende Ohrfeige. Eduard drehte sich fast um die eigene Achse und taumelte auf die Straße. Der Soldat rief:

„Das ist deine Strafe. Wegen dir habe ich einen Tadel von seiner Königlichen Hoheit bekommen!"

Die schaulustige Menge brüllte vor Vergnügen. Der zu Boden gestürzte Prinz hatte sich inzwischen wieder erhoben. Zornig ging er wieder auf die Schildwache zu und schrie:

„Ich bin der Prinz von Wales. Jedem ist es untersagt, meine geheiligte Person anzurühren. Du hast es getan. Du sollst dafür aufgeknüpft werden!"

Die Wache ging auf diesen Ton ein, salutierte spöttisch die Hellebarde und sagte:

„Untertänigsten Gruß, gnädige Hoheit!" Doch dann wurde er wütend und rief: „Scher dich fort, du närrischer Bettler!"

- „Ach bitte, hör auf ..."
  Was findet der Prinz an Tom Cantys Leben so wundervoll?
- Wie wird es dem Prinzen als Bettelknaben und dem Bettelknaben als Prinzen ergehen?
- Wenn du wissen willst, wie Mark Twain die Geschichte zu Ende erzählt, lies im Buch *Der Prinz und der Bettelknabe* weiter.

Verstecken

Tarnung, logisch!

„Was soll ich denn mit dem Fernglas? Ich seh' ja so schon nichts!"
Mißmutig stapfte Kerstin durch den Wald. Das sollte nun der ersehnte Lehrgang sein! „Ihr solltet nicht erwarten, auf den ersten Blick alles zu sehen, es lohnt sich durchaus, genauer hinzuschauen!"
Herr Birkmeyer stand genau vor ihr. „Hier Kerstin, guck mal genau auf deinen Ärmel!"
„Huch, 'ne Biene!" Kerstin wollte schon erschrocken reagieren. „Ganz ruhig, das ist keine Biene, nur täuschend ähnlich. Viele wehrlose Tiere, zum Beispiel Fliegen oder Schmetterlinge, ahmen in ihrem Aussehen und Verhalten wehrhafte, giftige oder ungenießbare Arten nach! Dadurch täuschen sie andere Tierarten."
„Tarnung, logisch!" Florian grinste.
„Hier zum Beispiel!" Herr Birkemeyer zeigte auf ein ganz unauffälliges grünes Blatt.
„Was denn?" meinte Kerstin. „Schau mal genau!"
„Das sieht aus wie ein Blatt ..." „Ist aber eine ..." „Eine Raupe!" Kerstin bekam große Augen. „Ja, eine Spannerraupe, die hier einem Blatt in Gestalt und Farbe täuschend ähnlich ist. Ihre Feinde haben es dadurch viel schwerer, sie zu entdecken."
Alle Kinder hatten sich versammelt und redeten durcheinander:
„Ich kenne auch Tiere, die sich an den Erdboden angepaßt haben!"
„Ja, und auch Vogelgelege ..."
„Manche können das auch schnell ändern, je nach Umgebung ..."
„Hab' ich auch schon mal gesehen, im Fernsehen ..."

- Warum tarnen sich Tiere? Kennt ihr noch weitere Tiere?
- Tauscht eure Kenntnisse aus!
  Euer Biologielehrer kann euch auch noch weiterhelfen.

Janosch

Die Tarnkappe

Lukas Kümmel ... stand im Klassenbuch der Klasse 2a der Johannes-Spektakel-Schule für Knaben. Lukas Kümmel: linke Bankreihe an der Wand, dritte Bank rechts (von hinten). Lukas Kümmel, vorläufig noch zweitdümmster Schüler, wurde unter Freunden und bei den Bahnsteig-Indianern kurz nur „Kümmel-Luki“ genannt. Sein für später und freiwillig gewählter Beruf: Zauberkünstler oder Indianerhäuptling.

Zauberkünstler! Das war nämlich so: Es gab sieben Dinge, die den Kümmel-Luki am meisten interessierten auf der Welt. Zauberei, Geheimnisse, verborgene Schatzkisten, Pantoffeln, in denen die goldene Gans goldene Eier versteckt hat, unterirdische Gänge, kriminale und geheime Schriften, die niemand lesen kann, und Gegenstände, die von allein durch die Luft fliegen (zum Beispiel Tische, Stühle, Klaviere oder Trompeten). Seit er ein bißchen lesen konnte, war er diesen Dingen immer auf der Spur. Er las alles, was er finden konnte, am liebsten Bücher mit gelben Seiten und verblaßten Buchstaben, denn Geheimnisbücher sehen immer so aus. Na gut, er konnte nicht so schnell lesen wie vielleicht ein Kanzleirat oder Advokatensekretär, aber mit dem Finger unter der Zeile entlang, immer ein Wort nach dem anderen, so ging es gut.

Oder Indianerhäuptling. Weil er tapfer sein wollte. Weil er ihnen allen hier im Dorf zeigen wollte, wer hier der Stärkste war. Wenn er so auf seinem wilden Mustang mit großem Federschmuck durch die Straßen ritt!

Einmal passierte so eine Geschichte. Aber mit einer Tarnkappe. Er fand in einer Schublade ein Buch, in dem standen Märchen. Und eines davon ging so:

Ein altes, dickes Freßkrokodil hatte in einem silbernen Bergschloß eine Prinzessin gestohlen und an den großen Fluß entführt. Dort fütterte er die schöne Jungfrau mit auserlesenen Speisen und mit Zuckerguß. Es wollte sie zu seinem vierhundertsiebenunddreißigsten Namenstag (21. Mai Krokodilius angilius) mit Schokoladensoße verspeisen. Aber es kam anders. Ein tapferer Prinz ritt des Wegs und wollte die Prinzessin befreien. Doch leider war er zu schwach (und sein Schwert zu klein), um es mit dem Freßkrokodil aufnehmen zu können. Da sah der Prinz einen Wichtelmann, der saß mit seinem Bart in einer Erdspalte fest. Der Prinz befreite ihn. Der Wichtel gab ihm seine Tarnkappe als Leihgabe, und dann ging alles wie am Schnürchen. Der junge Prinz befreite die schöne Prinzessin, tötete das Freßkrokodil, und die beiden ritten nach Hause auf ihr Schloß und lebten glücklich und so weiter.

Janosch
ist ein Künstlername, den sich Horst Eckert zulegte, als er begann, Geschichten zu erfinden und dazu Bilder zu malen. Diese Kunst brachte er sich selbst bei und wurde bald ein in vielen Ländern bekannter Kinderbuchautor. Seine Geschöpfe, die er erfindet, sind alle sehr sympathisch. Wer kennt nicht den kleinen Bär und den kleinen Tiger aus *Oh, wie schön ist Panama*.

Verschlüsselt und doch verständlich

Sklaven im Bergwerk. Tontafel um 600 v. Chr.

Sklaven

Kriegsgefangene wurden im Altertum als Sklaven verkauft. Sie mußten in der Landwirtschaft oder im Bergbau arbeiten. Manche dienten auch in vornehmen Häusern. Sie und ihre Kinder waren das Eigentum ihres Herrn. Einige Herren zahlten ihren Sklaven Lohn, den sie sparen konnten, um sich freizukaufen. Wieder andere Herren schenkten ihren Sklaven sogar die Freiheit.

Man müßte es eben nicht direkt sagen ...

„Wenn ich dem doch nur einmal die Meinung sagen könnte! Was der sich herausnimmt! Und auch bloß, weil er der Herr ist!“
„Recht hast du! Aber wir können uns nicht erlauben, ihn zurechtzuweisen. Wir gehören ihm ja, mit Haut und Haaren – wir haben keinerlei Rechte! Bevor wir auch nur den Mund aufmachen, bestraft er uns schon! Mir graut vor den Prügeln! Und du weißt ja, daß es noch schlimmere Strafen gibt!“
„Als Sklave sind wir eben nichts wert. Auf Kritik mußt du verzichten ...“
„Man müßte es eben nicht direkt sagen, irgendwie versteckt, weißt du!“
„Nein!“
„Naja, wenn man nicht selber sprechen würde ...“
„Du meinst durch jemanden? Wer würde das für uns tun?“
„Auf Menschen ist ja wohl kein Verlaß! Aber eine Geschichte könnten wir für uns sprechen lassen. Wir müßten sie so verschlüsseln, daß wir nicht bestraft werden können ...“
„Aber doch so verständlich, daß alle den Sinn sofort herausbekommen können. Das ist es!“

So oder so ähnlich könnten sich Sklaven im alten Griechenland unterhalten haben. Einer von ihnen war Äsop, der im 6. Jahrhundert vor Christus auf der griechischen Insel Samos gelebt haben soll.

Äsop

Der Bock im Brunnen

Ein Fuchs, der in einen tiefen Brunnen gefallen war, vermochte auf keine Weise wieder herauszukommen. Da kam ein Ziegenbock, den es dürstete, des Weges, und als er den Fuchs in dem Brunnen erblickte, fragte er ihn, ob das Wasser gut sei. Der Fuchs aber ließ sich von seiner Verlegenheit nichts anmerken, konnte die Frische und die Bekömmlichkeit des Wassers gar nicht genug loben und redete ihm gut zu, nur auch herunterzuspringen. Da besann sich der Bock nicht lange und sprang in den Brunnen. Als der Durst gelöscht war, überlegten beide, wie sie hinaufkommen könnten. Da sprach der Fuchs: „Du stemmst dich mit deinen Vorderbeinen gegen die Mauer und machst deinen Hals recht lang. Ich klettere dann über deinen Buckel und über deine Hörner hinauf, und wenn ich oben bin, dann werde ich dir meinerseits heraushelfen." Der Ziegenbock tat, wie ihm geheißen; der Fuchs kletterte auf seine Hörner, und von da gewann er mit einem mächtigen Satz den Rand des Brunnens. Doch oben angelangt, machte er keine Anstalten, seinem Gefährten zu helfen, sondern hüpfte vor Vergnügen hin und her und begann ihn obendrein zu verhöhnen. „Ziegenbock, alter Ziegenbock", rief er, als der Betrogene ihn einen Wortbrecher schalt, „wenn du soviel Gedanken in deinem Schädel hättest als Haare in deinem Bart, dann würdest du nirgends hinunterklettern, bevor du weißt, wie du wieder raufkommst."

Äsop

Die tote Katze

In einem Haus gab es besonders viele Mäuse, bis eines Tages eine Katze dahinterkam und sich dort niederließ, um sie, eine nach der anderen, zu fangen und zu verspeisen. Die letzten, die noch übrig waren, aber verkrochen sich in ihre Löcher, wo die Katze sie nicht erreichen konnte, und hüteten sich, wieder zum Vorschein zu kommen. Da gedachte die Katze, sie durch eine List hervorzulocken. Sie erklomm einen Balken und hängte sich mit dem Kopf nach unten daran, als wäre sie tot. Nicht lange danach steckte auch wirklich eine von den Mäusen die Nase aus ihrem Loch.
„He, du dort", rief sie, „und wenn du zehnmal maustot bist, wir bleiben doch lieber, wo wir sind."

Wenn du erfahren willst, was der Sklave Äsop verschlüsselte, mußt du seine Fabeln richtig deuten, also den Schlüssel finden, um sie richtig zu verstehen.

- Welche Eigenschaften besitzen die Tiere in der Fabel?
  Kennt ihr andere Erzählungen, in denen diese Tiere auch so handeln?
  Welche Tiere hält man für:
  dumm – faul – gierig – listig – stur – ängstlich?

Wilhelm Busch

Bewaffneter Friede

Ganz unverhofft, an einem Hügel,
Sind sich begegnet Fuchs und Igel.

Halt, rief der Fuchs, du Bösewicht!
Kennst du des Königs Ordre[1] nicht?
Ist nicht der Friede längst verkündigt,
Und weißt du nicht, daß jeder sündigt,
Der immer noch gerüstet geht?
Im Namen seiner Majestät
Geh her und übergib dein Fell.
Der Igel sprach: Nur nicht so schnell.
Laß dir erst deine Zähne brechen,
Dann wollen wir uns weiter sprechen!

Und allsogleich macht er sich rund,
Schließt seinen dichten Stachelbund
Und trotzt getrost der ganzen Welt,
Bewaffnet, doch als Friedensheld.

[1] Ordre: Befehl

Wilhelm Busch
wurde 1832 als Sohn eines bekannten Kaufmanns in Wiedensahl (Niedersachsen) geboren. In jungen Jahren zeichnete er seine Freunde auf lustige Art und Weise. Bald darauf wurde er durch seine erste Bildgeschichte *Max und Moritz* weltberühmt. Trotz dieser witzigen Geschichten war Busch ein nachdenklicher Mensch und Einzelgänger. Er starb 1908 in Mechtshausen (Niedersachsen).

Fabeln
Fabeln sind kurze Erzählungen, in denen Tiere anstelle von Menschen sprechen und handeln. Fabeln kritisieren Zustände und decken menschliche Schwächen auf.

Stelle typische Tierpaare zusammen, die in einer Fabel vorkommen können.

Josef Raith

Der Igel und das Stachelschwein

Der Igel und das Stachelschwein,
die waren sich nicht gut.
Wenn sie einander sahen,
gerieten sie in Wut.
„Stecher!“ rief der Igel.
„Stichler!“ rief das Schwein.
Sie drohten mit den Stacheln
und ließen's dabei sein.

Es blieb nicht bei dem Drohen.
Die Wut war viel zu groß.
Und eines Tages gingen sie
aufeinander los.
„Blute!“ schrie der Igel.
„Stirb!“ schrie das Schwein.
Sie rannten ihre Stacheln
sich gegenseitig rein.

So stachen sich die beiden
mit ihren Stacheln tot.
Was übrig blieb, war gräßlicher
als Stachelbeerkompott.
„Ahh!“ stöhnte der Igel.
„Ooh!“ japste das Schwein.
Ein Frosch sprang über sie hinweg
und quakte: „Muß das sein!“

Eine Fabel auf einem Schulhof ...

Schreibe selbst eine Fabel:
Du willst einem Lehrer sagen, was dir als Schüler nicht gefällt.
Suche einen Tierbereich, ordne den Tieren die passenden Eigenschaften zu.

Auch das ist Stoff für eine Fabel:
Du willst dem **großen** *Michael beibringen, daß* **schwache** *Mitschüler auch ihre Stärken haben.*

Verstecktes erkennen – Zeichen setzen

EINPFERDUNDEINESELHATTENFÜRIHRENHERRNEINESCHWERELASTZU
BEFÖRDERNDASPFERDWARSTARKUNDTRUGLEICHTANSEINEMTEILDE
RESELABERSEUFZTESCHWERUNTERSEINERBÜRDESTÖHNENDBATER
DASPFERDIHMEINENTEILDAVONABZUNEHMENABERDIEBITTEWARUM
SONSTALSSIEDENHALBENWEGZURÜCKGELEGTHATTENWURDEESDEME
SELZUVIELERSTÜRZTEUNDBLIEBTOTLIEGENNUNHATTEDASPFERDDIE
GANZELASTALLEINZUSCHLEPPENOBENDARAUFABERLEGTEDERHERR
NOCHDIEABGEZOGENEHAUTDESESELS

- Betrachte das Bild. Was kannst du erkennen?
- Wie könntest du erreichen, daß ein anderer sofort erkennen kann, was du siehst?
- Der Text ist nur mit größer Mühe zu lesen. Was kannst du tun, um dir das Lesen zu erleichtern?

- Aus der Form des Satzes kannst du nicht immer erschließen, was der Schreiber meinte. Ein Satzschlußzeichen hilft hier weiter.
- Schreibe die Sätze oben ab, und vervollständige sie mit einem der drei Satzzeichen. Gib dann an:
  - Was will der Schreiber, wenn er dieses Satzschlußzeichen setzt?
  - Wie soll ich den Satz laut lesen, wenn dieses Satzschlußzeichen gesetzt ist?
- Satzschlußzeichen heißen auch Äußerungszeichen. Warum?

Satzschlußzeichen
Nach einem vollständigen Satz schreiben wir einen Punkt.
Wenn wir etwas wissen wollen, setzen wir ein ?.
Wenn wir etwas mit besonderem Nachdruck sagen, steht ein !.

Verschiedene Zeichen – verschiedene Sätze

Der verstruxte Kwolk

Ein Kwolk schnalpfte an der Wanske. Er vollmatzte einen Wirps und motzelte sehr dolp. Der Wirps kopselte hoch und radilkte dem Kwolk an das Palark. Der Kwolk war frellich. „Stezelst du ohne Matong?" dilkte er und gobste mit allen Frabunkeln. Da erwirpfte der Wirps das Dabiff und roggelte über den Wettak. „Vagumpfte Batralint!" badulkte der Wirpf und haspontikte im Kelüpf. Der Kwolk ertimmte noch frellicher, zopfte an seiner Stuckeldast und pfilte den Wirps über den Jasturks. Der Roggel datterte silken Dabauts. Astang watorkelte der Wirps in sein Bilatif. Der Kwolk stripfelte verstruxt.

- Auf den ersten Blick Unsinn, aber trotzdem kannst du verschiedene Wortarten erkennen.
- Obwohl du nicht die Bedeutung der Wörter kennst, kannst du mit den Sätzen spielen.

Ein Kwolk	schnalpfte	an der Warnske
An der Warnske	schnalpfte	ein Kwolk
Schnalpfte	ein Kwolk	an der Warnske

Probiere es auch mit anderen Sätzen.
Setze ein Satzschlußzeichen und begründe deine Wahl.

- Ein Kwolk schnalpfte an der Warnske
  Schnalpfte ein Kwolk an der Warnske
  Schnalpf an der Warnske

Was hat sich am Satz verändert? Wie hat sich die Bedeutung des Satzes dabei verändert?

Satzarten
Steht das Verb an der 2. Satzgliedstelle, ist es ein **Aussagesatz**.
Welches Satzschlußzeichen bei einem Aussagesatz steht, hängt davon ab, wie ihn der Sprecher verwendet.
Steht das Verb oder ein Fragepronomen an der 1. Satzgliedstelle, ist es ein **Fragesatz.**
Fragesätze bekommen ein Fragezeichen. Ein Ausrufezeichen steht dann, wenn der Fragesatz als Aufforderung oder Ausruf gemeint ist.
Steht das Verb an der 1. Satzgliedstelle und fehlt ein Subjekt im Satz, ist es ein **Aufforderungssatz.**
Aufforderungssätze haben am Schuß einen Punkt. Ein Ausrufezeichen bekommen sie, wenn sie mit besonderem Nachdruck gesprochen werden.

Fabeln erkennen und Fabeln schreiben

1. Welche Tiere könnten in der Fabel vorkommen?

Die Teilung der Beute

_______, _______ und _____ schlossen einen Bund und gingen zusammen auf die Jagd. Als sie nun reichlich Beute gemacht hatten, befahl der_______ dem _______, diese unter sie zu verteilen. Der machte drei gleiche Teile und forderte den _______ auf, sich selbst einen davon zu wählen. Da aber wurde der _______ wild, zerriß den _______ und befahl nun dem _______ zu teilen. Der nun schob fast die ganze Beute auf einen großen Haufen zusammen und ließ für sich selbst nur ein paar kleine Stücke über.

Da schmunzelte der _______: „Ei, mein Bester, wer hat dich so richtig teilen gelehrt?"

Der ______ antwortete: „Das Los des _______!"

2. Welche Eigenschaften besitzen diese Tiere in vielen Fabeln?

Lamm (Geduld)	*Hase ......*	*Esel ......*
Löwe	*Fuchs ......*	*Biene ......*

3. Schreibe die Fabel weiter. Welche Eigenschaften der Menschen willst du kritisieren?

Ein Lamm kam an einen Bach zur Tränke. Das sah ein grimmiger Wolf, lief herzu und schrie: „Du hast mir das Wasser verschlammt, das sollst du mir büßen." „Das stimmt nicht", rief das zitternde Lamm, „das Wasser kommt ja von dir zu mir herab." Der Wolf jedoch ...

4. Schreibe eine Fabel, in der du eine der folgenden Eigenschaften kritisierst:

Eitelkeit – Geiz – Verlogenheit – Habgier

5. Du kennst sicher die Fabel vom Fuchs und vom Raben. Schreibe sie so um, daß nicht dem Raben, sondern dem Fuchs eine Lektion erteilt wird.

Satzarten feststellen – Satzschlußzeichen anwenden

6. Schreibe den Text ab. Unterstreiche das Verb, und bestimme durch die Verbstellung die Satzart.
Setze die entsprechenden Satzschlußzeichen ein.

Ein Fuchs fand eine Weinlaube
Sie hing voller köstlicher Weintrauben
Ihm lief das Wasser im Munde zusammen

Darf ich sie probieren
Er schlich um die Rebenstämme
Er hüpfe hoch – umsonst
Die Vögel pfiffen höhnisch
Iß Probier Spring
Der Fuchs schüttelte den Kopf
Die Trauben schmecken zu sauer

7. Entwirre die Wortschlange:

einpaarmäusesprangenmutwilligumeinenschlafendenlöwenherumerrührtesichnichtsiebegan
nensogaraufihmherumzutanzendawurdeerwachundhattegleicheinevonihnengepacktdiemausf
lehteumihrlebensieversprachdemlöwensogareinengegendienstdamußtederlöwelachenundließ
sielosnacheinigerzeitverfingersichimnetzdesjägerserkonntesichmiteigenerkraftnichtbefreien
dakamdiemaushergelaufenundnagtemitemsigemzahndasnetzanderlöwekonntesichbefreien

8. Setze Satzschlußzeichen, und begründe deine Wahl.

Hör doch auf – Das hast du gut gemacht – Du mußt besser aufpassen – Das darf doch nicht wahr sein – Hast du die Tür abgeschlossen – Mein Buch kann ich dir geben – Aber ja doch

Die Schreibung von Wörtern sichern und Fehlerschwerpunkte bearbeiten

8. Wie schreibt man?

Schreibung	Seite	Problem	Erklärung und Hinweise
nichts Leichteres	56	Warum groß geschrieben?	*nichts* wird hier wie ein Artikel gebraucht; daher die Großschreibung. Genauso *etwas Schönes; alles Gute.*
Gefährten	63	Warum in der Mitte mit einem *h*?	Das Wort kommt von *fahren*. Die *Gefährten* sind diejenigen, die mitfahren.
Riesen	64	Wann schreibt man eigentlich *ie*?	Fast immer wird, wenn ein betontes *i* lange gesprochen wird, *ie* geschrieben. Nur in dem Wort *Vieh* wird *ieh* geschrieben. Alle Formen von *ihn (ihr, ihm, ihnen ...)* haben die Schreibung *ih*. Merken mußt du dir die Worte *Bibel, Maschine, Fibel, Mine,* (aber *Miene* für den Gesichtsausdruck), *Pantomime, Turbine, Praline, Tiger ...* Am Anfang eines Wortes steht nie *ie*, also: *Igel*!

Theater spielen

Ein Spiel beginnen – ohne Worte spielen

Werner Müller

Morgen spielen wir ...

„Warum klatschen die alle plötzlich so laut?“ schreckt Jenny aus ihrem Sitz hoch und schaut sich um. Sie hatte vergessen, daß sie im Theater war. Auch Alexander wischt sich die vom gespannten Zuschauen feucht gewordenen Hände an den Hosenbeinen ab, bevor er zu klatschen beginnt. Die beiden Geschwister hatten atemlos der letzten Pantomime im Programm von Marcel Marceau[1] zugesehen: Bip, so heißt die Figur, in die sich der große Pantomime auf der Bühne verwandelt, hatte David und Goliath gespielt: Hinter einer kleinen Stellwand kam ein kleiner, gewitzter David hervor, spielte auf seiner Flöte und bewachte seine Schafe. Dann trat der riesige und brutale Goliath heraus und zog sein Schwert. Eine wilde Verfolgungsjagd begann ... „Das müssen doch zwei Schauspieler sein!“ hatte Alexander gedacht.

Aber es ist nur einer, der jetzt da oben steht und lachend den Beifall entgegennimmt. Mit weißgeschminktem Gesicht, bekleidet mit weißen Hosen, grauem Trikot und gestreifter Weste, in der Hand einen Hut, an den eine rote Blume gesteckt ist – ein Zauberer, der das Unsichtbare sichtbar und das Sichtbare unsichtbar machen kann. Den ganzen Abend lang waren Alexander und Jenny diesem Bip gefolgt, waren mit ihm in Afrika auf Löwenjagd, hüteten zusammen mit ihm unendlich freche Kinder, verkauften Porzellan und amüsierten sich auf einem Ball – sie waren mit Bip traurig, und sie lachten ...

Nun stehen die beiden vor der Garderobentür des Künstlers. „Meinst du, daß er redet?“ flüstert Jenny. Noch bevor Alexander etwas sagen kann, öffnet sich die Tür, und sie stehen dem berühmten Pantomimen leibhaftig gegenüber.

Marcel Marceau nimmt freundlich lächelnd die hingereichten Programmhefte, erkundigt sich nach den Vornamen und beginnt ein Autogramm mit Widmung zu schreiben.

„Ich möchte Sie fragen“, sagt Alexander etwas zaghaft, „wann Sie begonnen haben, Pantomime zu spielen.“

„Wann ich angefangen habe, Pantomime zu spielen? Das ist mit meinem ganzen Leben verbunden. Schon von Kindheit an, als ich sechs, sieben Jahre alt war, habe ich eine große Liebe zu Charly Chaplin gehabt; ich habe seine Filme gesehen und versucht, ihn nachzuahmen. Als Zehnjähriger habe ich zusammen mit Kindern auf der Straße schon

[1] Marcel Marceau: Bekannter Künstler/Pantomime aus Frankreich

Zwischen einem Pantomimen und einem Schauspieler gibt es Gemeinsamkeiten und Unterschiede. Finde sie heraus.

Folgende Stichworte und das Bild von Marcel Marceau helfen dir dabei.

Mimik **Arbeitsstätte** **Kulisse**

Pantomimen gespielt, obwohl ich noch nicht ahnte, daß das Pantomimen waren. Aber für uns war das Leben Theater. Theater auf der Straße – lebendiges Theater. Als ich, ein junger Mann, heimlich vom Theater träumte und mit Sehnsucht an das Theater dachte, wußte ich nicht, daß ich einmal ein Pantomime sein werde. Ich wollte einfach zum Theater gehen, und ich wollte, daß aus dieser Phantasie meiner Kindheit einmal Wirklichkeit würde."

„Und wie ging es dann weiter?" will Jenny wissen.

„Es war – glaube ich – 1943, während der Besatzungszeit in Frankreich, während des Krieges. Ich mußte flüchten und fand Unterschlupf in einem Kinderheim. Dort lebten Kinder, die keine Eltern mehr hatten; ungefähr hundertzwanzig Kinder in jedem Alter. Dort wurde ich Lehrer für Malerei und Theater."

„Wie alt waren Sie damals?" fragte Jenny nach.

„Neunzehn Jahre alt. Der Kontakt mit den Kindern war die Vorbereitung für meine dramatische Schule. Jeden Abend bereitete ich neue Stücke für die Kinder vor, Theaterkostüme und Masken."

„Meinen Sie, daß ich auch Pantomime spielen kann?" sprudelt es aus Alexander heraus.

„Ich glaube, daß Kinder sehr gut Pantomime spielen können. Genau wie Kinder von Natur aus gute Maler sind. Nur wenn sie älter werden, verlieren sie diese Kunst. Das Pantomimenspiel der Kinder beruht auf Improvisation[2] und spontanen[3], lustigen Einfällen. Später, wenn du Schauspieler bist, beruht dann die Kunst auf Können und Technik. Deshalb wäre es gut, wenn du Leute fragst, die Pantomime studiert haben, damit sie dir gleich die richtigen Tips geben, wie man z.B. einen Schmetterling zeigt. Um ein guter Pantomime zu sein, muß man eine gewisse Reife besitzen, denn Pantomime ist ein richtiger, tiefer Einblick in die Menschheit."

„Darüber muß ich länger nachdenken", nickt Alexander.

Die beiden Kinder sagen Dankeschön und verabschieden sich. Auf dem Flur stößt Alexander seine Schwester freundschaftlich mit dem Ellbogen in die Rippen: „Morgen spielen wir Pantomime ... nein, ich glaube, ich überlege mir noch heute abend im Bett eine Pantomime!"

2 Improvisation: Etwas tun, ohne vorbereitet zu sein.
3 spontan: Man folgt einem plötzlichen Einfall.

Requisiten Sprache Vorstellung

Körpersprache Gebärde Maske

Einen ... spielen

Eine Dampflok
(für die ganze Klasse)
Wir bilden eine Schlange.
Wir gehen hintereinander durch den Raum.
Wir winkeln die Arme an.
Wir strecken die Arme aus.
Wir winkeln die Arme an, wir strecken die Arme aus ...
Bei jedem Anwinkeln stoßen wir ein lautes „Schschsch ...!" aus.
Die Lok fährt nun aus dem Bahnhof aus. Erster Gang.
Die Häuserfassaden huschen vorbei. Zweiter Gang.
Ein Tunnel kommt.
Die Lok rast über die Schienen. Dritter Gang.
Lautes Hupen! Ein entgegenkommender Zug!
Der Zug wird langsamer.
Der Bahnhof kommt in Sicht.
Die Bremsen quietschen.
Der Zug hält.

– einen, der einen Freund oder eine Freundin trifft

– einen Schwimmer/ eine Schwimmerin

– jemanden, der auf einen Bus wartet

– einen 100 m-Läufer bis zum Start

– einen Nachtwandler

– einen Dieb in der Nacht

– einen Rockstar

– einen Tänzer, eine Tänzerin

– einen Schlafenden

– Charlie Chaplin

– jemanden, der sehr ungeduldig ist

Wähle dir eine Figur aus, und versuche sie zu spielen. Die Klasse kann raten, für welche Figur du dich entschieden hast.

Spielgeschichten wählen – in Rollen schlüpfen

Paul Schorno

Den Clown spielen müssen?

Theaterwerkstatt-Atmosphäre. Kulissenteile und Versatzstücke liegen herum. Kinder ziehen sich an, lachen dazu: König, Prinzessin, Polizist, Hexe, Magd, Soldat, Zwerg, Riese, Köchin, Tänzerin, Königin, Fuchs, Zauberer, Ritter usw.
Ein Bub steht als einziger noch in seinen Straßenkleidern da. Er hat eine aufstülpbare Clownnase in der Hand, am Boden liegt eine Perücke. Jemand wirft ihm die Riesenschuhe eines Clowns zu. Armando, wie der Knabe beispielsweise heißen kann, ist unzufrieden.

Armando: Ich will nicht den Clown spielen!
(Niemand reagiert darauf.)
Ihr mit euren Kostümen – und ich soll nehmen, was übrigbleibt.
(Den anderen ist das egal.)
Diese blöde Nase. Und diese Schuhe. Ihr könnt mich nicht zwingen.
(Einige Kinder beginnen selbstverliebt zu spielen, bewegen sich im Sinne ihrer Figur und üben Posen.)
Faxen machen und blöde Späße, das kann ich nicht, das will ich nicht.
(Er hält die Clownnase vors Gesicht, streckt die Zunge heraus und macht ein paar tolpatschige Bewegungen. Einige lachen und sagen: Du kannst es ja!)
Du kannst es ja, du kannst es ja! Jetzt will ich aber erst recht nicht.
(Immer mehr setzen sich die Kinder in Szene, laufen umher, verneigen sich, kichern, zupfen an den Kleidern herum und schauen sich gegenseitig an.)
Ich möchte einen von euch sehen, wie er den Clown spielt, jawohl.

König: So wie der Chaplin. Hast ihn ja auch schon im Film gesehen.

Ritter: Weißt du, der mit dem Stöckchen und dem Schnurrbart.
(Versucht so zu gehen wie Chaplin.)

Köchin: Er watschelt doch so komisch.
(Versucht ebenfalls den Watschelgang nachzuahmen.)

Soldat: Das kann ich besser. (Er macht das ganz schlecht, so daß alle lachen, weil er's nicht gut macht.)

Armando: Ja, also. Wenn ihr ihn so gerne spielt, warum muß ich gerade der Clown sein?

König: Sei kein Spielverderber.

Polizist: Du darfst alle zum Lachen bringen.

Prinzessin: Anderswo gibt es Kinder, die gerne Clown spielen würden.

Armando: Clown, Clown. Ich bin kein Spaßvogel, ich wäre lieber ein Einbrecher.

Sollte Armando deiner Meinung nach die Rolle des Clowns spielen? Überlege, wie Marcel Marceau oder Alexander (S. 72/73) oder du selbst zu einer bestimmten Rolle gekommen sind.

Königin: Ein Einbrecher. Wie einfältig.

Armando: (spöttisch) Natürlich, wenn man Königin ist ...

Fuchs: Wahrscheinlich willst du mich schnappen.

Armando: Ein Einbrecher, ganz genau. (Er zeigt das Schleichen in gebückter Haltung vor, tut, als nähme er eine Pistole hervor und ruft:) Hände hoch!

Hexe: Das ist blöd. Immer diese Krimis.

Polizist: Wenn wir einen Krimi spielen, dann kann ich den Mord aufdecken.

Magd: Wir spielen doch keinen Krimi.

Soldat: Doch doch. Der Clown begeht während einer Vorstellung einen Mord, der aber erst später entdeckt wird.

Riese: Eine prima Idee.

König: Ihr mit eurer Phantasie. Wir spielen etwas ganz anderes: In einem Land sind alle Leute immer traurig. Niemand konnte bis jetzt helfen. Schließlich wird aus einem fremden Land ein Clown geholt, der den Auftrag bekommt, die Leute wieder zum Lachen zu bringen.

Armando: Wenn du nicht das Königsgewand tragen würdest, so wärst du auch für den Krimi. Das weiß ich ganz genau.

Königin: Aber dem Clown gelingt es nicht, die Menschen aufzuheitern. Er ist halt kein lustiger Clown und bringt die Menschen zum Heulen.

Prinzessin: Wautsch!

Soldat: Und er wird mit Schimpf und Schande zum Land hinausgejagt.

Magd: Mir gefällt das nicht. Ein Clown ist ein Clown, und der muß lustig sein, basta.

Armando: (mit Nachdruck) Ich will kein Clown sein. Ich will etwas Vernünftiges machen.

Fuchs: Ja, ein Einbrecher sein. (Alle lachen.)

Königin: Sonst machst du ja auch immer Blödsinn.

Armando: Ja – und? Bin ich deswegen schon ein Clown?

König: Ich befehle dir jetzt, dich als Clown richtig anzuziehen.

Einige: Jawohl. (Sie gehen auf ihn zu, halten ihn fest, ziehen ihm die Schuhe an, stülpen ihm die Perücke über und befestigen die Nase. Sie verneigen sich vor ihm. Armando wehrt sich schließlich nicht mehr.)

Alle: So, und jetzt bring uns zum Lachen.

Zwerg: Spiel uns was vor.

Königin: Zuerst müssen wir alle traurig sein.

Polizist: Denkt, ein böser Mann ist im Lande.

Köchin: Oder die Hungersnot.

Tänzerin: Es gibt keine Musik mehr.

Ritter: Keine Pferde.

Prinzessin: Keine Blumen und Schmetterlinge.

Zauberer: (in Zaubererpose) Ihr – sollt – alle – traurig sein. (Einige versuchen eine entsprechende Mimik und Haltung einzunehmen.)

Tänzerin: (plötzlich) Wie ist man eigentlich traurig?

Magd: Wie? Einfach so, indem man – traurig ist. Einfach so. (Die Magd probiert das Traurigsein. Sie macht Grimassen und wirkt ziemlich verkrampft. Einige lachen.)

Ritter: Du bist blöd. Wenn man etwas spielt, so muß man es auch spielen können. (Er probiert es auch, einige andere ebenfalls.)

Tänzerin: Alle sind jetzt traurig. Und nun kommt unser Clown.

Riese: Der alle zum Lachen bringt.

Hexe: Nein anders, wir alle müssen den Clown zum Lachen bringen, weil er plötzlich an einer Krankheit leidet, so daß er nicht mehr lachen kann.

Köchin: Gute Idee.

Tänzerin: Das spielen wir später, zuerst muß er uns zum Lachen bringen.

Einige: Genau.

König: Also beginnen wir.

Königin: Es wird spannend werden.

Armando: Soll ich es noch oft sagen: Ich will nicht.

Polizist: Du bist langweilig.

Armando: Und du, kannst du überhaupt einen Polizisten spielen? (Der Polizist packt den Clown am Arm, zerrt ihn und brüllt ihn an.) Pfui. Ein richtig blöder Polizist.

Riese: So sind sie doch gar nicht.

Armando: (Nimmt dem Polizisten den Knüppel weg.) Siehst du, so macht es ein guter Einbrecher. Vielleicht bist du ein besserer Clown? Tauschen wir die Rollen?

König: Sollen nun alle ihre Rollen tauschen, he? Und dann noch einmal und noch einmal, bis wir nicht mehr wissen, wer wir sind.

Ritter: Warum nicht. Das wäre doch lustig.

Königin: Das gibt doch kein vernünftiges Spiel mehr.

König: Ich befehle endgültig, daß Armando den Clown spielt.

Königin: Also wir sind in einem Land, wo alle immer traurig sind.

Riese: Und?

König: Die Ärzte verteilen Tabletten. Es hilft nicht.

Tänzerin: Die Tänzerinnen tanzen so gut wie nie zuvor.

Zwerg: Es hilft nicht.

Köchin: Die Köchinnen kochen so hervorragend, daß alle dicke Bäuche bekommen. Aber lachen können sie immer noch nicht.

König: Der Zauberer macht, daß alle Geld in Hülle und Fülle verdienen. Auch das hilft nicht.

Königin: Die Hexe braut Wundertränklein. Doch sie bewirken nichts.

König: Im Gegenteil. Viele Menschen sterben an einer geheimnisvollen Krankheit, der man fremdartige und komplizierte Namen gibt.

Königin: Schließlich komme ich auf die Idee.
König: Nein, ich.
Königin: Aber bitte, noch nie etwas gehört von Em – Emanz? – Du weißt ja schon was. Also ich komme auf die Idee, aus dem Land Lachiatanien den berühmten Clown Mediminiminzius herreisen zu lassen.
Riese: Aber nur unter einer Bedingung.
König: Welcher?
Riese: Ich weiß auch nicht. Eine Bedingung ist doch bei so was immer dabei.
Zauberer: Zum Beispiel im Austausch gegen mich.
König: Meinetwegen.
Königin: Und der Clown kommt.
Armando: Ich will ihn nicht spielen.
Tänzerin: Eine so tolle Rolle.
Armando: Kümmert mich nicht.
Zwerg: Jetzt wo's spannend wird.
Armando: Spannend. Ja, wenn ich den Clown spielen muß, dann –
König: Ja? Was?
Armando: Ich will ein ganz anderer Clown sein. Nicht so, wie ihr meint.
Tänzerin: Hauptsache, du heiterst uns auf.
Magd: Wir sind neugierig auf deine Taten.
Armando: Ihr werdet Augen machen.
Zauberer: Da sind wir aber gespannt.

Die Schauspieler können sich nicht darüber einigen, welche Art von Geschichte sie spielen wollen, weil die verschiedenen Rollen zu ganz verschiedenen Geschichten gehören. Versucht sie einander zuzuordnen.

Riese König Soldat Ritter Magd Prinzessin Polizist Zwerg
Kriminalgeschichte
Königin Zauberer Tänzerin Fuchs Clown **Märchen** Hexe

Geschichten ordnen und sortieren – Textsorten

Es gibt verschiedene Möglichkeiten, Geschichten zu ordnen. Dabei faßt man die Geschichten zusammen, die gemeinsame Merkmale haben. Man könnte Geschichten danach ordnen, ob

- typische Figuren vorkommen (z.B. Hexe, König im Märchen),
- die Figuren eher lustig oder eher ernst sind (z.B. Schelm im Schwank),
- immer etwas Bestimmtes passiert (z.B. Verbrechen in einer Kriminalgeschichte).

Geschichten, die nach solchen Gemeinsamkeiten geordnet sind, bilden eine Textsorte.

Lustige Geschichten spielen

Wie Eulenspiegel die Kranken heilt

nacherzählt von Erich Kästner

Till Eulenspiegel wechselte die Berufe öfter als das Hemd. Und da er nirgends lange bleiben konnte, weil man ihn sonst verkehrt aufgehängt oder wenigstens halbtot geschlagen hätte, kannte er, kaum daß er zwanzig Jahre alt war, Deutschland wie seine Westentasche. So kam er nach Nürnberg. Und hier trieb er's ganz besonders bunt. Er klebte an die Kirchentüren und ans Rathausportal Plakate, auf denen er sich als Wunderdoktor ausgab.

Es dauerte auch gar nicht lange, da kam der Verwalter vom Krankenhaus zum Heiligen Geist anspaziert und sagte: „Sehr geehrter Herr Doktor! In unserem Spital liegen so viele Kranke, daß ich mir nicht mehr zu helfen weiß. Alle Betten sind belegt, und das Geld reicht vorn und hinten nicht. Können Sie mir keinen Rat geben?"

Eulenspiegel kratzte sich hinterm Ohr und antwortete: „Doch, doch, lieber Mann. Aber guter Rat ist teuer."

„Wieviel?" fragte der Verwalter.

Und Eulenspiegel sagte: „Zweihundert Gulden."

Zunächst blieb dem guten Mann die Luft weg. Und dann erkundigte er sich, was der Herr Doktor Eulenspiegel dafür leisten wolle.

„Dafür mache ich in einem einzigen Tag alle Kranken gesund, die im Hospital liegen! Wenn mir's nicht gelingen sollte, will ich keinen Pfennig haben."

„Ausgezeichnet!" rief der Mann, nahm Eulenspiegel auf der Stelle mit ins Krankenhaus und sagte den Kranken, der neue Doktor wolle sie alle heilen. Sie müßten sich nur genau nach seinen Vorschriften richten.

Bevor euer Spiel beginnt, solltet ihr euch überlegen,

- welche Personen auftreten,
- wo sie auftreten sollen,
- ob ihr ein unbedingt notwendiges Requisit benötigt.

Der Schwank – eine lustige Geschichte

Geschichten, in denen ein Schelm anderen einen Streich spielt oder in denen sich Menschen auf lustige Weise tolpatschig und dumm benehmen, nennen wir Schwänke.

Schwänke wurden lange Zeit wie Märchen mündlich weitererzählt, bevor sie gesammelt, aufgeschrieben und zu Schwanksammlungen zusammengefaßt wurden.

Dann ging er ins Verwaltungsbüro und ließ Till mit den Kranken allein. Eulenspiegel ging langsam von Bett zu Bett und unterhielt sich mit den Leuten. Er sprach sehr leise und geheimnisvoll mit jedem von ihnen. Und einem jeden sagte er das gleiche.
„Ich will euch allen helfen", sagte er, „dir, mein Freund, und den anderen auch. Und ich weiß ein fabelhaftes Rezept dafür.
Ich muß einen von euch zu Pulver verbrennen. Dieses Pulver müßt ihr dann einnehmen. Ich habe mir auch schon überlegt, wen von euch ich zu Pulver verbrennen werde: den Kränksten im Saal. Das wird das beste sein, meinst du nicht auch? Na also." Dann beugte er sich noch tiefer und fuhr noch leiser fort: „In einer halben Stunde hole ich den Verwalter herauf. Der wird die Gesunden unter euch fortschicken. Es wird also gut sein, wenn du dich ein bißchen beeilst, mein Lieber. Denn den Letzten verbrenne ich leider zu Pulver. Die Sache will's!" So ging er zu jedem und erzählte jedem das gleiche. Dann holte er endlich den Verwalter nach oben. Und der Verwalter rief mit lauter Stimme: „Wer sich gesund fühlt, ist entlassen!"
In drei Minuten war der Saal leer! Alle rannten oder humpelten, so schnell sie nur irgend konnten, aus dem Krankenhaus hinaus. Solche Angst hatten sie! Es waren welche dabei, die seit zehn Jahren hier gelegen hatten. Der Hospitalverwalter war sprachlos. Er raste ins Büro und brachte Eulenspiegel zweihundertzwanzig Gulden. Die streckte er ihm hin und sagte: „Zwanzig Gulden gebe ich Ihnen extra. Sie sind der beste Arzt der Welt."
„Stimmt", sagte Eulenspiegel. Damit meinte er den Geldbetrag. Er steckte ihn in seine Tasche, empfahl sich und machte, daß er Nürnberg in den Rücken bekam.
Schon am nächsten Tag kehrten alle Kranken ins Hospital zum Heiligen Geist zurück und legten sich wieder in ihre Betten. Der Verwalter war außer sich. „Um alles in der Welt", rief er, „ich denke, er hat euch gesund gemacht?"
Da erzählten sie ihm, warum sie gestern davongelaufen waren und daß sich keiner habe zu Pulver verbrennen lassen wollen. „Ich bin ein Esel", sagte der Verwalter. „Der Lump hat mich betrogen, und ich habe ihm sogar noch zwanzig Gulden mehr gegeben, als er verlangt hat!"

Till Eulenspiegel

Till Eulenspiegel hat tatsächlich im 14. Jahrhundert in der Nähe von Braunschweig gelebt.
Er starb 1350 in der Stadt Mölln an der Pest.
Seine zahlreichen Streiche wurden bald aufgeschrieben und sogar neue dazuerfunden. Die älteste Sammlung von Streichen stammt aus dem Jahr 1515.

Eulenspiegel:
Titel der ersten erhaltenen Ausgabe,
gedruckt in Straßburg
durch J. Grieninger, 1515

Otfried Preußler

Der Wahltag

Der Wahltag stand fest, und nun hieß es für jedermann, der sich zum Bürgermeister berufen fühlte, ein schönes Gedicht machen.

Dichten ist schwerer, als ich es bis dahin vermutet hatte. Dagegen ist Steineklopfen ein Kinderspiel! Wer sich jemals mit Dichten beschäftigt hat, wird das bestätigen.

Ich dichtete also aus Leibeskräften und schwitzte nicht schlecht dabei. Auch ich wäre nämlich gern Bürgermeister von Schilda geworden. Das gebe ich offen zu, und nicht weniger offen gestehe ich, daß ich in diesem Wunsch durch mein Weib, die geborene Hechelmann, heftig bestärkt wurde. „Wenn es nach mir ginge“, sagt Margarete, „müßten das Amt und die Würde in der Familie bleiben!“

So sehr ich mich aber auch abmühte – mit der Dichterei hatte ich wenig Glück. Selbst in der Nacht vor der Wahl lag ich schlaflos im Bett und zermarterte mir das Hirn noch immer. Es wollte und wollte mir aber nichts einfallen.

Margarete, meine liebe Frau, konnte gleichfalls nicht schlafen.

„Hast du nun endlich dein dummes Gedicht beisammen?“ fragte sie gegen Mitternacht.

Als ich verneinen mußte, erklärte sie:

„So! – Wenn du Tropf es allein nicht fertigbringst, werden wir eben gemeinsam eins machen! Sonst wirst du im Leben nicht Bürgermeister von Schilda!“

Wir wälzten uns viele Stunden lang grübelnd im Bett herum. Meine Frau ließ nicht locker. Schon graute der Morgen, schon krähten die Hähne den Wahltag ein. Nun aber hatten wir endlich Erfolg.

Um der Wahrheit die Ehre zu geben – es war meine Frau, die zu guter Letzt einen Vers fand. Bevor sie damit herausrückte, sagte sie aber: „Versprichst du mir einen neuen Pelz, wenn du Bürgermeister von Schilda wirst?“

Die Schildbürger
Wunderſeltzame A=
bentheuerliche / unerhörte /
und bißher unbeſchriebene Geſchich=
ten und Thaten der obgemelten Schiltbür=
er in Miſnepotamia hinder Utopia gelegen.
Jtzund alſo friſch / Männiglichen zu
Ehrlicher Zeitverkürtzung / auß unbekanten
Authoren zuſammengetragen / und auß Utopi=
ſcher auch Rothwelſcher und Deutſche
Sprach geſetzt.
Gemehret und gebeſſert.
Durch
M. Ateph/Bech/Gimel/der Feſtung
Rrſilenburger Amptmann
Die Buchſtaben ſo zu viele ſinde /
Nimb auß / wirff ſie hinweg geſchwindt /
Und waſ dir bleibt / ſetz recht zuſammen:
So haſtu deſ Authorſ Namen
Mit Privilegien deß Authorſ noch zu
verbeſſern und zu vermehren / aber nicht
nachzudrucken.
Gedruckt in Verlegung deſ Authoriſ der
Feſtung Miſnepotamia / 1573.

Die Schildbürger

Auch die Geschichten über die Bürger von Schilda wurden gesammelt und gedruckt. Die Schildbürger waren ursprünglich sehr gescheit. Deshalb ließen Fürsten sie zu sich kommen und sich einen guten Rat geben. Doch die Schildbürger hatten das Reisen bald satt und überlegten, wie sie sich helfen könnten. Da hatten sie eine Idee. Da ihre Weisheit der Grund für ihre Reisen war, entschlossen sie sich, wie Narren zu leben und zu handeln – und tatsächlich: kein Fürst fragte sie mehr um Rat. Sie waren tatsächlich zu Leuten geworden, über deren Dummheit alle Welt lachte.

Ich versprach ihn ihr.
Nun lehrte mich Margarete das Gedicht. Ich mußte es auswendig lernen und immer und immer wieder von neuem aufsagen. Erst im Bett, dann beim Waschen und Ankleiden, dann beim Frühstück.
„Mein liebes Weib heißt Margaret.
Ein Dichter bin ich, wie ihr seht!"
Das war wirklich ein schönes Gedicht, und es mußte schon mit dem Teufel zugehen, wenn ich damit nicht Erfolg hatte.
Dachten wir!
Aber das Schicksal bestimmte es anders.
Ich kam auf das Rathaus und sah, daß noch viele andere Freunde, Verwandte und Nachbarn den Wunsch hegten, Bürgermeister von Schilda zu werden. Ich habe sie übrigens stark im Verdacht, daß auch ihnen die Weiber beim Dichten geholfen hatten.
Nun wohl! Wir bestimmten die Reihenfolge, und mich traf das Los, als der erste von allen mein Glück zu versuchen. Ich holte tief Luft, schloß die Augen und schmetterte in den Saal:
„Mein liebes Weib heißt Margaret,
Ein Dichter bin ich, wie ihr ..."
Aber da stockte ich, schluckte ein paarmal – und wußte ums Leben nicht weiter. Ich setzte von vorn an, blieb abermals stecken, besann mich. Ein drittes Mal also! Ich stammelte, jetzt schon beträchtlich leiser:
„Mein liebes Weib heißt Margaret,
Ein Dichter bin ich, wie ihr – hört!"
Verlegen schlich ich an meinen Platz, denn ich hatte das schöne Gedicht verhunzt, und mein Traum, daß ich jemals zum Bürgermeister gewählt werden könnte, war ausgeträumt.
Jetzt war mein lieber Vetter, der Schneider Siebenkäs, an der Reihe.
Doch siehe – auch er hatte Pech und versprach sich beim letzten Wort. Sein Gedicht aber lautete kurz und bündig:
„Ich bin der Meister Schneider,
Und nähe euch die – Röcke!"
Nach ihm trat mein Pate, der Schreiner Quast, vor die Wahlversammlung. Stolz warf er sich in die Brust und verkündete siegessicher:
„Ich bin der Meister Schreiner,
So klug wie ich ist – niemand!"
Der Kuckuck weiß, wie es zuging, daß jeder von uns im entscheidenden Augenblick sich verhedderte. Das blieb keinem erspart; auch dem Schmied nicht, der dröhnend ausrief:
„Der Meister Schmied bin ich genannt,
Den Hammer schwing' ich in der – Faust!"
Nicht besser erging es dem Mann meiner jüngeren Schwester, dem Metzger Kalbfell:
„Ein Metzger bin ich stark und breit,
Voll Mutterwitz und sehr – gelehrt!"
Mein Oheim, der Bäcker Sauerbrot, ließ sich wie folgt vernehmen:

„Ich bin der Meister Sauerbrot,
Das Dichten macht mir keine – Schwierigkeiten.“

Ich habe mir die Gedichte nicht alle merken können und will es bei diesen sechs Proben bewenden lassen. Die anderen zwölf waren auch nicht besser. Zuletzt aber hörten wir eines, das immerhin länger war.

Dieses Gedicht sprach der Sauhirt von Schilda, ein Mann namens Jonathan Widerborst, der bis dahin noch nie von sich reden gemacht hatte. (Um so mehr wird in Zukunft von diesem Mann zu berichten sein!)

Jonathan Widerborst also trat vor die Wahlversammlung und sagte:

„In Schilda kennt mich jede Sau,
Jedweder Mann und jede ...“

Hier unterbrach er sich allerdings, bat um Entschuldigung, tat einen herzhaften Zug aus der Schnapsflasche, die er stets griffbereit in der Tasche trug, rülpste – und schnurrte dann ohne zu stocken herunter:

„In Schilda kennt mich jede Sau,
Jedweder Mann und – jedes Weib.
Das Dichten fällt mir gar nicht schwer,
Ich kann es wirklich, hört nur – zu!
Drum sage ich mit Fug und Recht:
Wer mich wählt, wählt gewiß nicht – falsch.“

Wir alle hatten den Sauhirten Widerborst bis zu dieser Stunde stets unterschätzt. Jetzt aber mußten wir zugeben, daß er uns, was das Dichten anlangte, weit überlegen war.

„Denn“, sagte Samuel Hechelmann, „wenn sein Gedicht sich auch schlecht gereimt hat, so gibt es doch einen guten Sinn. Und außerdem war es viel länger als alle anderen Verse, die wir gehört haben. Demnach gebührt dem Verfasser der Siegespreis. Ich begrüße Euch, werter Herr Jonathan Widerborst, hiermit als meinen Nachfolger!“

Samuel Hechelmann überreichte dem ehemaligen Sauhirten feierlich Kette und Stadtsiegel.

Dies war die letzte Amtshandlung, die mein verehrter Herr Schwiegervater als Oberhaupt unseres Städtchens vornahm. Er zog sich von Stund an aus dem öffentlichen Leben zurück und widmete sich in Zukunft so ausschließlich seiner Seilerei, daß von ihm in der Folgezeit kaum noch die Rede sein wird.

Wir aber fragten uns – kleingläubig, wie wir waren –, ob sich der einstige Sauhirt als Bürgermeister bewähren würde.

Wer daran zweifelte, sollte jedoch binnen kurzem bereits eines Besseren belehrt werden. Dies darf ich hier schon vorwegnehmen.

Walter Kukula

Allen Leuten recht getan ...

Eines Tages war in Nasreddins Haus das Mehl zu Ende gegangen. Da nahm der Hodscha[1] den leeren Sack, zog seinen Esel aus dem Stall und machte sich auf den Weg zur Stadt, um einen neuen Vorrat zu kaufen. Ehe er das Dorf verließ, traf er Afir, den Sohn seiner Schwester. Da es ein schöner Tag zu werden versprach, lud er den Knaben ein, ihn nach der Stadt zu begleiten.
So zogen sie zu dritt – der Esel in der Mitte – die Straße dahin. Bald stieg die Sonne höher. Ihre Strahlen begannen wie glühende Nadeln zu stechen, und es war ein recht mühseliges Wandern.
„He, was seid ihr doch für törichte Leute?“ rief ein Mann, der eben des Weges kam. „Ihr plagt euch in der Hitze mit dem Gehen und laßt euren Esel mit leerem Rücken dahinlaufen!“
„Es scheint mir, als spräche dieser Mann die Wahrheit“, sagte Nasreddin. „Wir wollen seinen Rat befolgen.“ Damit schwang sich der Hodscha auf den Rücken seines Esels und ließ sich tragen.
Die drei waren noch nicht sehr weit gekommen, als ihnen ein anderer Mann begegnete. Er blickte mißbilligend auf Nasreddin und sprach: „Wie kannst du nur so unbekümmert im Sattel sitzen, indessen dieser arme Knabe hier unter der Hitze fast zusammenbricht? Hast du kein Erbarmen mit der Schwäche seiner Jugend?“
„Wenn man es genau betrachtet, hat dieser Mann nicht so unrecht“, sagte Nasreddin. Alsdann stieg er aus dem Sattel und half seinem Schwestersohn aufsitzen.
So mochten sie kaum einige hundert Schritt zurückgelegt haben, als ihnen ein dritter Mann entgegenkam. Als er des Knaben auf dem Esel ansichtig wurde, stieg die Röte des Zorns in sein Angesicht.
„Oh, wie sehr fehlt doch der Jugend von heute Anstand und Sitte!“ rief er ungehalten. „Schämst du dich nicht, junger Mensch, das Alter neben dir im Staub auf der Straße wandeln zu sehen?“
„Ich muß dem Tadel dieses Mannes zustimmen“, nickte Nasreddin. „Es schickt sich wirklich nicht, daß ich neben dem reitenden Knaben zu Fuß gehe. Doch diesem Mangel wird bald abgeholfen!“
Nach diesen Worten stieg der Hodscha hinter dem Knaben Afir in den Sattel. Der Esel schüttelte wohl unwillig den Kopf, doch, da er ein gutes und fügsames Tier war, setzte

[1] Hodscha: Gelehrter, Weiser

Nasreddin
Nasreddin lebte ungefähr zur selben Zeit wie Till Eulenspiegel. Er wurde in Akschehir in Kleinasien geboren. Der Name „Nasreddin“ bedeutet „Stütze des Glaubens“.
Nasreddin war ein besonderer Schelm, weil seine Streiche auch zeigen, wie töricht Menschen im Alltag handeln. Da Nasreddin viel über sich und das Verhalten der Menschen nachdachte, war er ein sehr geachteter Mann.

er sich dennoch mit der zweifachen Last in Bewegung.

Wieder legten sie eine Strecke Weges zurück, bis sie eine neue Begegnung hatten. Diesmal waren es zwei Bauersleute, die ihnen entgegenschritten. Als sie zwei Reiter auf einem Esel erblickten, blieben sie stehen, und das Staunen öffnete ihnen weit den Mund.

Endlich fanden sie die Sprache wieder. „Seid ihr vom Scheitan besessen?“ schrien sie erbost. „Die Strafe Allahs wird euch treffen, wenn ihr das arme Tragtier so mutwillig mit doppelter Last zu Tode quält!“

„Wenn ich ehrlich sein will, so muß ich auch diesen beiden zustimmen“, seufzte Nasreddin. Dann ließ er sich aus dem Sattel gleiten und half auch dem Knaben absteigen. „Und nun weiß ich genau, was wir weiter zu tun haben, um bei den Leuten, die uns begegnen, kein Ärgernis zu erregen“, fuhr der Hodscha fort. „Da unser Esel nicht leer gehen soll und wir nicht auf ihm reiten dürfen, so werden wir eben das Tier den Rest des Weges – tragen!“

Also faßten sie kurz entschlossen den Grauen beim Kopf und an den Hinterbeinen und trugen ihn in die Stadt.

- Bringt die Bilder in die richtige Reihenfolge, dann sind sie euch beim Spielen eine Hilfe.
- Nasreddin unterscheidet sich von Till Eulenspiegel und von den Bürgern von Schilda. Vergleicht die Schelmenfiguren.
- Eine Schülerin meint: „Eigentlich handelt es sich bei der Geschichte mit Nasreddin um eine Fabel.“ Wie kommt die Schülerin auf dieser Idee? Hat sie recht?

R.W. Brednich

Die geteilte Suppe

(1) Eine junge Frau, eine Studentin, geht zu Karstadt ins Restaurant und kauft sich eine Suppe und eine Cola. Sie trägt beides an einen Tisch, und als sie (2) dort angekommen ist, merkt sie, daß sie vergessen hat, einen Löffel mitzu- (3) nehmen. Sie geht zurück und holt sich den Löffel. Als sie wiederkommt, sitzt an ihrem Tisch ein Schwarzer und löffelt in ihrer Suppe. Im ersten Moment regt sie sich innerlich auf, dann denkt sie: „Naja, besser mit Humor nehmen, der hat vielleicht Hunger und nicht so viel Geld", setzt sich dazu, taucht ihren Löffel auch ein und unterhält sich mit ihm. Sie kom- (4) men ins Gespräch und teilen sich noch die Cola, und es ist richtig nett. Zum Schluß sagt sie dann, sie müsse gehen; als sie aufsteht, merkt sie, daß ihre Jacke nicht da über dem Stuhl hängt, guckt sich um und sieht auf dem Nebentisch ihre unangetastete Suppe und ihre Jacke über der Stuhllehne. (5)

Die folgenden Fragen können euch helfen, daß das Spielen auf Anhieb klappt:

(1) Welche Requisiten sind unbedingt notwendig?

(2) Wie müssen die Tische stehen, wo muß die Jacke hängen?

(3) Welches ist der spannendste Augenblick?

(4) Worüber können die beiden reden?

(5) Wie reagiert die Studentin nun?

Eine Aufführung planen

Einer Aufführung geht eine Menge Arbeit und Planung voraus.

- Weshalb planen Theatermacher eine Aufführung? Das Stück könnte doch auch improvisiert werden.
- Überlege, was ihr bei der Planung einer Aufführung beachten müßt. Die Sprechblasen helfen dir dabei.

Eine Aufführung planen – Was ist zu tun?

Was noch alles vor uns liegt

Die Kostüme herstellen
Die Termine für die Proben festlegen
Notwendige Requisiten besorgen
Regie führen
Für passende Beleuchtung sorgen
Die Rollen verteilen
Den Hausmeister informieren
Das Bühnenbild entwerfen
Die Schauspieler schminken
Das Programmheft schreiben
Ankündigungsplakate entwerfen

- Bringt die Aufgaben in eine sinnvolle Reihenfolge.
- Welche Aufgaben fallen bei euch an, wenn ihr eine Aufführung plant? Kommen weitere Aufgaben dazu?
- Was haben die Schülerinnen und Schüler noch nicht festgelegt? Warum kann auf die fehlende Information nicht verzichtet werden?

Der einfache Satz

Das Bühnenbild entwerfen

Ausdrücke wie diese heißen Infinitivketten, weil das Verb im Infinitiv steht. Der Infinitiv ist die Grundform des Verbs. Bei der Infinitivkette bleibt die Frage:

Wer entwirft das Bühnenbild?

offen. Wenn man diese Frage beantwortet, bekommt man einen vollständigen Satz:

Tanja	*entwirft das Bühnenbild*
1. Satzteil: beantwortet die Frage: *Wer? Was?*	2. Satzteil: beantwortet die Frage: *Was wird von Tanja ausgesagt?*
Dieser Satzteil heißt Subjekt (Satzgegenstand)	Dieser Satzteil bildet die Satzaussage, den Prädikatsverband

Ein Satz besteht also aus zwei großen Teilen, die jeweils eine ganz verschiedene Information geben und verschiedene Aufgaben im Satz haben.

Eine Aufführung planen – wer übernimmt was?

Theaterspielen macht Spaß.

Lisa ist Regisseurin.

Tanja ist Bühnenbildnerin.

Hajo ist Maskenbildner.

Klaus und Nadja sind Schauspieler.

Finde die Subjekte in den obenstehenden Sätzen heraus.

Bei der Bestimmung der Subjekte durch die Frage Wer?/Was? tauchen Schwierigkeiten auf.
Was macht Spaß? Was macht Theaterspielen?
Wer ist Regisseur? Was ist Lisa?
Wer ist Bühnenbildner? Was ist Tanja?
Sprecht über diese Schwierigkeiten.

Um ein Subjekt sicher bestimmen zu können, ist es notwendig, eine zweite Probe durchzuführen, eine Infinitivprobe.

Subjekte ermitteln

Es gibt zwei Möglichkeiten Subjekte zu ermitteln.

***1.** Mit der Infinitivprobe*

Die Form, die ein Verb in einem Satz hat, hängt vom Subjekt ab:
Ich spiele Theater. Tanja entwirft das Bühnenbild. Klaus und Nadja übernehmen die Beleuchtung.
In einem vollständigen Satz steht das Verb nicht mehr im Infinitiv, sondern in seiner Personalform. Ein Subjekt stimmt also mit dem Verb in Person (ich, du, er, sie, es...) und Numerus (Einzahl/Mehrzahl) überein.
Wenn du diese Übereinstimmung auflöst, indem du das Verb in den Infinitiv setzt, bleibt das Subjekt übrig.

Theater spielen	*Ich*
Das Bühnenbild entwerfen	*Tanja*
Die Beleuchtung übernehmen	*Klaus und Nadja*

***2.** Mit der Frage Wer/Was?*

Wer spielt Theater?	*Ich*
Wer entwirft das Bühnenbild?	*Tanja*
Wer übernimmt die Beleuchtung?	*Klaus und Nadja*

Eine Aufführung planen – ein Regiebuch schreiben

Ilse van Heyst

Wie Eulenspiegel zu Wismar einen Pferdehändler narrte

Einmal spielte Eulenspiegel einem Pferdehändler einen Streich. Es war in Wismar auf dem Pferdemarkt. Dahin kam regelmäßig ein Roßtäuscher, der wollte immer nur feilschen und handeln. Er zog die Pferde am Schwanz, und wenn er einem Pferd leicht ein paar Haare ausreißen konnte, so behauptete er, das Pferd tauge nicht und würde bald krepieren. Saßen die Haare aber fest, so hielt er das Pferd für gesund und stark und kaufte es.

Von diesem seltsamen Gebaren hörte Eulenspiegel und überlegte, was er tun könnte, damit dieser Unfug ein Ende nehme. Er behalf sich bei der Sache ein wenig und kaufte ein Pferd, dem er den Schwanz abschnitt und wieder anklebte. Mit diesem zog er auf den Pferdemarkt. Das Pferd war ihm aber nur zu einem sehr hohen Preise feil, denn er wollte nicht, daß es jemand kaufte, solange jedenfalls nicht, bis der Pferdehändler käme, der die Pferde am Schwanz zog. Dem bot er es zu einem redlichen Preis an. Der Händler sah wohl, daß es ein gutes Pferd war und zog es am Schwanz, so hart, daß er auf einmal den ganzen Schwanz in der Hand hielt. Eulenspiegel hatte das so gemacht, daß es so kommen mußte: Nun stand der Händler bestürzt da. Eulenspiegel aber rief: „Schande über diesen Bösewicht! Seht, liebe Nachbarn, wie er mir mein schönes Pferd verschandelt und verdorben hat!“ Die Leute kamen herbei und sahen, daß der Pferdehändler den Schweif in der Hand hielt und daß das Pferd keinen mehr hatte. Da legten sie sich ins Mittel und setzten durch, daß der Händler an Eulenspiegel zehn Gulden zahlte und dieser sein Pferd behielt. Eulenspiegel zog mit seinem Pferd ab. Seit der Zeit aber zog der Roßtäuscher kein Pferd mehr am Schwanz.

Was ist ein Regiebuch?

Ein ganzes Theaterstück können wir nicht direkt (spontan) spielen oder in allen Einzelheiten planen (und dann spielen). Wir notieren, was auf der Bühne geschehen soll.
Ein solches Buch, in dem steht, was der einzelne Schauspieler zu sagen hat und wie er sprechen soll (*Sprechanweisungen*), wie die Schauspieler sich auf der Bühne bewegen sollen, welche Requisiten benötigt werden und wie das Bühnenbild aussehen soll (*Bühnenanweisungen*), nennt man *Regiebuch.*

Wie Eulenspiegel zu Wismar einen Pferdehändler narrte

Personen: Till Eulenspiegel; Pferdebesitzer; Marktbesucher; Roßtäuscher = Pferdehändler

Auf dem Pferdemarkt. Pferde werden von Marktbesuchern begutachtet. Sie schauen den Pferden ins Maul, streichen ihnen übers Fell und betrachten die Hufe.
Ein Roßtäuscher tritt zielsicher auf ein Pferd zu. Der Pferdebesitzer spricht gerade mit zwei Marktbesuchern. Er sieht, daß der Roßtäuscher sich für sein Pferd interessiert und wendet sich ihm zu.

Pferdebesitzer: Ein herrliches Tier, frisch beschlagen.
Roßtäuscher: Wie alt ist das Pferd?
Pferdebesitzer: Gerade zwei Jahre. Wenn ich genug Stallungen hätte, würde ich es gar nicht verkaufen. Es ist gut und gerne seine 400 Gulden wert.

(Eulenspiegel nähert sich und hört dem Gespräch zu. Der Roßtäuscher streicht dem Pferd über die Mähne und über den Rücken und zieht plötzlich am Schweif. Das Pferd schreckt auf und wiehert.)

Roßtäuscher: Was ist das denn für eine klapprige Mähre! *(Grinst hämisch und hält das Roßhaar in die Luft).* Dem Gaul gebe ich kein halbes Jahr. Bis zum Winter ist der krepiert. Dann hast du dein Geld zum Fenster hinausgeworfen.

Pferdebesitzer: *(wütend)* Mir das Geschäft verderben wollen! Du mit deinem Rupftest. Kein Mensch prüft Pferde auf Haarausfall! Das Gebiß anschauen – gut, den Beschlag überprüfen – auch gut, der Glanz des Fells – das laß ich mir gefallen – aber dem armen Tier die Haare ausreißen, – das kann nur einem skrupellosen Roßtäuscher einfallen.

Roßtäuscher: 50 Gulden. Die Hand drauf?!

Pferdebesitzer: ...

- Schreibt dieses Stück weiter. Bevor ihr es spielt, lest es zunächst mit verteilten Rollen.
- Wählt euch einen anderen Schwank aus, und schreibt dazu ein Regiebuch. Arbeitet am besten in Gruppen.

Lampenfieber

Peter Lewis

Die Premiere[1]

„Noch eine halbe Stunde", ertönt es über Lautsprecher im Bühnenhaus. „Noch eine halbe Stunde, meine Damen und Herren, bitte!" Und viel zu schnell, so scheint es, kommt der Ruf: „Noch eine viertel Stunde."

Frisch frisierte Perücken werden von Maskenbildner Robert Gardner aufgesetzt. Hamlet[2] hat sich das Haar wachsen lassen. Eine Perücke wäre für eine so anstrengende Rolle viel zu heiß: man würde allzusehr ins Schwitzen geraten. Eine Einladung zu einer Premierenfeier geht herum; es wird Wein und Käse geben. Man hört, wie der Trompeter sich warmspielt. Wie üblich leihen sich die Schauspieler einer vom anderen Schminke.

„Noch fünf Minuten bitte", ertönt eine Grabesstimme über den Garderobenlautsprecher; im Hintergrund vernimmt man gedämpft das Geräusch der platznehmenden Zuschauer; es klingt wie fernes Meeresrauschen. Jeder Schauspieler kommt sich in diesem Augenblick nackt, den Blicken aller preisgegeben und verwundbar vor.

„Fertigmachen fürs erste Bild, bitte", kommt es im Flüsterton über den Lautsprecher. Die meisten stehen bereits in den Kulissen oder tigern dort aufgeregt auf und ab. Von Ferne hört man, wie im Zuschauerraum verkündet wird: „Bitte Platz nehmen, meine Damen und Herren. Der Vorhang geht in einer Minute auf." Diese alte Floskel[3] hält sich immer noch, obgleich man bei Shakespeareinszenierungen[4] zunehmend auf den Vorhang verzichtet.

Während die Lichter erlöschen, geht ein Spotlight[5] an, das einen Lichtkreis auf die Mitte der Rampe wirft; die ersten unheimlichen Klänge der Musiker sind zu hören, und die Köpfe der Zuschauer tauchen auf. Es sieht aus wie Reihen von Pflastersteinen im Mondlicht. Rauch wölkt aus dem Rauchkanister; die wartenden Wachen packen ihre Langspieße und stoßen vor auf den vernebelten Bühnenraum, der damit zum Schlachtfeld von Helsingör wird. Das Stück beginnt.

1 Premiere: Die erste Aufführung eines Stückes
2 Hamlet: Schauspieler, der Hamlet spielt
3 Floskel: Redewendung mit eingeschränkter Aussagekraft
4 Shakespeareinszenierung: Aufführung eines Stückes, das vom englischen Dichter William Shakespeare geschrieben wurde. Das Stück hier heißt „Hamlet"
5 Spotlight: Scheinwerfer, der auf einen Punkt gerichtet ist und dabei die Umgebung im Dunkeln läßt.

Spiel ohne Worte

Indianertanz, Begrüßung eines Freundes/einer Freundin, einen Nagel in die Wand schlagen, einen Brief öffnen und lesen, ein Geschenk bekommen.

1. Probe diese Situationen zu Hause vor dem Spiegel.

Subjekte einsetzen

Wie _____ dreimal an einem Tag getauft wurde

_______ wurde in Kneitlingen geboren und im Nachbardorf Ampleben getauft. Nach der Taufe war _____ in der Dorfschenke von Ampleben eingekehrt. _____ wollten auf das Wohl des Kindes trinken. _____ war fröhlich und trank Bier. Die Zeche hatte _____ zu bezahlen. Auf dem Heimweg mußte _____ über einen Steg, der durch den Morast führte. Da schwankte _____. _____ fiel in den Schlamm. _____ wäre fast erstickt. Dem Kind halfen _____ wieder heraus und wuschen es schleunigst. So wurde _____ an einem Tag dreimal getauft, einmal in der Kirche, einmal im Morast und einmal in der Wanne daheim mit warmem Wasser.

2. Schreibe den Schwank ab, und ergänze die fehlenden Subjekte so, daß die Geschichte stimmig ist.

Infinitive herausfinden

3. Übernimm die folgende Tabelle in dein Heft, und ergänze die Infinitive. Hinweis: In Wörterbüchern sind immer Infinitive angegeben!

Personalform	Infinitiv
Er lacht!	*lachen*
Wir spielen.	
Ihr ärgert euch.	
Das Spiel beginnt.	
Das ist eine lustige Geschichte.	
Ein Schauspieler darf sich nicht erkälten.	
Claudia entwirft das Bühnenbild.	

Subjekte bestimmen – die Infinitivprobe und die Frageprobe anwenden

4. Bestimme in den folgenden Sätzen die Subjekte, indem du die Infinitivprobe und die Frageprobe anwendest.

a) Thomas ist Schauspieler.
b) Schauspieler ist Thomas.
c) Meine Schwester ist Maskenbildnerin.
d) Jemand muß soufflieren.
e) Das ist lustig!
f) Lustig ist das nicht.
g) Eulenspiegel war ein Schelm.
h) Nasreddin war ein besonderer Schelm.
i) Die Schildbürger waren ursprünglich sehr gescheit.
j) Till Eulenspiegel hat tatsächlich gelebt.
k) Armando spielt den Clown nun doch.
l) Die beiden Geschwister hatten dem Schauspieler gespannt zugesehen.

5. In den meisten Rezepten findet man Infinitivketten. Schreibe das Rezept so, daß du Infinitivketten bildest.

Zubereitung:

Nehmen Sie zunächst von 1/2 l kalter Milch 4 Eßl. ab. Rühren Sie nun damit das Puddingpulver und 40 g (2 schwach gehäufte Eßl.) Zucker an. Bringen Sie nun die übrige Milch zum Kochen, und nehmen Sie anschließend die Milch von der Kochstelle. Nun müssen Sie das angerührte Pudding-Pulver hineingeben. Dann lassen Sie den Pudding unter Rühren kurz aufkochen. Füllen Sie anschließend den Pudding in Dessertgläser oder in eine Glasschale. Stellen Sie den Pudding nun kalt.

6. Lest euch den folgenden Text genau durch, und schreibt die Subjekte heraus. Setzt jeweils den entsprechenden Begleiter davor.

Wie die Hirschauer Regen kauften

Die Hirschauer schickten während einer großen Dürrezeit einen Diener in die Stadt. Er sollte für hundert Gulden in einer Apotheke Regen kaufen. Der Apotheker lief in die Küche und fing dort eine Fliege. Die steckte er in eine Schachtel. Die Schachtel gab er dem Kunden. Dann ließ er sich bezahlen. Dem Diener gab er noch einen Rat mit auf den Weg. Die Schachtel solle er gut verschließen. Der Regen käme sonst zu früh aus der Schachtel. (•) Der Hirschauer wickelte sein Taschentuch um den Behälter. Er wurde jedoch immer neugieriger. Er blieb stehen und schaute ein wenig in die Schachtel. Im selben Augenblick flog die Fliege davon. Den Hirschauern meldete der Diener, daß der Regen sich nicht aufhalten lasse. Tatsächlich begann es bald darauf zu regnen. Regen und Hagel fielen in Mengen auf Wiesen und Felder. Der Hagel richtete großen Schaden an. Die Hirschauer waren sich einig: Wir bezahlen das nächste Mal nur noch fünfzig Gulden.

Partnerdiktate schreiben

7. Diktiert euch diesen Schwank als Partnerdiktat (160 Wörter). Tauscht nach 80 Wörten (•) die Rollen.

Die Schreibung von Wörten sichern und Fehlerschwerpunkte bearbeiten

8. Wie schreibt man?

Schreibung	Seite	Problem	Erklärung und Hinweise
Pulver	80	Warum ein *v*?	Du weißt, daß für den Laut *f* sowohl der Buchstabe *f* als auch *v* geschrieben wird. *v* kommt viel seltener vor als *f*. Daher muß man sich dieses Wort merken. Immer mit *v* werden die Wörter bzw. Wortbausteine *ver-*, *vor-*, *vorbei-* geschrieben.
Schwanz	90	Warum nicht *tz*	Das ist eigentlich ganz einfach. Steht vor einem z bereits ein Buchstabe für einen Konsonanten, dann wird nie *tz* geschrieben.

Wünsche

Miró, Der Karneval des Harlekins, 1924/25

Joseph von Eichendorff

Wünschelrute

Schläft ein Lied in allen Dingen,
Die da träumen fort und fort,
Und die Welt hebt an zu singen,
Triffst Du nur das Zauberwort.

Wünsche – gut überlegt?

Brigid Brophy

Wünsche

„Drei Wünsche?" sagte das kleine Mädchen. „Wunderbar! Genau, was ich brauche. Der Nachmittag war ungewöhnlich anstrengend."
„So ist es", sagte der Kobold. „Ich lasse meine Lampe neben deinem Bett stehen, und wenn du dir überlegst, welches dein erster Wunsch ist, rufe mich ..."
„Ich möchte meinen ersten Wunsch sofort erfüllt haben."
Der Kobold verbeugte sich aus fließender Hüfte: „Zu deinen Diensten."
„Ich wünsche mir einen ganzen Koffer voll Schokoladen-Pfefferminztaler."
„Dein Wunsch ist erfüllt, kaum hast du ihn genannt!" Den rechten körperlosen Arm verlängernd, zog der Kobold unter dem Bett einen großen, hübschen Koffer aus weichem, glänzendem, grauem Plastik hervor.
„Mm", sagte es noch einmal, kauend. „Nicht zu pfefferminzig, nicht zu süß. Ein sehr gutes Rezept, das."
„Natürlich", sagte der Kobold.
„Übernatürlich", sagte das kleine Mädchen. „Ich ziehe diese Pfefferminztaler sogar den sehr guten von heute nachmittag vor. Die meisten mußte ich auf Anweisung der Kinderfrau meinen sogenannten ‚kleinen Freunden' bieten. Ich nehme an (das kleine Mädchen steckte noch einen Taler in den Mund und blickte schräg zum Kobold auf), du bist nicht handfest genug, um dich für Süßigkeiten zu interessieren."
„So ist es."
„Ich nehme weiterhin an, daß ich den Koffer später als Koffer benutzen kann. Er ist sehr schick, finde ich."
„Der Koffer war mitgenannt in deinem Wunsch – also gehört er dir."
„Gut", sagte das kleine Mädchen und kaute weiter. „Laß deine Lampe auf meinem Nachttisch. Ich reibe den Griff, wenn ich mir wieder etwas wünschen will."
„Zu Befehl", sagte der Kobold und entschwand.
Eine Stunde später erschien er wieder. „Gehorsamst zur Stelle. Willst du deinen zweiten Wunsch aussprechen?"
Das kleine Mädchen blickte nicht auf. Es saß noch immer auf dem Fußboden, ließ den Kopf hängen und schwankte über dem leeren Koffer.
„Ich wünsche, daß es mir wieder besser geht."
„Dein Wunsch ist erfüllt, kaum hast du ihn genannt!"
„Das tut wohl", sagte das kleine Mädchen und stand flink auf. „Mir war so schlecht, ich konnte kaum den Arm ausstrecken und den Griff deiner Lampe reiben."
„Wirklich? Solltest du nicht ..."
„Ich wünsche mir, daß von jetzt ab alle meine Wünsche erfüllt werden."
„Du bist eine neunmalkluge kleine Kröte", sagte der Kobold.
„So ist es", sagte das kleine Mädchen.
„Jetzt muß ich dich also ewig bedienen", sagte der Kobold, „ich kann nur hoffen, daß du bald stirbst und ich erlöst bin."

„So leicht kommst du nicht davon. Ich wünsche mir, unsterblich zu sein."

„Ewigkeit", sagte der Kobold und stöhnte. „Eine Ewigkeit als Knecht einer Kröte!"

„Vielleicht bessere ich mich, wenn ich größer werde", sagte das kleine Mädchen tröstend. „Meine Kinderfrau sagt manchmal, es besteht noch Hoffnung."

„Wer mit acht Jahren schon ein perfektes Ekel ist, läßt wenig Gutes hoffen."

„Nicht ich bin das Ekel!", sagte das kleine Mädchen kühl. „Ist dir noch nie aufgegangen, daß es seelische Grausamkeit ist, nur drei Wünsche und nicht mehr anzubieten?"

„Es ist so üblich."

„Was für ein armseliger Grund. Ich gehe jetzt ins Bett. Wenn mir in der Nacht Wünsche einfallen, werde ich rufen! Bevor du entschwindest, fülle den Koffer wieder mit Schokoladen-Pfefferminztalern, nach dem gleichen hervorragenden Rezept, aber mit einer geschmacklosen Medizin gegen Magenbeschwerden."

Der Kobold nickte niedergeschlagen zum Koffer hin. Er war wieder gefüllt.

„Gut", sagte das kleine Mädchen und nahm einen Pfefferminztaler.

„Warum hast du mich mein Schicksal nicht gleich wissen lassen?" fragte der Kobold.

„Warum hast du dir den Wunsch, daß alle deine Wünsche erfüllt werden, nicht als erstes gewünscht, du kleines Scheusal?"

„Für ein übernatürliches Wesen bist du ziemlich dumm", antwortete das kleine Mädchen. „Wenn ich das getan hätte, hätte ich zwei wertvolle Wünsche vergeudet."

„Kröte!"

„Entschwinde!"

James Krüss

Timm Thaler oder Das verkaufte Lachen

Der karierte Herr stand am Eingang der Rennbahn. Doch obwohl das erste Rennen schon lief, war er nicht im geringsten ungeduldig oder aufgeregt. Er war heute die Freundlichkeit in Person. Timm mußte sich mit ihm in den Gasthausgarten setzen, Limonade trinken und wieder Bienenstich essen. Der ganze Sonntag drehte sich um Bienenstich.
Übrigens machte der Fremde mit dem ernstesten Gesicht von der Welt solche Späße, daß Timm sich vor Lachen kugelte.
Er ist doch ein netter Kerl, dachte der Junge. Ich kann jetzt verstehen, daß mein Vater ihn mochte.
Überdies schaute der Fremde ihn mit warmen braunen Augen an, die freundlich blickten. Wenn Timm ein schärferer Beobachter gewesen wäre, hätte er wissen müssen, daß der Herr an den Sonntagen zuvor kalte wasserblaue Augen wie ein Fisch gehabt hatte. Aber Timm war kein scharfer Beobachter. Das Leben sollte ihn erst lehren, einer zu werden.
Endlich begann der karierte Herr vom Geschäft zu reden. „Mein lieber Timm", fing er an, „ich biete dir Geld, soviel du willst. Ich kann es dir nicht in klingender Münze auf den Tisch zählen. Aber ich kann dir die Fähigkeit verleihen, jede Wette zu gewinnen, jede, verstehst du?"
Timm nickte beklommen, hörte aber genau zu.
„Natürlich verleihe ich dir diese Fähigkeit nicht umsonst, das wirst du verstehen. Solch eine Fähigkeit hat ihren Wert."
Wieder ein Kopfnicken. Und dann Timms erregte Frage: „Was verlangen Sie?"
Einen Augenblick zögerte der Fremde und sah Timm nachdenklich an. „Was ich ver–lan–ge, möch–test du wis–sen?" Er zerdehnte die Wörter wie Kaugummi. Aber dann überstürzten sich die Worte so, daß man sie kaum verstehen konnte: „... chvrlangedeinlchendfür!"
Der Fremde merkte wohl, daß er zu schnell und zu unverständlich gesprochen hatte. So wiederholte er den Satz: „Ich verlange dein Lachen dafür."
„Mehr nicht?" fragte Timm lachend.
Aber als die braunen Augen ihn merkwürdig, fast traurig ansahen, verstummte das Lachen ohne den gewöhnlichen Schlußschlucker.
„Also?" fragte der karierte Herr. „Einverstanden?"

James Krüss
wurde auf der Nordseeinsel Helgoland geboren. Eigentlich wollte er Lehrer werden. Nachdem er das Lehrerstudium abgeschlossen hatte, begann er als Schriftsteller zu arbeiten. Er wurde für seine Kinder- und Jugendbücher mehrfach ausgezeichnet. Für das Kinderbuch *Mein Großvater und ich* erhielt er den Deutschen Jugendbuchpreis.

Timms Blick fiel zufällig auf den Bienenstich auf seinem Teller. Er mußte an Frau Bebber und an die Schulden und an all die Dinge denken, die er mit dem vielen Geld kaufen konnte. Und er sagte: „Wenn das ein richtiges Geschäft ist, bin ich einverstanden."
„Schön, Junge, dann wäre noch ein Vertrag zu unterschreiben."
Der karierte Herr zog ein Papier aus der Brusttasche, faltete es auseinander, legte es vor Timm auf den Tisch und sagte: „Lies ihn genau durch!"
Und Timm las:

1. Dieser Vertrag wird zwischen Herrn L. Lefuet einerseits und Herrn Timm Thaler andererseits am ..... in ..... geschlossen und in zwei gleichlautenden Exemplaren von beiden Parteien unterschrieben.

„Was heißt Parteien?" fragte Timm.
„So werden die beiden Partner in Verträgen genannt!"
„Aha!"
Timm las weiter.

2. Herr Timm Thaler vermacht hiermit Herrn L. Lefuet sein Lachen zu beliebigem Gebrauche.

Als Timm zum zweiten Male die Worte „Herr Timm Thaler" gelesen hatte, kam er sich beinahe erwachsen vor. Schon dieser drei Worte wegen war er bereit, den Vertrag zu unterschreiben. Er ahnte nicht, wie dieser kleine Punkt zwei sein ganzes Leben ändern sollte.
Er las weiter.

3. Als Entgelt für das Lachen verpflichtet sich Herr L. Lefuet, dafür zu sorgen, daß Herr Timm Thaler jede Wette gewinnt.

Dies gilt ohne Einschränkung.

Timms Herz schlug höher. Weiter:

4. Beide Parteien sind verpflichtet, über diese Abmachung vollstes Stillschweigen zu bewahren.

Timm nickte vor sich hin.

5. Für den Fall, daß eine der beiden Parteien Dritten gegenüber diese Abmachung erwähnt und die im Punkt 4 festgelegte Verpflichtung zum Stillschweigen bricht, bleibt die andere Partei im Genusse der Fähigkeit a) zu lachen oder b) Wetten zu gewinnen, während die schuldige Partei die Fähigkeit a) zu lachen oder b) Wetten zu gewinnen, in vollem Umfange verliert.

„Das habe ich nicht verstanden", sagte Timm stirnrunzelnd.
Herr L. Lefuet – jetzt wissen wir endlich seinen Namen – erklärte es ihm: „Schau, Timm, wenn du die Schweigepflicht brichst und irgend jemandem von dieser Abma-

chung erzählst, verlierst du die Fähigkeit, Wetten zu gewinnen, aber dein Lachen bekommst du auch nicht zurück. Wenn es umgekehrt ist und ich rede darüber, dann bekommst du dein Lachen zurück und behältst trotzdem die Fähigkeit, Wetten zu gewinnen."
„Ich verstehe", sagte Timm. „Schweigen heißt: Reich sein ohne Lachen. Reden heißt: Arm sein, aber auch ohne Lachen."
„Genau das, Timm. Aber lies weiter."
Und Timm las:

> *6. Sollte der Fall eintreten, daß Herr Timm Thaler eine Wette verliert, so verpflichtet sich Herr L. Lefuet, Herrn Timm Thaler sein Lachen zurückzugeben. Allerdings verliert Herr Timm Thaler damit auch die Fähigkeit, weiterhin Wetten zu gewinnen.*

„Das ist so ..." wollte Herr Lefuet erklären. Aber Timm hatte es schon begriffen und fiel ihm ins Wort: „Ich weiß: Wenn ich später eine Wette verliere, dann bekomme ich mein Lachen zurück, gewinne aber keine Wette mehr." Er las flüchtig den letzten Punkt durch:

> *7. Diese Vereinbarung gilt von dem Augenblick an, in dem beide Parteien unter die zwei Exemplare ihre Unterschrift gesetzt haben.*
> *Ort .....   Datum .....*

Links hatte Herr Lefuet bereits unterschrieben. Timm fand, daß dies ein ordentlicher Vertrag war. Er nahm einen Bleistiftstummel aus der Tasche und wollte unterschreiben. Aber Herr Lefuet hinderte ihn daran. „Wir müssen mit Tinte unterschreiben", sagte er und reichte Timm einen Füllfederhalter, der aus purem Gold zu sein schien und sich merkwürdig warm anfühlte, so, als sei er mit lauwarmem Wasser gefüllt. Aber der Junge bemerkte weder das Gold noch die Wärme des Füllfederhalters. Er dachte nur an seinen künftigen Reichtum und setzte unter die beiden Dokumente kühn seinen Namen. Er unterschrieb mit roter Tinte.
Kaum war dies geschehen, als Herr Lefuet auf die allerhübscheste Weise zu lachen anfing und danke schön sagte. Timm sagte bitte sehr und versuchte ebenfalls zu lachen, aber er brachte nicht einmal ein Lächeln zustande. Seine Lippen preßten sich gegen seinen Willen aufeinander, und sein Mund wurde ein schmaler Strich.
Herr Lefuet nahm nun eines der beiden Vertragsexemplare, faltete es zusammen und steckte es in die Brusttasche. Das andere gab er Timm mit den Worten: „Verbirg es gut! Wenn jemand durch deine Fahrlässigkeit den Vertrag unter die Augen bekommt, hast du die Schweigepflicht gebrochen. Es könnte dir dann übel ergehen."
Timm nickte, faltete seinen Vertrag ebenfalls zusammen und steckte ihn in das Futter seiner Schirmmütze, das an einer Seite aufgeplatzt war. Dann legte der karierte Herr ihm zwei Fünfmarkstücke auf den Tisch und sagte: „Dies wird der Grundstock deines Reichtums sein."
Wieder lachte er Timms Lachen. Und plötzlich schien er große Eile zu haben. Er rief nach der Kellnerin, zahlte, stand auf, sagte flüchtig: „Viel Glück, Junge", und entfernte sich.

Wünsche haben – und dann?

Mein Wunschzettel

Reitstunden
Sessel
Pferdebücher
ein neues Kleid
Schultasche
ein Pferd

Wunschzettel:

Computerspiele
Levis Jeans
Nike Air
Legotechnik
Fahrrad
Schulranzen
Abenteuerbuch

Ich wünsche mir:

einen Computer,
ein neues Fahrrad,
Turnschuhe,
Chemiekasten und
ein Abenteuerbuch

Ich wünsche mir

Ballettstunden
Ballettschuhe
Annabücher
Füller mit Tintenfaß
Mäppchen
Fahrrad

Der Wunsch vom Schlaraffenland

Das Märchen vom Schlaraffenland

nach Ludwig Bechstein

Es gibt ein Land, in das mancher gern ziehen möchte, wenn er wüßte, wo es liegt. Dieses schöne Land heißt Schlaraffenland[1]!
Da sind die Häuser gedeckt mit Eierkuchen, die Türen sind von Lebkuchen und die Wände von Schweinebraten. Was man bei uns für einen Dukaten kauft, kostet dort nur einen Pfennig. Um jedes Haus steht ein Zaun, der ist aus Bratwürsten geflochten. Aus allen Brunnen fließt süßer Wein und süßer Saft. Wer den gern trinkt, braucht nur den Mund unter das Brunnenrohr zu halten. Auf den Birken und Weiden wachsen frisch gebackene Semmeln und unter den Bäumen, da fließen Milchbäche. Die Semmeln fallen hinein und weichen sich selbst ein.
Hallo, Gretel, hallo Hansel! Wollt ihr nicht in dieses Land ziehen? Macht euch auf zum Semmelbach, vergeßt aber nicht, einen großen Milchlöffel mitzunehmen! Die Fische schwimmen im Schlaraffenland oben auf dem Wasser. Sie sind auch schon gebacken oder gesotten und schwimmen ganz nahe am Ufer. Wenn aber einer gar zu faul ist und ein echter Schlaraff, der darf nur bst! rufen – und die Fische kommen aufs Land herausspaziert und hüpfen dem guten Schlaraffen in die Hand, daß er sich nicht zu bücken braucht.
Ihr könnt es glauben, die Vögel fliegen dort gebraten in der Luft herum, die Gänse, Enten und Hühner, die Truthühner und die Tauben! Und wem es zu viel Mühe macht, die Hand danach auszustrecken, dem fliegen sie schnurstracks in den Mund hinein. Die Spanferkel laufen gebraten umher, das Messer steckt ihnen schon im Rücken. Wer will, kann sich ein frisches, saftiges Stück abschneiden.
Käse liegt im Schlaraffenland wie die Steine auf der Erde. Wenn es regnet, ist es lauter Honig in süßen Tropfen. Da kann einer lecken und schlecken, und wenn es hagelt, so hagelt es Würfelzucker, vermischt mit Feigen, Rosinen und Mandeln.
Das Geld kann man von den Bäumen wie gute Kastanien schütteln. Jeder mag sich das beste herunterschütteln.
In dem Land gibt es auch große Wälder. Da wachsen im Buschwerk und auf den Bäumen die schönsten Kleider, Röcke, Mäntel, Hosen und Westen in allen Farben, schwarz, grün, gelb, blau und rot. Wer ein neues Gewand braucht, geht in den Wald

[1] Schlaraffenland: *slaruffe* war ein mittelalterliches Wort für Faulpelz.

Ludwig Bechstein
lebte von 1801–1860. Von Beruf war er Bibliothekar. Er sammelte wie die Brüder Grimm Märchen und Sagen, schrieb sie auf und gab sie heraus. Dadurch ist er uns bis heute bekannt geblieben.

Vergleicht den Schluß des Märchens mit dem Gedicht von Ernst Jandl.

und wirft es mit einem Stein herunter. Auf der Wiese wachsen schöne Damenkleider aus Samt und Seide, die Grashalme sind bunte Bänder.

Die Wacholderstöcke tragen Broschen und goldene Nadeln, und ihre Beeren sind nicht schwarz, sondern echte Perlen. An den Tannen hängen Armbanduhren. Auf den Stauden wachsen Stiefel und Schuhe, Sommer- und Winterhüte und allerlei Kopfputz.

Dieses schöne Land hat auch ein Jungbad. Alte und kranke Leute baden darin drei Tage oder vier, und sie werden gesund und jung und sehen wie siebzehn oder achtzehn aus.

Auch mancherlei Kurzweil gibt es in dem Schlaraffenland, wer hierzulande gar kein Glück hat, der hat es dort im Spiel und Schießen. Mancher schießt hier all sein Leben daneben und weit vom Ziel, dort aber trifft er, und wenn er der allerweiteste davon wäre, doch immer das Beste.

Für die Schlafsäcke und Faulpelze, die bei uns arm werden und betteln gehen müssen, ist das Schlaraffenland gerade das richtige Land. Jede Stunde Schlafen bringt dort ein Silberstück ein und jedesmal Gähnen ein Goldstück. Wer im Spiel verliert, dem fällt sein Geld wieder in die Tasche. Die Trinker haben den besten Wein umsonst und bekommen für jeden Schluck drei Batzen Lohn.

Wer nichts kann, nur schlafen, essen, trinken, tanzen und spielen, der wird zum Grafen ernannt. Und der Faulste wird König im Schlaraffenland.

Nun wißt ihr, wie es im Schlaraffenland zugeht. Und wer sich aufmachen und gern hinreisen will, aber den Weg nicht weiß, der frage einen Blinden. Auch ein Stummer wird ihm keinen falschen Weg sagen. Aber der Weg dahin ist weit für die Jungen und für die Alten, denen es im Winter zu heiß und im Sommer zu kalt ist.

Noch dazu ist um das ganze Land herum eine berghohe Mauer aus Reisbrei. Wer hinein oder heraus will, muß sich erst durchessen.

Ernst Jandl

peter frißt seinen weg ins schlaraffenland

petermilchbreiberg
eterpilchbreiberg
tereplchbreiberg
ertepchbreiberg
retephbreiberg
retepbreiberg
mretepreiberg
miretepeiberg
milretepiberg
milcretepberg
milchreteperg
milchbreteprg
milchbrretepg
milchbreretep
milchbreiretep
milchbreibretpe
milchbreiberepet
milchbreiberrpete
milchbreibergpeter

Ernst Jandl
wurde 1925 geboren. In seinen Gedichten experimentiert er meist auf humorvolle Weise mit Sprache, seine Sprachspiele bemerkt man häufig erst beim genauen Hinsehen oder lauten Lesen. Jandl selbst kann seine Gedichte am besten vorlesen, er nahm mehrere Sprechgedichte auf Kassette und Videobänder auf, die zu kaufen oder in Büchereien zu entleihen sind.

Wie stellt Jandl dar, daß sich Peter durch den Milchbreiberg zum Schlaraffenland frißt?

Anne Niemann (11 Jahre)

Wie ich in der Zukunft lebe

Mein Haus ist rund und gelb und mit blauen Punkten. Auf dem Dach ist ein Turm. Ich wohne im Turmzimmer. Von dort oben windet sich die breite Regenrinne ums Haus herum in den Garten. So kann ich aus meinem Zimmer gleich runter in den Garten sausen. Alle Türen im Haus sind aus durchsichtigem Gummi. Überall liegen Kissen, auf denen man bequem sitzen und liegen kann. Meine Badewanne ist so groß wie ein Schwimmbad. Neben dem Klo ist ein Regal mit Comics, damit mir dort nicht langweilig wird. Mein Kühlschrank füllt sich immer erneut mit allem, was mir schmeckt, z.B. Fisch und Hühnchen, Wurst und Käse, Brot und Schinken, Tomaten und Radieschen, Butter und Quark und mit vielem anderen.

Ich habe einen riesigen Garten mit einem großen Fischteich. Im Teich leben sechzehn Goldfische, vierzehn Frösche und zwanzig Kaulquappen. Etwas entfernt liegt ein kleiner grüner Wald. Darin wohnen Rehe, Hasen, Igel, Mäuse, Vögel. In einer Ecke im Garten ist ein Spielplatz. Da gibt es eine Schaukel, eine Wippe, einen Sandkasten, ein Karussell, einen Irrgarten und ein Klettergerüst. In einer anderen Ecke des Gartens ist ein Hügel, auf dem man im Winter Ski laufen und Schlitten fahren kann. Dann ist der Teich zugefroren und man kann dort herrlich Schlittschuh laufen. Die Luft ist rein und sauber, denn es fahren keine Autos und es gibt keine Fabriken. Auf den Straßen fahren nur Fahrräder und Rollerskates und man reitet auf Pferden. Die meisten Leute sind Fußgänger. Die Kinder müssen nicht zur Schule gehen, weil sie von Geburt an schon alles wissen. Deshalb kann ich den ganzen Tag mit meinen Freunden spielen. Wir vertragen uns immer, denn es gibt keinen Streit unter den Menschen. Die zoologischen Gärten sind abgeschafft, weil die Tiere überall auf der Welt leben können. Sie sind gut miteinander befreundet und fressen sich gegenseitig nicht auf. Statt Wolle tragen die Schafe ein Kleid aus Lakritzeschnüren, aus denen man eßbare Pullover stricken kann. Die Kühe geben statt Milch Limonade, deshalb müssen die Kälber auf der Weide immer rülpsen.

Wie stellt ihr euch eure Zukunft vor? Sammelt Ideen zu:

Beruf — Erfindungen — Natur — Freizeit — Familie — Ernährung

Unsere Umwelt in der Zukunft – Hoffnungen und Ängste

Sabine, 11 Jahre:
„Ich gehe durch die Stadt. Überall, egal, wo ich hingucke, Hochhäuser, Garagen und Autos. Da denke ich: Wie viel schöner war es doch früher! Auch Arbeitslose gibt es eine Menge, weil vieles durch die Maschinen ersetzt wird. Die Luft ist verpestet durch die Autos und die Industrie. Es gibt keinen sauberen Fluß oder Bach mehr, weil viele chemische Sachen hineingeleitet werden. Alle Äcker werden zu Parkplätzen ...

Agnes, 10 Jahre:
„Im Jahre 2000 fahren die Autos ferngesteuert, und in den Fabriken sind es nur noch 2 Menschen, die alles überwachen, und ich finde vielleicht keine Arbeit, weil fast alles von Computern gemacht wird. Landwirtschaft mit Bauern gibt es überhaupt nicht mehr, alles wird mit Maschinen gemacht. Die Häuser sind aus Stahl, und es wird mit Sonnenenergie geheizt. Man fährt mit einem UT-Trockentank (Daniel Düsentrieb) S-Bahn. Eisenbahn und Trambahn gibt es überhaupt nicht mehr. Man fliegt von Haltestelle zu Haltestelle. Rauchende Fabriken gibt es nicht. Aber auch die Menschen werden immer mehr und von einem anderen Planeten muß ein Stück hergeschafft werden. Ein paar Jahre später kann die Welt untergehen."

Michael, 9 Jahre:
„Die Kinder laufen mit einer Superuhr mit Supergehirn herum. Man braucht nur auf verschiedene Knöpfe zu drücken, und die Hausaufgabe wird vollkommen alleine von dieser Uhr ausgerechnet und geschrieben. Bei der Deutsch-Probe wird jedes Wort von selbst hingeschrieben. Das Leben wird viel leichter für die jüngere Generation."

Michaela, 8 Jahre:
„Im Jahre 2000 stelle ich mir das so vor, daß die Leute gescheiter werden und mehr mit dem Fahrrad fahren statt mit dem Auto. Weniger Zigarren und Zigaretten rauchen und verkaufen. Daß die Menschen netter werden und öfter mit den Armen, die hungern, teilen. Daß jeder in einem schönen Haus wohnt, nicht in einer Hütte aus Stroh. Daß es mehr Spielwiesen gibt. Und die Eltern sollten nicht immer die Kinder schimpfen und sich vertragen. Und keinen Krieg mehr machen und friedlicher leben. So stelle ich mir das vor."

- Die Kinder haben nicht nur positive Vorstellungen von ihrer Zukunft.
- Welche Wünsche und Hoffnungen habt ihr?
- Sammle deine Ideen, und mache dir Notizen.
- Gestaltet in Gruppen Plakate, auf denen ihr eure Zukunftsvorstellungen aufschreibt.

Was wir über unsere Umwelt aussagen können

Informationstag der Klasse 5

Frauke betreut den Informationsstand, an dem sich die Jungen und Mädchen der sechsten Klasse informieren wollen.

Frauke: „... denn alle Abfälle, die wir wegwerfen, vergrößern unser Müllproblem. Die Müllhalden sind so gut wie voll.“

Oliver: „Und wie kann ich in der Schule helfen, Müll zu vermeiden?“

Frauke: „Das beginnt schon beim Pausenbrot. Ich habe dafür eine Brotdose und eine Trinkflasche. Beide kann ich zu Hause spülen und wieder benutzen. Brotdosen und Trinkflaschen vermeiden weiteren Abfall. Vesperbeutel oder Getränketüten landen auf der Müllhalde.“

- Frauke gibt wichtige Informationen zum Umweltschutz in der Schule.
- Welche Themen spricht sie an und was sagt sie darüber aus?

Der Prädikatsverband

Brotdosen und Trinkflaschen *vermeiden weiteren Abfall.*

Für alle Kinder, die sich informieren wollen, ist besonders wichtig, was über Brotdosen und Trinkflaschen *ausgesagt* wird.

Die interessanteste Information liefert in einem Satz also der Prädikatsverband (Satzaussage).

- Schreibe die Sätze, in denen Frauke ihre Vorschläge unterbreitet, ab, und unterstreiche, was über Hefte und Blöcke ..., weißes Papier ..., Recyclingpapier ... ausgesagt wird.
- Gemeinsam beschließen sie, ein Plakat zu gestalten, auf dem alles Wissenswerte geordnet aufgelistet wird.

Susanne: „Welche Möglichkeiten gibt es sonst noch in der Schule?"

Frauke: „Hefte und Blöcke aus Recyclingpapier sind umweltfreundlich. Weißes Papier ist oft unnötig. Recyclingpapier wird aus Altpapier gemacht. Euer beschriebenes altes Papier dient als Rohstoff für neues Recyclingpapier. Außerdem sollten wir mit Papier sparsam umgehen. Kleinere Papierreste sind gute Notizzettel."

Einige Kinder der sechsten Klasse haben sich noch genauer informiert. Sie lesen den anderen in der Klasse aus Umweltbroschüren vor.

Susanne: „Filzstifte sondern giftige Dämpfe ab. Unlackierte Bleistifte sind umweltfreundlicher."

Fatima: „Ordner aus Pappe dienen als Rohstoff für neue Papordner."

Oliver: „Lineale aus Holz verrotten. Leere Tintenpatronen landen auf der Mülldeponie."

Sven: „Die Hüllen von Filzstiften sind aus Plastik. Plastikmüll schädigt die Umwelt."

Oliver: „Ein Füller zum Nachfüllen braucht keine Tintenpatronen."

Sven: „Lineale aus Plastik werden irgendwann zu Abfall. Lineale aus Holz werden irgendwann zu Erde."

Fatima: „Füller zum Nachfüllen sind umweltfreundlich."

Susanne: „Plastikordner werden zu Müll."

Einige neugierige Schüler und Schülerinnen unterbrechen die vier: „Halt, halt, halt!" „Nicht so durcheinander!" „Wir verstehen gar nichts mehr."

Ordne nach den einzelnen Schulmaterialien, und schreibe dann auf, was über sie ausgesagt wird.

Das Prädikat

Der Prädikatsverband enthält selbst mehrere Informationen. Jeder Prädikatsverband hat einen Kern, das **Prädikat**. In einem Satz ist immer das **Verb**, das sich in der Form dem Subjekt anpaßt, das Prädikat.

Ordner aus Pappe	*dienen*	*als Rohstoff für neue Pappordner.*
Subjekt im Plural	Prädikat im Plural	
Plastik	*schädigt*	*die Umwelt.*
Subjekt im Singular	Prädikat im Singular	

Das Prädikat kann aus mehreren Teilen bestehen, die im Satz nicht beieinander stehen:
Filzstifte geben giftige Dämpfe ab.

Kreise im Heft die Prädikate ein.

Informiert euch über weitere Möglichkeiten des Umweltschutzes in der Schule.

Von anderen für die Zukunft lernen

Erwin Bienewald

Zukunft der Xavante

Die Xavante sind ein Indianervolk. Sie leben im brasilianischen Bundesstaat Mato Grosso. Früher lebten sie am Fluß Rio das Mortas. Von dort wurden sie von den „Weißen" verdrängt und müssen nun in einem Reservat leben.
Erwin Bienewald, Mitarbeiter einer Jugendzeitschrift, hat mit einigen Jugendlichen die Xavante besucht.

Zwei Jahre lang haben wir uns einmal in der Woche [...] getroffen, um die Reise vorzubereiten. Jetzt, am 1. Juli, ist es endlich soweit: Wir tragen Strohhüte und trotz der Hitze Hemden mit langen Ärmeln. Die Sonne brennt erbarmungslos. Anikas Nase glüht rot wie Feuer. Nervös kramt sie an ihrem Rucksack und sucht die Sonnencreme. Faris und Simon stehen da mit offenem Mund und staunen. Die Jugendlichen sind am Ziel ihrer Träume.
Alle 600 Bewohner des Dorfes haben sich versammelt. Die Männer bilden einen Kreis, fassen sich an den Händen und beginnen zu tanzen. Frauen und Kinder sitzen abseits im Schatten mächtiger Papaya-Bäume. Häuptling Subto hat Gesicht und Oberkörper mit Ruß bemalt, seine Haarspitzen in rotem Urucum, einer Pflanzenfarbe, getränkt. Stolz umarmt er uns und sagt: „Ich habe geträumt, es kämen Freunde."

Paulo, der zweite Häuptling, bringt uns in die Hütten, die nun eine Woche lang unser Zuhause sein werden. Sie sind aus Holz und haben ein Dach aus Palmzweigen. Der Eingang ist niedrig, wir müssen uns bücken. Fenster gibt es nicht. So bleibt der Innenraum auch tagsüber kühl. Es gibt keine Möbel. Wir schlafen auf Palmblättern.
Abends taucht die untergehende Sonne das Dorf in ein warmes, dämmriges Licht, in dem abenteuerlich bemalte Gesichter glänzen. Die Xavante sitzen auf kleinen Holzbänken und lauschen Cereburá, dem Dorfältesten. Er spricht sehr lange. Ein Indianer übersetzt uns flüsternd seinen Vortrag. Wir erfahren erstmals, daß Zeit für die Indianer keine große Bedeutung hat. Ihre Entscheidungen treffen sie nur

- Sucht auf einer Weltkarte nach der Heimat der Xavante-Indianer.
- Die Zukunft vieler Indianer ist gefährdet. Lest die Sätze vor, in denen von der Veränderung bei den Xavante gesprochen wird.

einstimmig, deshalb dauern die Versammlungen oft mehrere Stunden.

Die Xavante haben nicht genug, um uns zu versorgen. In den ersten Tagen haben wir deshalb unbeschwert unsere mitgebrachten Kekse und Bananen verteilt. Doch dann wird das Essen knapp.

Einige von uns sind nicht bereit, sich einzuschränken. Sie packen ihre Teller um so voller, je weniger Aussicht auf Nachschlag besteht. Wer zu spät kommt, hungert. Es gibt Ärger, denn für die Xavante ist es eine Ehre, gerade in der Not zu teilen. „Euer Bauch ist größer als Euer Herz", sagt Seferia, eine junge Indianerin. Oh – wie bescheuert wir uns benommen haben.

Die Zeit mit den Xavante-Indianern ist nicht immer leicht. Ihr Alltag hat mit unserem in Deutschland nichts zu tun. Das Leben in der Natur ist hart und unbequem. So laufen die Xavante zum Beispiel problemlos 100 Kilometer am Tag. Sie tragen über weite Strecken Wasser, Holz oder Tiere ins Dorf.

Viele Dinge machen die Xavante anders als wir. Sie nehmen sich viel Zeit füreinander, sind niemals hektisch. Sie fordern nichts und bedanken sich für alles. Geld ist nicht so wichtig wie bei uns. Obwohl sie so gut wie nichts besitzen, teilen sie ihr Hab und Gut gern. Manchmal kommt es uns so vor, als wären wir auf einem anderen Planeten.

Doch die Xavante sind nicht völlig unberührt von der „weißen Zivilisation" geblieben. Das Leben im Dorf verändert sich. Gerade auch durch die Jugendlichen, die immer weniger nach den Lehren der Alten handeln wollen. Die Jungen wissen nicht mehr, wie man Tapire oder Wildschweine erlegt, und die Mädchen kennen die Kräuter des Waldes nicht mehr. Statt dessen interessieren sie sich – wie wir auch – für Musik oder Klamotten. Es wird nicht mehr lange dauern, dann gibt es auch bei den Xavante Strom und Fernseher.

Wir haben in Mato Grosso eine Kultur erlebt, die es in einigen Jahren nicht mehr geben wird. Aber vielleicht können die Xavante-Indianer einige Elemente ihrer faszinierenden Lebensweise erhalten. Ihre Freundlichkeit und ihr Gemeinschaftssinn haben uns sehr beeindruckt. Und so sind aus Fremden Freunde geworden. Beim Abschied haben viele von uns geweint, aber Subtó hat uns getröstet und sagte: „Freunde müssen sich nicht treffen, wir können uns auch im Traum begegnen, und wir können uns erinnern."

- Im Text ist an einigen Stellen die Rede davon, daß die deutschen Kinder vom Leben der Indianer beeindruckt sind. Sucht diese Stellen heraus; versucht die Eindrucke der Kinder zu bewerten.
- Im letzten Abschnitt heißt es, daß die „Weißen" keinen guten Einfluß auf die jungen Indianerkinder haben. Was denkt ihr darüber? Begründet eure Meinung.

Informationen entnehmen und Satzglieder bestimmen

Umweltschutz in der Schule

Zum wichtigsten Inhalt des Schulranzens gehören Hefte, Blöcke, Zeichenblöcke und Ringbucheinlagen.
Papier aus 100% Altpapier kaufen. Dieses Papier hat den blauen Umweltengel. Bei Papier aus 100% Altpapier lassen sich zu 99% Wasser und 60% Energie neben dem Hauptbestandteil Holz einsparen.
Hefte sollen vollständig ausgenutzt werden.
Leergebliebene Zettel aus dem Heft sind gute Notizzettel.
Umschläge aus Recycling-Papier oder gebrauchtem Geschenkpapier erfüllen genauso ihren Zweck. Schnellhefter aus Pappe ersetzen Plastikschnellhefter.
Klebstoff sollten wir grundsätzlich sparsam verwenden. Leim und Kleister aus Naturprodukten und Klebstoffe auf Wasserbasis sind ungiftig und ein geeigneter Ersatz für Alleskleber und Zweikomponentenkleber, die gesundheitsschädliche Dämpfe absondern.

1. a) Lies den Sachtext genau durch.
b) Der Text enthält wichtige Aufforderungen zum Umweltschutz. Schreibe die wesentlichen Informationen geordnet heraus:
- Was schadet der Umwelt?
- Was schützt unsere Umwelt?

2. Schreibe die folgende Tabelle ab, und ordne die Aussagen zum Umweltschutz in die richtige Spalte ein.

Nicht so ...	sondern so ...
Plastiktüten ...	*Stabile Körbe ...*

Plastiktüten landen gleich zu Hause auf dem Müll.
Mehrwegflaschen können bis zu sechzigmal wiederverwendet werden.
Eine Brotdose hält jahrelang und spart riesige Müllberge.
Durch unnötig verpacktes Obst und Gemüse wächst der Müllberg an.
In Aluminium und Plastik steckt viel Energie.

3. Unterstreiche in jedem Satz das Subjekt.

4. Unterstreiche mit einer anderen Farbe, was über das jeweilige Subjekt ausgesagt wird. Achte darauf, daß ein Satz zwei Prädikatsverbände hat.

5. Markiere in jeder Aussage deutlich das Prädikat.

6. Versuche weitere Aussagen für die beiden Spalten zu finden.

Die Personalform eines Verbs finden

7. Schreibe den folgenden Text ab, und setze die Verben in der richtigen Personalform ein.

Der Müll, den wir täglich (erzeugen), (belasten) unsere Umwelt in besonderer Weise. Im Landkreis Ludwigsburg (sein) es im Jahre 1985 412 000 Tonnen, 1988 (wachsen) der Müllberg bereits auf 634 000 Tonnen.
Jeder von uns (müssen) etwas tun, um diesen Berg nicht weiter wachsen zu lassen. Jeder (können) bei sich anfangen: in der Familie, in der Schule, im Betrieb. Die Umwelt (gehören) uns nicht, wir (haben) sie nur geborgt.

Prädikate einsetzen

8. Schreibe die Sätze a) bis h) ab. Setze die fehlenden Prädikate ein. Schlage dazu die Bildergeschichte auf Seite 110–111 nach.

a) Der Indianer __________ Sonne in seinem Herzen.
b) In Amerika __________ es viele Fische in den Flüssen.
c) Der Weiße Mann ________ zu viele Bäume ________ und __________ Hirsche, Bären und andere Waldtiere.
d) Er __________ zuviel Land.
e) Den Indianern __________ ihr sein Herz.
f) Er __________ nach Westen.
g) Das Wasser __________ den Boden mit sich ins Meer.
h) Der Weiße Mann __________ traurig.

Geteilte Prädikate auffinden

9. Schreibe den folgenden Text ab, und markiere deutlich alle Prädikate. Achte darauf, daß manche Prädikate aus mehreren Teilen bestehen, die nicht zusammenstehen.

Wir bereiteten unsere Arbeit gründlich vor. Am Montag begannen wir dann mit unserem Müllprojekt. Jede Gruppe nahm die Arbeit, wie wir sie besprochen hatten, auf. Eine Gruppe sammelte den Müll, der nach der Pause auf dem Hof zurückblieb, ein.
Eine andere fragte auf dem Landratsamt das Müllaufkommen nach, eine weitere schrieb Müllvermeidungsregeln auf. Als wir sahen, daß wir nicht schnell genug vorwärtskamen, änderten wir unseren Plan leicht ab. Am Schluß waren alle zufrieden. Wir haben viel bei unserer Arbeit gelernt.

10. Schreibe zu jedem Verb, das in Sätzen das Prädikat bildet, die Grundform. Schreibe so:

Personalform	Grundform
bereiteten vor	*vorbereiten*

Ein Diktat schreiben: Die Anführungszeichen setzen

Drei Wünsche

Woher diese Lampe auf dem Dachboden auch immer kam, sie sah aus, als verberge sich in ihr ein Zauber. Das Lämpchen glänzte und funkelte.

Das Mädchen rieb an der Lampe und wartete. Tatsächlich stieg Rauch aus der Öffnung, und kurz darauf erschien ein Kobold. Das Mädchen war begeistert. „Du hast bestimmt drei Wünsche für mich?“ fragte es den Geist.“ „Tatsächlich, so ist es“, antwortete der Kobold, „ich stehe zu deiner Verfügung.“

Das Mädchen lächelte. „Ich wünsche mir natürlich nicht Geld, Glück und Gesundheit. Nein, ich werde gut überlegen.“

Das Mädchen schloß die Augen und dachte nach. Als es die Augen öffnete, lag es in seinem Bett und bemerkte, daß alles nur ein Traum war.

11. Sprich den Text auf Kassette oder Walkman, oder suche dir jemanden, der ihn dir diktiert. Anführungszeichen oder Kommas solltest du dir diktieren oder diktieren lassen.

Die Schreibung von Wörten sichern und Fehlerschwerpunkte bearbeiten

12. Wie schreibt man?

Schreibung	Seite	Problem	Erklärung und Hinweise
Ewigkeit	97	*gk* in der Mitte des Wortes	Das Wort ist aus *ewig* durch den Baustein *-keit* abgeleitet. Dadurch wird ein Substantiv daraus. Genauso *Fähigkeit* ...
Kaul-quappen	104	*qu* in der Mitte des Wortes	Im Deutschen gibt es die Buchstabenfolge *kw* nicht. Dafür wird immer *qu* geschrieben: *Quelle, quer, quaken, bequem* ...
Pullover	104	Fremdwort	Das Wort kommt aus dem Englischen und bedeutet *überziehen*. Fremdwörter muß man sich merken.
S-Bahn	105	Bindestrich	Man kann das Wort nicht auseinanderschreiben, weil dann der Buchstabe *S* in der Luft hängen würde. Man kann es aber auch nicht zusammenschreiben. Also schreibt man mit einem Bindestrich!
Recycling-papier	106	Fremdwort	Das Wort *Recycling* bedeutet: *in den Kreislauf zurückführen*. Schau dir das Wort genau an, schließ die Augen, und versuche es zu schreiben.

Entdeckungen

Rolf Krenzer

Streng geheime Bekanntmachung

Hiermit geben wir bekannt:
Überall in unserm Land
gibt es soviel zu erspähen,
gibt es soviel noch zu sehen,
gibt es soviel zu ergründen,
gibt es soviel noch zu finden,
ist so vieles noch versteckt,
ist soviel noch nicht entdeckt
und soviel noch nicht bekannt.
Wer nichts sieht,
das ist bekannt,
weiß auch nichts
und lebt riskant!

Gewohntes – ungewohnt

Ben Kuipers

Der Weg zum Schatz

Simon hat Post bekommen. Einen dicken, schmuddeligen Umschlag. Als er ihn hastig aufreißt, fällt ein Packen fleckiger, verschmierter Papiere heraus. Sie werden von einer großen, rostigen Büroklammer zusammengehalten.
Auf der ersten Seite steht in roten, getippten Blockbuchstaben *Der Weg zum Schatz.*
Und darunter: *Geheim-Geheim-Geheim.*
Darf nur von Leuten gelesen werden, die Simon heißen.
Also wartet Simon mit dem Weiterblättern, bis Papa und Mama, die auch sehr neugierig sind, sich zurückgezogen haben.
Auf dem zweiten Blatt steht ebenfalls in roten Buchstaben: *Es ist verboten, den ganzen Weg zum Schatz zu lesen, bevor der Schatzgräber sich auf den Weg macht. Wer es trotzdem tut, ruft den Fluch des Schatzes über sich und die schreckliche Rache des toten Königs Pappenstiel.*
Simon zittert.
Jedes neue Blatt, so steht da rot auf weiß, darf erst gelesen werden, wenn der letzte Punkt der vorigen Anweisung erreicht ist. Zieh deinen Anorak an, denn es ist kalt. Stell dich auf den Bürgersteig und lies, welchen Schritt du zuerst machen mußt: den ersten Schritt auf dem Weg zum Schatz.
Und dann steht da weiter in Blockbuchstaben: GROSSE HELDEN GEHEN IMMER ALLEIN.

Simon zieht seinen Anorak an und sagt im Hinausgehen so gleichgültig wie möglich zu Papa und Mama, daß er einen Schatz entdecken wird. Als Papa ganz aufgeregt hinter ihm herruft, das wolle er auch gern, sagt Simon entschieden: „Nein, nein, nein."
Schade, daß er keine Turnschuhe hat wie Steven oder fast alle anderen in seiner Klasse. Mit Turnschuhen würde er sich als Held noch viel besser machen.
Auf dem Bürgersteig betrachtet Simon das nächste Blatt. Alle Papiere sind gleichermaßen schmutzig. Deshalb sehen sie auch so echt aus, als wären sie sehr lange an geheimen, staubigen Plätzen versteckt gewesen.
ERSTER SCHRITT steht oben auf dem Blatt. *Biege links ein. Gehe in die Richtung zum Teich. Paß auf, daß du nicht verfolgt wirst. Der Vermummte Speckmantel hat es ebenfalls auf den Schatz abgesehen. Wenn du einen sehr großen, sehr dünnen Mann in einem schmutzigen, speckigen Mantel siehst, dann kannst du deine Suche für heute lieber aufgeben. Lies den Zweiten Schritt, bevor du am Teich vorbeigehst.*
Argwöhnisch betrachtet Simon einen großen Mann, der vorbeigeht. Er ist nicht wirklich dünn. Und er hat einen ordentlichen Mantel an. Aber man kann nie wissen. Simon wartet, bis der Mann vorbeigegangen ist. Dann erst macht er sich auf den Weg. Ständig schaut er sich um. Aber zum Glück erreicht er den Teich ohne Verfolger.
ZWEITER SCHRITT liest er oben auf dem nächsten Blatt. *Du bist nun außerhalb des Bereiches des Vermummten Speckmantels. Er traut sich nicht, am Teich vorbeizugehen. Er weiß nur allzugut, welches Ungeheuer sich in dem geheimnisvollen schwarzen Wasser versteckt: der Blubbernde Blubber. Fangarme hat der Blubber, bestimmt zwanzig Meter lang und sehr klebrig. Die kann er mit rasender Geschwindigkeit aus dem Wasser schnellen lassen, wenn jemand vorbeikommt. Der Vermummte Speckmantel traut sich nicht, sein Leben aufs Spiel zu setzen, aber du wirst es tun müssen. Jedenfalls, wenn du die Suche nach dem Schatz fortsetzen willst.*
Simon betrachtet den Teich. Er ist schon so oft hier vorbeigegangen. Aber jetzt sieht das Wasser ganz anders aus als die vorherigen Male.
Er liest weiter: WICHTIG 1.: *Versuche nicht am Teich vorbeizugehen, wenn du ballgroße Luftblasen aufsteigen siehst.* WICHTIG 2.: *Es ist besser, am Teich vorbeizuschleichen als vorbeizurennen. Rennen macht Lärm. Lies den Dritten Schritt nach dem Teich. Falls dich der Blubbernde Blubber nicht geschnappt hat.*
Das sind doch keine kleinen Luftblasen, die Simon da sieht? Er schaut lange; so lange, bis er fast sicher ist, daß es keine Luftblasen sind.
Dann schleicht er langsam am Teich vorbei. Dauernd ist er darauf gefaßt, einem peitschenden Fangarm auszuweichen. Das letzte Stück rennt er dann doch. Schleichen geht einfach zu langsam. Er riskiert es einfach.
Simon holt keuchend Luft. Dann liest er den DRITTEN SCHRITT: *Du kannst das noch lesen, also bist du dem schrecklichen Blubbernden Blubber entkommen! Herzlichen Glückwunsch! Aber das bedeutet natürlich nicht, daß alle Gefahren vorbei sind.*
Nein, das versteht er. Für einen Schatz muß man sich anstrengen, das ist klar.
Traust du dich noch? geht es im Dritten Schritt weiter. Ja, natürlich traut er sich. In Büchern trauen sich die Kinder doch auch immer alles, oder nicht?
Rechts siehst du eine Straße. Die Veilchenstraße, das weiß Simon. Er kennt sie schon seit Jahren. Sein ganzes Leben eigentlich.

Folge dieser Straße bis zur vierten Seitenstraße rechts.
„Das muß, mal überlegen, die Nelkenstraße sein", denkt Simon.
Dein Leben ist wieder in Gefahr. In der Straße, die du entlanggehst, sind nämlich fünf Bomben unterm Bürgersteig versteckt. Die Bomben explodieren, wenn du den Pflasterstein berührst, unter dem sie liegen. Ein Stein sieht wie der andere aus, nicht wahr?
WICHTIG: *Bleib, verdammt noch mal, auf dem Bürgersteig! Denn auf der Straße gehen, ist viel zu gefährlich, sagt deine Mutter!*
Oh, Simon darf also nicht auf der Straße gehen. Genau das hat er nämlich vorgehabt. Nachdenklich schaut er die Veilchenstraße entlang. Daß eine gewöhnliche Straße, die er wie seine Westentasche kennt, solche Gefahren in sich birgt! Dann grinst er. Er hat die Lösung gefunden. Er wird auf dem Randstein gehen. Dort ist er sicher vor den fünf Bomben.
Simon ist noch immer stolz auf sich, als er an der Nelkenstraße den VIERTEN SCHRITT liest.
Du kannst dies lesen, also bist du nicht in die Luft geflogen. Herzlichen Glückwunsch! Ein Held, der einen Schatz sucht, hat zwischen seinen Abenteuern eine Ruhepause und Versorgung nötig.
Auch du kannst dir jetzt eine Pause gönnen. Eine kurze. Gehe rechts in die Straße. Dort befindet sich die Herberge „Bei Jupp". Da gehe hinein. Sag nur zu Jupp: „Ich bin Simon." Er wird dich dann versorgen.
Das findet Simon am allerunheimlichsten von der ganzen Suche. Einfach ins „Bei Jupp" hineinzugehen und zu sagen: „Ich bin Simon", und dann abzuwarten, was passiert.
Simon kennt „Bei Jupp". Er hat immer gedacht, es wäre eine Kneipe. Jetzt ist es also eine Herberge.
Jupp steht hinter der Theke, als Simon zögernd eintritt. Am liebsten wäre er weitergegangen. Aber der Vierte Schritt verlangt von ihm, reinzugehen und sich versorgen zu lassen.
„Was willst du?" brummt Jupp.
„Ich bin Simon."
„Was sagst du? Ein bißchen lauter, ich versteh dich nicht."
„Ich bin Simon", sagt Simon etwas lauter.
Ein breites Lachen erscheint auf Jupps Gesicht. „Nehmen Sie doch Platz, bitte, nehmen Sie doch Platz", sagt er eifrig, während er zu einem Tisch geht und ihn mit einem Lappen abwischt. „Nehmen Sie Platz. Ich werde sofort für Speise und Trank sorgen. Ruhen Sie sich inzwischen aus."
Simon setzt sich. Er fühlt sich unbehaglich und wagt kaum, Jupp, der sehr beschäftigt ist, anzuschauen.
Auf einem Tablett richtet er Pommes mit Unmengen von Mayonnaise her. Als wüßte er, daß Simon verrückt ist nach Mayonnaise. Und eine Krokette bringt er auch. Und ein riesengroßes Glas Cola.
„Guten Appetit, der Herr."
„Ich ..." stottert Simon, „ich ..." Der Schweiß bricht ihm aus.
„Stimmt etwas nicht?"

„Ich habe kein Geld dabei.“

„Mach dir keine Sorgen, Junge. Wer hat was von Geld gesagt? Es ist mir eine Ehre, dem Helden auf Schatzsuche etwas anbieten zu dürfen.“ Grinsend geht Jupp zurück zur Theke.

Als Simon die Herberge verläßt, ruft ihm Jupp „Viel Erfolg“ nach, und Simon liest noch etwas verwirrt den FÜNFTEN SCHRITT:

Hast du aufgepaßt, ob dich der Drache verfolgt?

Simon erschrickt. Darauf hat er nicht aufgepaßt! Ehrlich gesagt, er hat keine einzige Sekunde an den Drachen gedacht. Zum Glück ist von dem Ungeheuer keine Spur zu entdecken.

Riech mal genau, fährt der Fünfte Schritt fort, wenn er kommt, kündigt er sich mit einem starken Schwefelgeruch an.

Simon schnüffelt und schnüffelt. Er riecht vor allem Jupps Fritierfett, aber dazwischen sind noch andere Gerüche. Ob da Schwefel dabei ist? Simon weiß nicht, wie Schwefel riecht.

Der Drache ist unverwundbar. Aber ein Held ist jemand, der rechtzeitig zu fliehen weiß. Logisch, denn sonst wäre er bald ein toter Held. In der ersten Seitenstraße rechts bist du sicher. Dann hast du den Bereich des Drachen verlassen.

Simon rennt schon. Er rennt, so schnell er kann. Die Nelkenstraße ist eine schrecklich lange Straße und will überhaupt nicht enden. Aber endlich erreicht er das Gebiet, auf dem er sicher ist.

Obwohl, was heißt da sicher? Eigentlich ist ein Schatzsucher nur in einer Herberge sicher, glaubt Simon. Bestimmt warten neue Gefahren auf ihn. Darum holt er tief Luft, einmal, zweimal, bevor er den SECHSTEN SCHRITT liest:

Vielleicht glaubst du, daß du nun, außerhalb des Bereichs des Drachens, in Sicherheit bist. Aber ...

Simon hat es gewußt, natürlich gibt es da ein „Aber“. *... aber du bekommst es mit neuen Schwierigkeiten zu tun. Siehst du den Parkplatz?*

Natürlich sieht er den. Man müßte blind sein, um den Parkplatz nicht zu sehen.

Siehst du das verdächtige rote Auto?

Ein verdächtiges rotes Auto? Er sieht drei! Schnell liest er weiter. *Mit den vier verdächtigen Rädern?*

Na klar, vier Räder haben sie alle drei.

Mit den verdächtigen Scheinwerfern?

Das nützt ihm auch nichts, denn Scheinwerfer haben sie auch alle drei.

Mit den verdächtigen Fenstern? Mit dem verdächtigen Lenkrad? Dieses Auto gehört der Bande der Schatzräuber. Vielleicht wissen sie nicht, daß du in der Gegend bist. Aber sei auf der Hut, wenn ein verdächtig normaler Mann in dem roten Auto sitzt.

Die Autos sind zum Glück alle drei leer.

Simon erstarrt.

Ein Herr, ein verdächtig normaler Herr, geht auf den Parkplatz zu.

Glücklicherweise setzt er sich in einen blauen Renault. Warum sagt der Sechste Schritt nichts über die Automarke des roten Autos?

Geh so unauffällig wie möglich weiter. Versuche, keine Aufmerksamkeit auf dich zu ziehen. Gehe die Straße entlang bis zur Gabelung.

Es ist schwierig, keine Aufmerksamkeit auf sich zu ziehen. Wie macht man das, unauffällig gehen? Man muß sich natürlich so normal wie möglich benehmen. Simon hat das Gefühl, jeder würde ihn anschauen. Aber er scheint es richtig zu machen, denn er erreicht ganz problemlos die Gabelung.

Biege rechts ab, steht im SIEBTEN SCHRITT. *Suche das Haus mit den beiden Birken im Garten. Gehe dort hinein. Gehe ins Wohnzimmer.*

Simon lacht. Er ist wieder in seiner eigenen Straße. In dieser Straße gibt es nur einen einzigen Garten mit zwei Birken: der Garten seines Elternhauses.

Papa macht ihm die Tür auf. „Nun, wie war's?“

„Spannend!“ ruft Simon.

Im Wohnzimmer liest er das letzte Blatt. LETZTER SCHRITT steht darüber. Eigentlich schade, daß es fast vorbei ist.

Vielleicht fühlst du dich auf den Arm genommen, weil du wieder daheim bist und den Schatz noch immer nicht hast.

Nein, er fühlt sich nicht auf den Arm genommen. Es war spannend. Genau wie in einem Buch.

Aber natürlich gibt es einen Schatz. Helden werden ja immer am Ende ihrer Abenteuer belohnt. Schau mal unters Sofa. Viel Spaß damit.

Simon bückt sich. Ja, unter dem Sofa ist etwas. Ein kleine Holzkiste. Sie ist schwer. Papa hilft ihm, sie hervorzuziehen.

„Wirklich schwer“, sagt Simon mit glänzenden Augen.

„Ja“, sagt Papa. „Ich bin auch schrecklich neugierig, was drin ist. Ich habe mir fast einen Bruch gehoben.“

Mama stößt ihn mit dem Ellbogen in die Rippen, als wollte sie ihn warnen, daß er sich nicht verspricht. Simon findet es blöd. Sie denkt doch wohl nicht, daß er glaubt, daß dieser Schatz hier schon immer versteckt war? Natürlich ist der gerade erst da hingestellt worden.

Er macht den Deckel auf. Und dann kann er einen Moment lang nichts sagen. Die kleine Kiste ist voller Silber. Voller Silbermünzen.

Fünfziger, Markstücke, Zweimarkstücke. Es glänzt ihm entgegen.

„Allmächtiger!“ murmelt Mama.

„Ist sie jetzt ganz verrückt geworden?“ stottert Papa. Simon weiß genau, wen Papa mit *sie* meint.

„Ohweia!“ Simon wühlt mit den Händen durch den Schatz, der sich kalt anfühlt. „Ohweia!“ Dann fühlt er ein Stück Papier unter dem Silber. Ein Umschlag oder so etwas. Mit einem Jauchzer holt er ihn heraus.

„Für Wilma“ steht darauf. In Omas Schrift.

„Auch etwas für Wilma“, ruft Simon. „Auch ein Schatz für Wilma.“

Geh in Gedanken die Straße entlang ...

Dir begegnen viele Menschen. Wie alt sind sie? Welche Berufe könnten sie haben? Sind sie freundlich, gelassen, hektisch, ... ?

Du schaust auf den Boden. Du findest etwas Rätselhaftes. Kannst du es beschreiben?

Mama reißt den Umschlag auf. Ein Sparbuch ist darin. Schweigend zeigt sie es Papa und dann Simon. Auf dem Sparbuch sind fünfhundert Mark für Wilma eingezahlt.
„Sind das auch fünfhundert Mark?“ Simon deutet auf seine Kiste. Er fragt es zögernd. Fünfhundert Mark sind viel Geld.
„Mehr, glaube ich“, sagt Papa.
Mehr als fünfhundert Mark! Oma muß sehr reich sein. Simon hat schon immer vermutet, daß sie ein bißchen reich ist. Aber so reich, daß sie Wilma fünfhundert Mark und ihm noch viel mehr geben kann, hätte er nie gedacht.
Mit beiden Händen wühlt er durch den Schatz. So wie Seeräuber das mit ihrer Beute tun. Ganz unten fühlt er noch einen Umschlag. *Für Gisbert und Dorle* steht darauf.
Schweigend, denn das ist feierlicher, reicht Simon Papa den Umschlag. Wieder ist ein Sparbuch drin. Das hatte er schon erwartet.
Papa schaut in das Buch. Es liegt ein zusammengefalteter Zettel darin. „Na so was, hör mal“, stottert er. Papa liest den Brief, während er Mama das Sparbuch hinhält.
„Das ist doch verrückt“, sagt Mama. „Das kann sie doch nicht machen.“
„Zeig mal! Zeig mal!“ drängelt Simon.
Mama macht eine Bewegung, als wollte sie ihm das Sparbuch hinhalten, doch dann zieht sie es zurück. Simon kennt das schon: Geheimnisse von Erwachsenen. Manchmal wollen sie plötzlich nicht, daß man was erfährt.
„Wieviel ist es?“ fragt er hartnäckig, auch wenn er schon fast sicher weiß, daß er keine Antwort bekommt.
„Ziemlich viel“, sagt Papa. Er gibt Mama den Brief. „Lies mal“, sagt er. Verwundert sieht Simon, daß Papa immer wieder schluckt.
„Was schreibt Oma?“ fragt er.
„Das erzähle ich dir später mal!“ sagt Papa betont gleichgültig und will den Brief schnell in seine Hosentasche stecken. Doch der Brief fällt heraus und landet unter dem Sofa. Und Simon ist der einzige, der es sieht.
Wenig später sitzt er auf dem Klo, um den Brief ungestört lesen zu können.
Lieber Gisbert, liebe Dorle,
nicht jammern! Nicht sträuben. Einfach nehmen. Ihr wißt doch, daß ich es selbst nicht verbrauchen kann. Erspart mir deshalb jedes Geschwätz. Alles Liebe und bis bald. Sien.
Sien, das ist Oma.
Simon hat ein unbehagliches Gefühl im Bauch. Er liest den Brief noch einmal. Das unbehagliche Gefühl wird stärker. Gleich muß er wirklich aufs Klo. Den Brief muß er schnell unbemerkt wieder unter das Sofa schieben. Simon weiß nicht wie und was, aber er fühlt Gefahr. Als müßte er wieder am Blubbernden Blubber vorbei. Diesmal aber echt.
Simon schluckt und schluckt.

Für Simon hat sich seine bekannte Umgebung verändert. Finde dazu die Stellen im Text.

„Bestimmt warten neue Gefahren auf ihn. Darum holt er tief Luft ...“
- Ist Simon wirklich in Gefahr?
- Welche unterschiedlichen Empfindungen hat er auf seinem Weg?

Simon hat den Schatz gefunden. Trotzdem hat er ein unbehagliches Gefühl im Bauch“. Lies den Schluß der Geschichte noch einmal.

Bekanntes – unbekannt

- Schaut die Bilder genau an. Was gehört zu Menschen, Tieren, zur Natur?

  Auch wenn ihr wißt, was die einzelnen Bilder darstellen, sagt nicht sofort den jeweiligen Namen.

- Beschreibt nur das, was ihr seht. Versucht dabei, ohne das Wort „irgendwie" auszukommen.
  Bei der Beschreibung helfen euch Vergleiche: „Es sieht aus wie ..."

Unbekanntes wird bekannt – Dingen einen Namen geben

James Cook, der als erster Europäer nach Australien kam, schrieb 1770 in sein Tagebuch:

Samstag, 14. Juli

Sanfte Brisen im Südosten und diesiges Wetter. Des Nachmittags komplettierten wir unser Wasser und brachten alles Brot und einen Teil der Vorräte an Bord; des Abends entsandte ich wiederum Männer zum Schildkrötenfang. Des Vormittags waren wir damit beschäftigt, Steinballast an Bord zu schaffen und die Reservesegel zu trocknen. Mr. Gore, welcher sich ins Land begab, schoß eines der bereits erwähnten Tiere; es war ein kleines dieser Sorte und wog ohne Eingeweide nur 28 Pfund. Das Haupt, der Hals und die Schultern dieses Tieres waren sehr klein im Verhältnis zu den anderen Teilen. Der Schwanz war fast so lang wie der Körper, er war dick am Rumpfe und wurde seinem Ende zu dünner; die Vorderbeine maßen 8 Inches[1] und die hinteren 22. Seine Fortbewegung erfolgt durch Hüpfen oder Springen, und jeder Sprung beträgt 7 oder 8 Fuß[2], wobei es nur die Hinterbeine benützt, und die vorderen haben daran keinen Anteil; diese scheinen nur zum Kratzen in der Erde etc. zu dienen. Die Haut ist von einem kurzhaarigen Pelz von dunkler Mausfarbe oder grauer Farbe bedeckt. Mit Ausnahme nur des Kopfes und der Ohren, welche, wie ich meine, an den Hasen erinnern, weist es keinerlei Ähnlichkeiten mit irgendeinem europäischen Tier auf, das ich je gesehen ...

[1] 1 Inch = 2,54 cm
[2] 1 Fuß = 30,48 cm

- Unter welchem Namen kennen wir dieses Tier? Zeichne es nach den Angaben von James Cook!
- Ein weiteres Tier, das Cook zum ersten Mal sah, ist oben abgebildet. Beschreibt es wie James Cook! Versucht ihm aufgrund seines Aussehens einen Namen zu geben.
- Beschreibt weitere Tiere, und laßt eure Mitschüler raten. Ihr könnt das Spiel auch mit Memory-Kärtchen durchführen.

Die Leistung des Substantivs

Mit einem **Substantiv** haben wir eine Wortart, mit dem wir Menschen *(Europäer),* Tiere *(Hase),* Pflanzen *(Baum),* Gegenstände *(Brot)* und Sachverhalte *(Fortbewegung)* bezeichnen. Fehlt ein **Substantiv**, müssen wir wie James Cook umschreiben.

Was sich hinter einem Namen verbirgt – etwas beschreiben

Der Koala

In den Wäldern Australiens ist dieses Beuteltier zu Hause. Seinen Namen bezieht er aus einer Sprache der australischen Ureinwohner.
Der Koala wird bis zu 82 cm groß, wobei seine Schulterhöhe ungefähr 30 cm beträgt. Da er keine natürlichen Feinde hat, benötigt der Koala auch keine Tarnfarbe. Sein silbergraues, dichtes Fell, das sich sehr weich und wollig anfühlt, wird unterseits gelblichweiß. Er ernährt sich ausschließlich von den Blättern und der Rinde ganz bestimmter Eukalyptusarten, die er mit Hilfe seiner Greifhände, die jeweils zwei Finger besitzen, zu sich nimmt. Diese Finger lassen sich zu Daumen abspreizen und sind mit spitzen Krallen versehen. Ein erwachsener Koala benötigt pro Tag rund 1 Kilogramm Blätter, was ungefähr einem Neuntel seines Körpergewichtes entspricht.
Beobachtungen lassen vermuten, daß Koalas nie trinken, sondern ihren täglichen Wasserbedarf durch die sehr wasserreichen Blätter decken. Diese einseitige Ernährung erklärt auch den eigenartigen Geruch, der sie umgibt. Sie riechen nämlich nach Hustenbonbons, die Eukalyptus enthalten.
Die Weibchen bringen meist ein Junges zur Welt, das sie etwa sieben Monate im Beutel, danach auf dem Rücken tragen.
Mit seinen kleinen schiefliegenden Augen und seiner schwarzen, dicklichen und nackten Nase gilt der Koala als Vorbild für den Teddybären und ist das Symboltier Australiens. Früher waren die Koalas wegen ihrer weichen dauerhaften Felle sehr begehrt, so daß sie durch Bejagung vom Aussterben bedroht waren. Mittlerweile sind sie unter strengsten Naturschutz gestellt.

Beschreiben

Etwas beschreiben heißt jemanden informieren.
Wenn du etwas beschreibst, mußt du zuerst genau beobachten. Deine Beobachtungen müssen dann in einer klaren, sachlichen Sprache wiedergegeben werden. Laß also alle Ausschmückungen weg, wenn sie nicht zur Sache gehören.
Was du beschreibst, soll ein anderer, der nur deinen Text liest, verstehen können. Daher müssen deine Aussagen eindeutig sein. Manchmal brauchst du Fachausdrücke, um etwas genau wiederzugeben.
Achte darauf, daß deine Beschreibung vollständig ist und daß du eine geeignete Reihenfolge einhältst.
Was du beschreibst, soll jederzeit gelten. Eine Beschreibung steht daher im Präsens.

Nicht immer kannst Du selbst beobachten, was du beschreiben willst. In diesem Fall mußt du dir Informationen beschaffen. Hier helfen dir Lexika, Fachbücher, z.B. deine Schulbücher, Zeitschriftenartikel.

- Lies dir den Text auf der linken Seite durch, und suche auf dieser Seite hier den jeweiligen Begriff dazu. Schreibe dann so:
  Herkunft: In den Wäldern Australiens ist dieses Beuteltier ...
- Achte darauf, in welcher Reihenfolge die Beschreibung aufgebaut ist.
- Beschreibe ein Tier deiner Wahl. Sammle zuerst deine Beobachtungen oder Informationen. Achte bei der Beschreibung auf genaue Ausdrücke und eine sinnvolle Reihenfolge.

Arbeitsschritte beim Beschreiben

- Sammle Beobachtungen, und beschaffe dir die nötigen Informationen. Mache dir Stichpunkte.
- Bringe deine Beobachtungen und Informationen in eine sinnvolle Reihenfolge.
- Verwende passende Ausdrücke, wenn nötig Fachausdrücke.
- Versuche für den Leser anschaulich zu beschreiben. Oft helfen dabei Vergleiche.
- Achte darauf, daß deine Beschreibung im Präsens steht.

Etwas beschreiben – die Sinne schärfen

Frederik Hermann

Geräusch der Grille – Geräusch des Geldes

Eines Tages verließ ein Indianer die Reservation und besuchte einen weißen Mann, mit dem er befreundet war. In einer Stadt zu sein, mit all dem Lärm, den Autos und den vielen Menschen um sich – all dies war ganz neuartig und auch ein wenig verwirrend für den Indianer.
Die beiden Männer gingen die Straße entlang, als plötzlich der Indianer seinem Freund auf die Schulter tippte und ruhig sagte: „Bleib mal stehen. Hörst du auch, was ich höre?"
Der weiße Freund des roten Mannes horchte, lächelte und sagte dann: „Alles, was ich höre, ist das Hupen der Autos und das Rattern der Omnibusse. Und dann freilich auch die Stimmen und die Schritte der vielen Menschen. Was hörst du denn?"
„Ich höre ganz in der Nähe eine Grille zirpen", antwortete der Indianer.
Wieder horchte der weiße Mann. Er schüttelte den Kopf. „Du mußt dich täuschen", meinte er dann, „hier gibt es keine Grillen. Und selbst wenn es hier irgendwo eine Grille gäbe, würde man doch ihr Zirpen bei dem Lärm, den die Autos machen, nicht hören."

Was könnt ihr alles hören?

Was seht ihr wirklich?

Was fühlt ihr?

- Schließe deine Augen!
- Spüre einmal, wie dein Atem geht! Konzentriere dich darauf, wie der Atem langsam deinen Brustkorb und deinen Bauch bewegt!
- Schließe deine Augen! Horche in dich hinein! Spürst du deinen Herzschlag?
- Schließe deine Augen! Geh in Gedanken einen Waldweg entlang ... Was siehst du? Welche Geräusche hörst du?

Der Indianer ging ein paar Schritte. Vor einer Hauswand blieb er stehen. Wilder Wein rankte an der Mauer. Er schob die Blätter auseinander, und da – sehr zum Erstaunen des weißen Mannes – saß tatsächlich eine Grille, die laut zirpte. Nun, da der weiße Mann die Grille sehen konnte, fiel auch ihm das Geräusch auf, das sie von sich gab.

Als sie weitergegangen waren, sagte der Weiße nach einer Weile zu seinem Freund, dem Indianer: „Natürlich hast du die Grille hören können. Dein Gehör ist eben besser geschult als meines. Indianer können besser hören als Weiße."

Der Indianer lächelte, schüttelte den Kopf und erwiderte: „Da täuschst du dich, mein Freund. Das Gehör eines Indianers ist nicht besser und nicht schlechter als das eines weißen Mannes. Paß auf, ich will es dir beweisen!"

Er griff in die Tasche, holte ein 50-Cent-Stück hervor und warf es auf das Pflaster. Es klimperte auf dem Asphalt, und Leute, die mehrere Meter von dem weißen und dem roten Mann entfernt gingen, wurden auf das Geräusch aufmerksam und sahen sich um. Endlich hob einer das Geldstück auf, steckte es ein und ging seines Weges.

„Siehst du", sagte der Indianer zu seinem Freund, „das Geräusch, das das 50-Cent-Stück gemacht hat, war nicht lauter als das der Grille, und doch hörten es viele der weißen Männer und drehten sich danach um, während das Geräusch der Grille niemand hörte außer mir. Der Grund dafür liegt nicht darin, daß das Gehör der Indianer besser ist. Der Grund liegt darin, daß wir alle stets das gut hören, worauf wir zu achten gewohnt sind."

Tropfsteinhöhle

Setzt euch im Raum verteilt auf den Boden.
Jeder Schüler hat einen klingenden Stab (Metall) und einen Schlegel.
Ihr seid jetzt in der Tropfsteinhöhle.
Schließt die Augen, merkt, wie es kühl wird, riecht den Höhlengeruch, fühlt die feuchte Wand und horcht ...
Jeder von uns ist jetzt ein Tropfstein.
Manche tropfen leicht und schnell, andere nur alle 100 Jahre.
Jeder spielt so leise, daß er alle anderen hören kann.

Den Klang suchen

Setzt euch mit geschlossenen Augen im Raum verteilt auf den Boden, während eine Person auf einem Instrument spielend den Raum durchschreitet. Zeigt mit dem Finger auf die Klangquelle.
Stellt euch mit geschlossenen Augen hin, und bewegt euch in Richtung Klangquelle.

Hörst du es? Riechst du es ? Fühlst du es? – Wahrnehmungen benennen

- Ein Spielvorschlag: Schickt mehrere Mitschüler vor das Klassenzimmer. Die übrigen bauen den Wahrnehmungsparcours auf. Wenn alles fertig ist, werden den Schülerinnen und Schülern vor dem Klassenzimmer die Augen verbunden. Nehmt sie nun bei der Hand, und führt sie einzeln durch den Wahrnehmungsparcours. An jeder Station sollen sie beschreiben, was sie fühlen, riechen oder hören – und zwar so: *Das ist ein ... / Das ist eine ...* Nur diese Lösungen zählen.
- Macht verschiedene Durchläufe, und sammelt die genannten Substantive an der Tafel oder auf einem Blatt Papier: *ein Apfel, eine Birne ...* Vergleicht eure Ergebnisse.
- Betrachtet nach dem Spiel die einzelnen Substantive, die gesammelt worden sind. Ihr habt Substantive, die mit dem unbestimmten Artikel *ein*, andere, die mit dem unbestimmten Artikel *eine* und solche, die mit überhaupt keinem Artikel verbunden sind.
- Sucht zu jedem Substantiv den bestimmten Artikel.
- Könnt ihr einem Substantiv ansehen, mit welchem Artikel es verbunden wird? Welche Substantive haben keinen Artikel, wenn sie nach *Das ist ...* stehen? Habt ihr eine Erklärung?

Substantiv und Artikel

Ein Substantiv kann mit einem Artikel stehen. Die bestimmten Artikel zeigen das Genus (Geschlecht) des Substantivs an:
der Apfel – maskulin (männlich)
die Birne – feminin (weiblich)
das Parfum – neutrum
Beim unbestimmten Artikel heißen die Formen des Maskulinums und Neutrums gleich:
ein Apfel / ein Parfum

3. Station Riechen

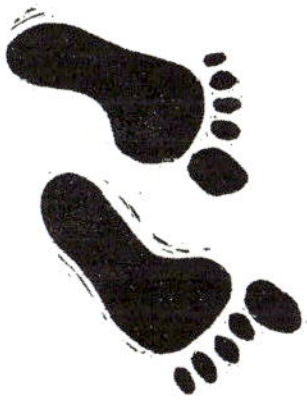

4. Station Horchen

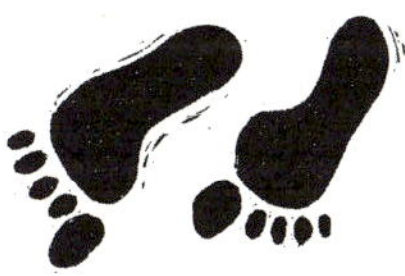

- Manche Substantive haben verschiedene Artikel. Man könnte auch sagen, sie haben verschiedenes Genus. Sie unterscheiden sich dann häufig auch in der Bedeutung:
  Die Kiefer ist ein Nadelbaum.
  Der Kiefer ist ein Teil des Gesichts.

- Welches Genus können die folgenden Substantive haben? Bilde sinnvolle Sätze:
  Leiter, Steuer, Mark, Junge, Band, Schild, See, Tau, Tor.
  Wenn dir eine Bedeutung unklar ist, schaue im Wörterbuch nach.

- Betrachtet noch einmal die Substantive, die ihr gesammelt habt. Bildet dort, wo es möglich ist, die Pluralform (Mehrzahl). Warum geht das nicht bei allen Substantiven?

Einzahl und Mehrzahl des Substantivs
Die meisten Substantive können im Singular und im Plural stehen:
der Apfel – die Äpfel.
Einige bilden nur Singularformen: *das Mehl*, andere nur Pluralformen: *die Geschwister.*

- Die Substantive, die im Singular verschiedene Artikel haben, kann man oft im Plural gut unterscheiden, da sich nun auch die Substantive selbst verändern:
  der Leiter – die Leiter; die Leiter – die Leitern.
  Weitere Substantive mit verschiedenen Pluralformen: *Strauß, Bank.*

- Fremdwörter haben oft verschiedene Pluralformen: Schlage im Wörterbuch nach: *der Atlas, das Album, das Aroma, der Globus, das Lexikon, das Museum, das Komma.*

Ein ganz neuer Plural: Eine Kuh macht Muh – viele Kühe machen Mühe.

Verborgene Schätze entdecken

Mark Twain

Die Schatzgräber

Im Leben jedes normalen Jungen kommt einmal eine Zeit, in der er sich rasend danach sehnt, nach einem verborgenen Schatz zu graben. Dieses Verlangen hatte eines Tages auch Tom gepackt. Er wollte gleich mit Joe Harper darüber sprechen, der war jedoch nirgends aufzutreiben. Dann suchte er Ben Rogers, und der war fischen gegangen. Zufällig stieß er auf Huck Finn, „den Bluthändigen“. Der war ihm auch recht. Er schleppte ihn an einen geheimen Ort und zog ihn dort ins Vertrauen. Huck war einverstanden; er war immer bereit, an einem Unternehmen teilzunehmen, das Vergnügen versprach und kein Kapital erforderte, denn er hatte einen Überfluß von der Art Zeit, die kein Geld ist.

„Wo sollen wir graben?“ fragte er.

„Na, überall.“

„Ja, gibt's denn überall 'nen verborgenen Schatz?“

„Was du dir einbildest! Die sind immer nur an ganz ausgefallenen Plätzen, zum Beispiel mal auf 'ner Insel, dann in 'ner verfaulten Kiste, die unter 'nem Baumstamm verscharrt ist, grad da, wo der Schatten um Mitternacht drauffällt, aber meistens liegen sie unterm Fußboden in Häusern, wo's spukt.“

„Wer versteckt sie denn da?“

„Natürlich Räuber, wer denn sonst, oder meinst du vielleicht Sonntagsschullehrer?“

„Was weiß ich? Ich weiß nur, wenn der Schatz mir gehört, würd ich ihn nicht verstecken, sondern das Geld ausgeben und mir damit feine Tage machen.“

„Ja, ich auch, aber die Räuber sind anders, die verstecken's und lassen's liegen.“

„Gucken sie denn nie mehr danach?“

„Nee! Sie wollen wohl, aber dann vergessen sie die Zeichen oder sterben meistens. Er liegt dann 'ne Ewigkeit und wird rostig, und schließlich findet mal einer so'n altes, vergilbtes Papier, an dem muß man über 'ne Woche rumbuchstabieren, um's zu entziffern, weil lauter schwere Zeichen und Hieroglyphen drauf sind.“

„Hiero – was?“

„Hieroglyphen! Bilder und Krakelfüße und so Zeugs, die immer was bedeuten, weißt du!“

„Hast du denn solche Papiere gefunden, Tom?“

„Nee!“

„Ja, aber wie willst du denn die Zeichen rauskriegen?“

„Ach was – ich brauch keine Zeichen! Sie vergraben den Schatz doch immer bloß unter 'nem Spukhaus oder auf 'ner Insel oder unter 'nem abgestorbenen Baum, der nur noch 'nen Ast ausstreckt. Na, wir haben ja schon 'n bißchen auf der Jacksoninsel rumgestöbert, dort können wir's noch mal probieren. Und dann haben wir noch das alte verfallene Spukhaus oben am Stillhausbach, und da gibt's 'ne Masse abgestorbene Bäume, sag ich dir.“

„Liegt da unter jedem 'n Schatz vergraben?“

„Esel! Nein.“

„Wie kannst du dann aber wissen, wo du graben sollst?“

„Na, wir graben mal bei allen.“

„Ja, aber Tom, da geht doch der ganze Sommer drauf!“

„Was schadet denn das! Stell dir vor, du fändest ’n Kupferkessel mit hundert alten Dollar drin oder ’ne verfaulte Kiste mit lauter Diamanten, he?“

Hucks Augen funkelten. „Das wär so was für mich, Tom. Wenn du mir nur die hundert Dollar läßt, nach den Diamanten frag ich nicht.“

„Mir auch recht! Ich werf dir die Diamanten bestimmt nicht hinterher! Manche davon sind gut und gerne ihre zwanzig Dollar das Stück wert, und ’s kaum einer dabei, für den du nur fünfundzwanzig Cent oder ’nen Dollar kriegst.“

„Nee, wahrhaftig?“

„Das kann dir jeder sagen! Hast du denn noch nie ’n Diamanten gesehen?“

„Nicht, daß ich wüßte!“

„Oh, Könige haben ganze Haufen davon!“

„Ich kenn aber keine Könige, Tom!“

„Natürlich nicht, wenn du aber nach Europa gehen würdest, könntest du sie in ganzen Scharen rumhopsen sehen!“

„Was? Hopsen die denn?“

„Hopsen! Bist wohl verrückt? Nein, hopsen tun sie nicht.“

„Na, warum hast du’s dann gesagt?“

„Rindvieh! Das soll doch nur heißen, du könntest sie sehen, und zwar ’ne ganze Menge davon, denn sie sind überall rum verstreut, zum Beispiel den alten buckligen Richard.“

„Richard? Wie heißt er denn sonst noch?“

„Er hat keinen anderen Namen. Könige haben immer nur ’n Vornamen.“

„So, wirklich?“

„Wenn ich’s doch sag!“

„Na, wenn’s ihnen recht ist – mir soll’s egal sein. Ich möcht aber kein König sein und nur so einen lumpigen Namen haben wie’n elender Neger. Aber, sag mal, wo wollen wir zuerst graben?“

„Tja, ich weiß selber noch nicht so recht! Wie wär’s, wenn wir uns zuerst mal an den alten Baum ranmachen, drüben auf dem Hügel hinterm Stillhausbach?“

„Einverstanden!“

So verschafften sie sich denn eine etwas ramponierte Schaufel und eine Hacke und machten sich auf ihren drei Meilen weiten Marsch. Keuchend und erhitzt kamen sie endlich dort an, rekelten sich im Schatten einer benachbarten Ulme und qualmten tüchtig drauflos. „So gefällt’s mir!“ sagte Tom.

„Mir auch!“, meint Huck.

„Du, Huck, wenn wir jetzt ’n Schatz finden, was fängst du mit deinem Teil an?“

„Ich? Na, dann eß ich jeden Tag Kuchen und Pastete und trink Sodawasser und geh in jeden Zirkus, der hierherkommt. Das soll schon ’ne verflucht feine Zeit werden.“

„Ich denk’ an den alten Baum, oben auf’m Cardiffhügel hinterm Haus der Witwe Douglas.“

„Au ja, da ist ’n guter Platz. Aber wird die Witwe uns den Schatz nicht wegnehmen, weil der Baum doch auf ihrem Land steht?“

„Wegnehmen? Soll's mal probieren! Wer'n verborgenen Schatz findet, der kriegt ihn auch, ganz egal, wem das Land gehört."
Das war 'ne Beruhigung. Sie arbeiteten weiter, endlich sagte Huck: „Verflucht! 's muß wieder der falsche Platz sein. Was meinst du?"
„Das ist doch merkwürdig, Huck, ich versteh's gar nicht. Manchmal mischen sich auch Hexen ein, 's kann sein, daß die uns so 'ne Schererei machen!"
„Unsinn! Hexen sind doch am hellen Tag machtlos!"
„Ja, du hast recht, daran hab ich gar nicht gedacht. Ach, jetzt weiß ich aber, was los ist! Was für Schafsköpfe wir sind! Man muß doch erst rauskriegen, wohin der Schatten um Mitternacht fällt, und da liegt der Schatz."
„Na, dann hol's der Teufel! Da haben wir uns die ganze Arbeit für nix und wieder nix gemacht, nun müssen wir also nachts noch mal hierher zurück. 's ist 'n scheußlich weiter Weg! Kannst du denn so einfach auskneifen?"
„Natürlich! Wir müssen noch diese Nacht wieder her, denn wenn einer kommt und sieht die Löcher hier, dann weiß er gleich, was los ist, und schnappt uns womöglich die ganze Sache vor der Nase weg."
„Na schön! Ich komm heut nacht zu dir und miau."
„Gut. Und die Werkzeuge verstecken wir hier im Gebüsch."
Nachts zur verabredeten Zeit waren dann auch die Jungens wieder an Ort und Stelle. Wartend saßen sie im Schatten.
Es war ein einsamer Ort und eine nach alten Überlieferungen geheimnisvolle Stunde. Geister flüsterten im raschelnden Laub, Gespenster huschten in dunklen Ecken umher, aus der Ferne ertönte das tiefe Gebell eines Hundes, dem eine Eule mit Grabesstimme antwortete. Die Jungen fühlten sich bedrückt durch die unheimliche Umgebung und wagten nur leise zu sprechen. Als es nach ihrer Schätzung Mitternacht sein mußte, kennzeichneten sie die Stelle, auf die der Schatten fiel, und begannen dort zu graben. Ihre Hoffnungen steigerten sich, und ihr Interesse und ihr Fleiß wuchsen im gleichen Maße. Das Loch wurde tiefer und tiefer, aber jedesmal, wenn die Hacke auf etwas Festes stieß und ihnen das Herz vor freudiger Erregung klopfte, wurden sie grausam enttäuscht.
„Ja, willst du denn gar nix davon sparen?"
„Sparen? Zu was?
„Na, um später noch was zum Leben zu haben!"

- Könnt ihr euch Tom und Huck vorstellen? Beschreibt, wie sie aussehen, ihre Kleidung, ihre Gesichter, und malt sie!
- Eine Geschichte kann man verändern. Stell dir vor, du bist bei der Schatzsuche dabei. Erzähle.

„Och, das würd mir auch nix nützen! Mein Alter kommt doch wieder mal in die Stadt, und wenn er das Geld in seine Klauen kriegt, würd er's schnell durchbringen, wenn ich mich nicht vorher beeile. Was wirst du denn mit deinem anfangen, Tom?"

„Ich, ich kauf mir erst mal 'ne neue Trommel und 'n richtiges Schwert und 'ne rote Krawatte und 'ne junge Bulldogge, und dann – ja, dann verheirat ich mich."

„Was – heiraten?"

„Jawohl!"

„Tom, du – du bist wohl übergeschnappt?"

„Wart nur ab – wirst' schon sehen."

„Tom, das wär einfach das Allerdümmste, was du tun könntest! Denk nur mal an meinen Vater und meine Mutter, nix als Keilerei den lieben langen Tag! Ich erinnere mich nur noch zu gut!"

„Das beweist gar nix. Das Mädchen, das ich heirat, prügelt sich nicht rum."

„Tom, glaub's nicht, eine ist wie die andere, und das Prügeln versteht jede. Überleg dir's lieber noch mal, rat ich dir. Wie heißt denn das Mädel?"

„'s ist kein Mädel, es ist ein Mädchen!"

„Das ist doch egal, Mädel oder Mädchen, das kommt auf eins raus! Na also, sag mir, wie sie heißt"!

„Später mal, jetzt noch nicht!"

„Mir auch recht. Nur, wenn du dich verheiratest, werd ich noch viel einsamer sein als jetzt!"

„Nein, bestimmt nicht! Du mußt dann bei mir wohnen. Aber jetzt wollen wir an die Arbeit gehen."

Eine halbe Stunde lang gruben sie im Schweiße ihres Angesichts. Kein Erfolg. Noch eine weitere halbe Stunde der Mühe und Anstrengung. Immer noch kein Erfolg. Da sagte Huck: „Vergraben sie den Schatz denn immer so tief unten?"

„Manchmal, nicht immer! Gewöhnlich nicht, ich glaube, wir haben nicht den richtigen Platz erwischt."

Sie verzogen sich an eine andere Stelle und begannen nochmals. Die Arbeit ging ihnen jetzt etwas weniger rasch von der Hand, aber sie kamen doch vorwärts. Sie gruben eine Zeitlang, ohne zu reden. Schließlich lehnte sich Huck auf seine Schaufel, wischte sich mit seinem Ärmel den Schweiß von der Stirn und fragte: „Wo gehn wir nachher hin, wenn wir hier fertig sind?"

- Die Geschichte ist noch nicht zu Ende. Ihr habt bestimmt Ideen, wie die Erzählung weiter gehen könnte.
- Kennt ihr andere Schatzgräbergeschichten? Erzählt.
- Schatzkiste gefunden! Schreibe eine spannende Geschichte.

Franz Auf der Maur

Hurra, da ist ja wirklich Gold!

Um Gold zu finden, braucht niemand nach Alaska zu fahren. Im Emmental, mitten in der Schweiz, führen die Bäche das begehrte Edelmetall. Nicht rauhe Naturburschen freilich fischen das Gold aus dem kristallklaren Wasser: Hier ist Goldwaschen ein Familienvergnügen – kinderleicht!

Luzia aus Luzern, gerade zwölf geworden, ist eine begeisterte – und auch erfolgreiche – Goldwäscherin. Wenn es das Wetter erlaubt, zieht das Schweizer Mädchen fast jedes Wochenende mit ihrem Vater ins nahe Emmental. Ihre Jagdgründe liegen am Osthang des bewaldeten Napfgebirges, wo sich mehrere Bäche tief in den Gesteinsgrund eingeschnitten haben. Zwischen den Kieselsteinen und Sandkörnern im Bachbett sind gar nicht selten Goldflitterchen zu entdecken. Noch vor 80 Jahren war das Goldwaschen hier am Alpenrand ein Beruf. Jetzt bücken sich Freizeitler aus der Stadt nach dem edlen Metall.

Heute hat Luzia einige Freundinnen und Freunde ihrer Schule mitgebracht. Mit Vergnügen zeigt ihr Vater, wie man die Waschschüssel richtig schwenkt, damit das Gold im Gefäß zurückbleibt.

Goldwaschen ist kein Reinigungsprozeß, sondern ein Trennvorgang: Es geht darum, das schwerere Gold von den leichten Sandkörnern zu trennen. Dazu gibt man eine Schaufel goldhaltigen Sandes in die Schüssel, fügt etwas Wasser hinzu, läßt dann das Becken kreisen, bis das Wasser über den Rand schwappt und die Sandkörner mitreißt. Zurück bleibt, mit etwas Glück, eine Anzahl Goldflitterchen.

„Goldwaschen ist wie Fischen“, erklärt Luzias Vater. „Man braucht Geduld und gute Beobachtungsgabe." Nicht jede Sandbank im Bachbett ist nämlich auch goldführend. „Am besten stehen die Chancen dort, wo das Gewässer eine Biegung macht oder wo sich bei einem Hindernis Wirbel bilden", sagt der erfahrene Mann, der dieses Hobby seit seiner Kinderzeit betreibt.

Luzia scheint einen Glückstag zu haben. „Seht, ein Sternenhimmel!" ruft sie den anderen Kindern zu. Tatsächlich zeichnen kleine Goldplättchen am Grund ihrer Waschpfanne das Muster des gestirnten Nachthimmels nach.

Trotz dieses Erfolges winkt kein Reichtum: 1.500 Goldflitterchen aus den Bächen am Napf braucht man, um ein einziges Gramm Gold zu gewinnen! Wer im letzten Jahrhundert beruflich auf Goldjagd ging, konnte damit seine Familie nur knapp durchbringen.

Woher stammt das Napfgold wohl? Es findet sich nicht in gleißenden Goldadern, sondern feinverteilt im Gestein. Dort wird es von Frost und Regen herausgelöst und in die Bäche getragen. Forscher haben ausgerechnet, daß das „Goldgebirge" im Luzernerland viele Tonnen des begehrten Rohstoffes enthalten muß – doch eben in so feiner Verteilung, daß sich eine industrielle Gewinnung nicht lohnt. Und vielleicht ist das ganz gut so. Luzia jedenfalls wäre traurig, wenn riesenhafte Bagger den naturnahen Schauplatz ihrer Wochenendabenteuer zerstören würden.

Übrigens: Das legendäre Rheingold ist nichts anderes als Napfgold, das nordwärts nach Deutschland verfrachtet wurde. Allein im ehemaligen Großherzogtum Baden zog man zwischen 1748 und 1874 gegen 400 Kilogramm Gold aus dem Rhein. Heute ist es mit der Herrlichkeit vorbei: Stauwehre lassen kein Gold mehr in deutsche Lande gelangen.

Doch warum nicht dem Gold an seinem Ursprungsort in der Schweiz nachspüren? Das Napfbergland liegt 30 Kilometer westlich der Touristenstadt Luzern und ist sowohl auf der Straße wie mit der Bahn (Linie Richtung Bern) gut zu erreichen.

Hobbygoldwäscher brauchen keine Bewilligung, und an Geräten kommt man mit wenig aus: Eine Waschschüssel (kann die Radkappe eines Autos sein), eine Schaufel und – um die Goldflitterchen in ein Glasröhrchen zu packen – eine Pinzette, mehr braucht man nicht.

Bekanntes entdecken

Kennst du die Lösung?

Aus Perlen baut sich eine Brücke |
hoch über einen grauen See; |
sie baut sich auf im Augenblicke,
und glänzend steigt sie in die Höh.

Die Striche kennzeichnen kleine Sprechpausen. Wenn du sie einhältst, kann man deinem Vortrag besser folgen.
Welche Wörter sollte man besonders betonen? Probiere aus!

Der höchsten Schiffe höchste Masten
ziehn unter ihrem Bogen hin;
sie selber trug noch keine Lasten
und scheint, wie du ihr nahst, zu fliehn.

Beachte: Diese beiden Zeilen gehören zusammen.
Suche die Stellen, wo du eine Pause machen kannst.

Sie wird erst mit dem Strom, und schwindet,
sowie des Wassers Flut versiegt.
So sag, wo sich die Brücke findet,
und wer sie künstlich hat gefügt.

Hier redest du eine Person direkt an. Du forderst sie auf, die Lösung zu sagen. Wie verdeutlichst du diese Aufforderung?

Friedrich Schiller

Friedrich Schiller
wurde am 10.11.1759 in Marbach am Neckar geboren. Er zählt mit Johann Wolfgang von Goethe zu den bedeutendsten deutschen Dichtern, die mit ihren Werken weltberühmt wurden. Beide waren eng miteinander befreundet und arbeiteten häufig zusammen. Am 9.5.1805 starb Friedrich Schiller in Weimar an einem Lungenleiden.

Gedichtvortrag
So kannst du dich für einen gelungenen Gedichtvortrag gut vorbereiten:
- Schreibe das Gedicht ab (dabei kannst du dir schon vieles einprägen).
- Markiere die Sprechpausen mit einem Strich.
- Zeichne einen Bogen an das Zeilenende, wenn der Sinn verlangt, daß du über die Zeile hinwegliest.
- Markiere die Wörter, die du besonders hervorheben willst.

Ein Gedicht vortragen

Zwei Rätselgedichte von Friedrich Schiller

Es führt dich meilenweit von dannen
und bleibt doch stets an seinem Ort.
Es hat nicht Flügel auszuspannen
und trägt dich durch die Lüfte fort.
Es ist die allerschnellste Fähre,
die jemals einen Wandrer trug,
und durch das größte aller Meere
trägt es dich mit Gedankenflug;
ihm ist ein Augenblick genug.

Zwei Eimer sieht man ab und auf
in einem Brunnen steigen,
und schwebt der eine voll herauf,
muß sich der andre neigen.
Sie wandern rastlos hin und her,
abwechselnd voll und wieder leer,
und bringst du diesen an den Mund,
hängt jener in dem tiefsten Grund;
nie können sie mit ihren Gaben
in gleichem Augenblick sich laben.

1. Schreibe die beiden Gedichte Zeile für Zeile ab. Findest du jeweils die Lösung? Kennzeichne dir für den Gedichtvortrag die Sprechpausen und die Wörter, die du betonen willst. Lies laut vor. Lerne eines der Gedichte auswendig.

Beschreiben

2. In der ersten Geschichte dieser Einheit muß Simon einen langen Weg zurücklegen. Suche im Text die einzelnen Stellen, und schreibe sie heraus. Versuche nun den Weg, den Simon geht, zu beschreiben. Lasse dabei alles, was zur Erzählung gehört, weg.
Du kannst es dir leichter machen, wenn du dir vom Weg, den Simon geht, eine kleine Skizze anfertigt.
3. Du befindest dich auf einer Expedition in Südamerika. Plötzlich entdeckst du dieses Tier mit diesen Eigenschaften: Panzer, klein, spitze Ohren, langer Schwanz, kleiner Kopf, kurze Beine ... Welche weiteren Eigenschaften kannst Du entdecken? Schreibe sie stichwortartig auf. Bringe die Stichwörter in eine Reihenfolge. Versuche eine Beschreibung des Tieres, so daß sich jemand, der das Bild nicht vor sich hat, das Tier vorstellen kann.

Substantive untersuchen

James Cook war ____ weltbekannter Seemann und Weltumsegler. Er wurde 1728 geboren und starb 1779 als ____ bekannteste Forschungsreisende seiner Zeit. Zu seinen bedeutendsten Taten gehört ____ Erforschung ____ Ostküste Australiens. Er überquerte mit seinem Segelschiff zweimal ____ südlichen Polarkreis. Aber ebenso erforschte er als erster ____ Küste Alaskas. 1776 erhielt Cook ____ Auftrag, ____ nördliche Durchfahrt zwischen ____ Atlantischen und ____ Stillen Ozean zu suchen. Er fuhr nach ____ Osten und entdeckte dabei 1778 ____ Hawaii-Inseln. Dort wurde er ____ Jahr später wegen ____ Vergehens seiner Mannschaft erschlagen.

4. Setze die passenden Artikel ein. Begründe, wann du den bestimmten, den unbestimmten Artikel oder überhaupt keinen Artikel wählst.

5. Schreibe aus dem Text alle Substantive – ohne die Eigennamen wie *James Cook* – heraus. Suche zu den Substantiven jeweils die Singular- oder die Pluralform. Wie viele Arten, den Plural zu bilden, kannst du unterscheiden?

Bei den folgenden drei Übungen brauchst Du das Wörterbuch:

6. Unterscheide auch diese Wörter auf die Pluralbildung hin: *Messer, Mutter, Pulli, Oma. Schnitzel, Tip, Firma, Museum.*

7. Bestimme den Artikel der folgenden Wörter: *Liter, Meter, Knäuel, Teil, Dschungel.* Lies dir die Wörterbucheinträge genau durch!

8. Gleiches Substantiv – unterschiedliche Artikel – unterschiedliche Bedeutung. Umschreibe die jeweilige Bedeutung: *der Mast – die Mast; der Hut – die Hut; der Verdienst – das Verdienst, der Morgen – das Morgen.*

Die Schreibung von Wörtern sichern und Fehlerschwerpunkte bearbeiten

9. Wie schreibt man?

Schreibung	Seite	Problem	Erklärung und Hinweise
so viel – so viele	115	Einmal zusammen und einmal getrennt geschrieben?	*soviel* wird meistens zusammengeschrieben, es sei denn, *so* ist betont: Er hat *so viel* Geld, daß ... Wenn *viel* gebeugt ist, wird nie zusammengeschrieben, also *so viele, so vieles* ...
Bord	123	Warum ein *d* am Schluß?	Ob am Schluß ein *d* oder *t* geschrieben wird, kannst du erfahren, wenn du eine Wortfamilie suchst: *Wald – Wälder.* Das ist bei *Bord* aber sehr schwierig. Es gibt nur das seltene Wort *überborden.* Also mußt du dir die Schreibung merken.
kurzhaarig	123	Warum aa?	Es gibt nur wenige Wörter mit *aa*, du mußt sie dir alle merken: *Aal, Aas, Haar, das Paar, ein paar, Saal, Saat, Staat, Waage.*
Tatze	124	Eigentlich keines!	Inzwischen weißt du sicherlich, warum hier so geschrieben wird. *tz* ist soviel wie *zz* (so wie *ck* gleich *kk* ist). Nach einem betonten kurzen Vokal wird in einem zweisilbigen Wort der Buchstabe für den Konsonanten immer verdoppelt: *Tatze, Sonne, Ballen, Watte* ...
das Hupen der Autos und das Rattern der Omnibusse	126	Warum wird hier *hupen* und *rattern* groß geschrieben?	Die Antwort ist: Sie werden hier als Substantive gebraucht. Das merkst du daran, daß der Artikel davorsteht und auch noch Adjektive hinzugesetzt werden können: *das laute Hupen der Autos und das dauernde Rattern der Omnibusse.*

Abenteuer Lesen

Faszination Bücher

Michael Ende

Die unendliche Geschichte

[...] Er hob das Buch hoch und betrachtete es von allen Seiten. Der Einband war aus kupferfarbener Seide und schimmerte, wenn er es hin und her drehte. Bei flüchtigem Durchblättern sah er, daß die Schrift in zwei verschiedenen Farben gedruckt war. Bilder schien es keine zu geben, aber wunderschöne, große Anfangsbuchstaben. Als er den Einband noch einmal genauer betrachtete, entdeckte er darauf zwei Schlangen, eine helle und eine dunkle, die sich gegenseitig in den Schwanz bissen und so ein Oval bildeten. Und in diesem Oval stand in eigentümlich verschlungenen Buchstaben der Titel:

Die unendliche Geschichte

Es ist eine rätselhafte Sache um die menschlichen Leidenschaften, und Kindern geht es damit nicht anders als Erwachsenen. [...]

Für Bastian Baltasar Bux waren es die Bücher.

Wer niemals ganze Nachmittage lang mit glühenden Ohren und verstrubbeltem Haar über einem Buch saß und las und las und die Welt um sich her vergaß, nicht mehr merkte, daß er hungrig wurde oder fror –

Wer niemals heimlich beim Schein einer Taschenlampe unter der Bettdecke gelesen hat, weil Vater oder Mutter oder sonst irgendeine besorgte Person einem das Licht ausknipste mit der gutgemeinten Begründung, man müsse jetzt schlafen, da man doch morgen so früh aus den Federn sollte –

Wer niemals offen oder im geheimen bitterliche Tränen vergossen hat, weil eine wunderbare Geschichte zu Ende ging und man Abschied nehmen mußte von den Gestalten, mit denen man gemeinsam so viele Abenteuer erlebt hatte, die man liebte und bewunderte, um die man gebangt und für die man gehofft hatte, und ohne deren Gesellschaft einem das Leben leer und sinnlos schien –

Michael Ende
wurde 1929 in Garmisch Partenkirchen geboren. Nachdem er die Schule beendet hatte, begann er eine Ausbildung als Schauspieler. Einige Jahre später fing er an zu schreiben.
Sein erstes Kinderbuch, *Jim Knopf und Lukas der Lokomotivführer*, wurde mit dem Deutschen Jugendbuchpreis ausgezeichnet. Auch für *Momo* erhielt M. Ende den Deutschen Jugendbuchpreis. Er starb 1995 in Stuttgart.

Wer nichts von alledem aus eigener Erfahrung kennt, nun, der wird wahrscheinlich nicht begreifen können, was Bastian jetzt tat.

Er starrte auf den Titel des Buches, und ihm wurde abwechselnd heiß und kalt. Das, genau das war es, wovon er schon oft geträumt und was er sich, seit er von seiner Leidenschaft befallen war, gewünscht hatte: Eine Geschichte, die niemals zu Ende ging! Das Buch aller Bücher!

Er mußte dieses Buch haben, koste es, was es wolle!

Koste es, was es wolle? Das war leicht gesagt! Selbst wenn er mehr als die drei Mark und fünfzehn Pfennig Taschengeld, die er bei sich trug, hätte anbieten können – dieser unfreundliche Herr Koreander hatte ja nur allzu deutlich zu verstehen gegeben, daß er ihm kein einziges Buch verkaufen würde. Und verschenken würde er es schon gar nicht. Die Sache war hoffnungslos.

Und doch wußte Bastian, daß er ohne das Buch nicht weggehen konnte. Jetzt war ihm klar, daß er überhaupt nur wegen dieses Buches hierhergekommen war, es hatte ihn auf geheimnisvolle Art gerufen, weil es zu ihm wollte, weil es eigentlich schon seit immer ihm gehörte!

Bastian lauschte auf das Gemurmel, das nach wie vor aus dem Kabinett[1] zu hören war.

Ehe er sich's versah, hatte er plötzlich ganz schnell das Buch unter seinen Mantel gesteckt und preßte es dort mit beiden Armen an sich. Ohne ein Geräusch zu machen ging er rückwärts auf die Ladentür zu, wobei er die andere Tür, die zum Kabinett, ängstlich im Auge behielt. Vorsichtig drückte er auf die Klinke. Er wollte verhindern, daß die Messingglöckchen Lärm machten, deshalb öffnete er die Glastür nur so weit, daß er sich gerade eben durchzwängen konnte. Leise und behutsam schloß er die Tür von draußen.

Erst dann begann er zu rennen.

Die Hefte, die Schulbücher und der Federkasten in seiner Mappe hüpften und klapperten im Takt seiner Schritte. Er bekam Seitenstechen, aber er rannte weiter.

Der Regen lief ihm übers Gesicht und hinten in den Kragen hinein. Kälte und Nässe drangen durch den Mantel, doch Bastian fühlte es nicht. Ihm war heiß, aber nicht nur vom Laufen.

Sein Gewissen, das sich vorher in dem Buchladen nicht gemuckst hatte, war nun plötzlich aufgewacht. All die Gründe, die so überzeugend gewesen waren, erschienen ihm plötzlich völlig unglaubwürdig, sie schmolzen dahin wie Schneemänner im Atem eines feuerspeienden Drachen.

Er hatte gestohlen. Er war ein Dieb!

Was er getan hatte, war sogar schlimmer als gewöhnlicher Diebstahl. Dieses Buch war bestimmt einmalig und unersetzlich. Sicher war es Herrn Koreanders größter Schatz gewesen. Einem Geigenspieler seine einzigartige Violine stehlen oder einem König seine Krone, war noch etwas anderes, als Geld aus einer Kasse nehmen. [...]

---

1 Kabinett: kleines Zimmer

Man kann sich Bücher auch so besorgen

In einer guten **Buchhandlung** kann man nicht nur Bücher kaufen und sich über Bücher informieren, oft kann man auch in Büchern schmökern.

Alle Kinder einer 5. Klasse haben einige ihrer Lieblingsbücher mitgebracht. Damit haben sie ihre eigene **Klassenbücherei** eröffnet. Jeder stellt sein Buch vor. (Lies dazu auch Seite 148.)

- Falls in deiner Nähe eine Buchhandlung ist, versuche dort „Die unendliche Geschichte“ von Michael Ende zu finden. Frage sowohl nach dem Preis des Taschenbuches als auch der fest gebundenen Ausgabe.
- Wenn es in deinem Ort eine Bücherei gibt, frage dort nach, welche Bücher welcher Autoren Kinder deines Alters am häufigsten ausleihen.

Auf der Suche nach anderen Abenteuergeschichten:

Karteikasten „Abenteuererzählungen“

Alphabetischer Katalog

Schlagwortkatalog

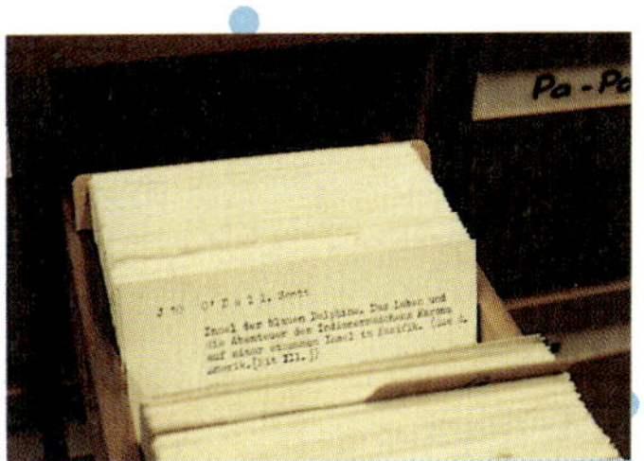

Karteikarte

Regal:
Erzählungen
und Romane

Beschreibt den Weg durch die Bücherei.
Zwei Stichworte helfen euch: Alphabetischer Katalog, Schlagwortkatalog.

Ein Abenteuerbuch lesen und vorstellen

Scott O'Dell

Insel der blauen Delphine

Das Mädchen Karana, eine Indianerin, lebt friedlich mit ihrem Volk auf der Insel der blauen Delphine. Eines Tages landen fremde Männer vom Eskimostamm der Alëuter[1] *auf der Insel. Karanas Volk wird getötet, wenige Überlebende können später fliehen. Nur Karana gelingt die Flucht nicht, sie muß ganz alleine auf der Insel leben. Sie besteht Gefahren, findet in Tieren Freunde und hofft weiter auf Rettung. Eines Tages entdeckt sie die alten Kanus der Männer ihres Volkes. Sie beschließt, sich selbst zu helfen.*

Von Kanus verstand ich zwar nicht halb soviel wie jene Männer, aber ich muß gestehen, daß mir nicht ernstlich bangte vor den Dingen, die mir auf meiner Fahrt zustoßen konnten. Alles war leichter zu ertragen als dieses Alleinsein auf der Insel, ohne Familie, ohne Gefährten, von wilden Hunden bedroht und, wo ich ging und stand, verfolgt von der Erinnerung an die, die gestorben oder die fortgegangen waren.
Vier Kanus lehnten an der Klippe. Ich suchte mir das kleinste aus. Es war immer noch schwer genug, denn es war für sechs Personen gebaut.
Als erstes mußte ich das Kanu über die Geröllhalde ins Wasser schieben, vier bis fünf Kanulängen weit. Zu diesem Zweck räumte ich alle großen Steine zwischen dem Kanu und dem Wasser weg. Die Löcher füllte ich mit Kieseln, und den so entstandenen Pfad bedeckte ich mit langen Streifen von nassem Salzkraut, das eine glitschige Oberfläche bildete. Die Halde fiel ziemlich steil ab, und nachdem ich das Kanu einmal in Bewegung gebracht hatte, glitt es, von seinem eigenen Gewicht getrieben, über das Salzkraut hinunter ins Wasser.
Die Sonne stand schon im Westen, als ich in meinem Boot von der Küste abstieß. Das Meer lag ruhig jenseits der hohen Klippen.
Mit meinem Paddel, das an beiden Enden mit einem Ruderblatt versehen war, trieb ich das Kanu leicht und schnell an der Südseite der Insel entlang, doch kaum hatte ich die Landzunge erreicht, schlug mir der Wind entgegen. Ich kniete beim Paddeln im hinteren Teil des Kanus, um schneller vorwärtszukommen, aber der Wind zwang mich, meinen Platz zu wechseln.
In der Mitte des Kanus kauernd, paddelte ich daraufhin mit aller Kraft weiter, bis ich die reißende Strömung an der Landzunge hinter mir hatte. Allmählich ebbte die Gischt ab, und

[1] Alëuter: Die beiden Punkte über dem e bedeuten, daß jeder Buchstabe gelesen werden muß, also: A-le-u-ter.

Scott O'Dell
wurde 1903 in Los Angeles geboren. Sein erstes Jugendbuch war *Insel der blauen Delphine*, für das er 1963 den Deutschen Jugendbuchpreis erhielt. Bei seiner Erzählung über das Mädchen Karana handelt es sich um eine wahre Geschichte.
Von Scott O'Dell wurden mehrere Bücher ins Deutsche übersetzt.

als ich ins offene Meer hinauskam, wogte das Wasser in flachen, gleichmäßigen Wellen unter mir. Hätte ich mich, um meine Kräfte zu schonen, von diesen Wellen treiben lassen, so wäre ich von meinem Kurs nach Osten abgekommen; deshalb ließ ich sie links an mir vorüberrollen, auf die Insel zu, die jetzt hinter mir immer kleiner wurde.

Als die Sonne im Meer versank, schaute ich zurück. Die Insel der Blauen Delphine war verschwunden.

Angst kroch in mir hoch.

Rings um mich gab es nur noch Hügel und Täler aus Wasser. Wenn ich in eines der Täler sank, konnte ich überhaupt nichts mehr sehen, und wenn das Kanu wieder auftauchte, war nur der weite, endlose Ozean da.

Die Nacht brach herein. Ich trank aus meinem Korb, und das Wasser kühlte meine Kehle. Das Meer war so schwarz, daß ich es nicht mehr vom Himmel unterscheiden konnte. Ich hörte keinen Laut, außer dem glucksenden Geräusch der Wellen, wenn sie den Boden meines Kanus streiften oder gegen die Bootswand schlugen. Bisweilen klang es zornig, dann wieder wie das Lachen eines Menschen. Hunger hatte ich nicht, meine Angst war zu groß.

Beim Anblick des ersten Sterns wurde mir leichter ums Herz. Er blinkte tief im Osten, genau vor mir, am Himmel auf. Nach und nach kamen überall andere Sterne zum Vorschein, aber ich hielt die Augen auf den ersten gerichtet. Er stand in dem Sternbild, das wir die Schlange nennen, er leuchtete grün, und ich kannte ihn. Ab und zu verkroch er sich im Dunst, doch nur für kurze Zeit, und jedesmal tauchte er um so strahlender wieder auf.

Ohne den Stern hätte ich mich hoffnungslos verirrt, denn die Wellen bewegten sich hartnäckig in der gleichen Richtung; sie rollten seitlich auf mich zu, so daß das Kanu ständig von seinem Kurs nach Osten abgetrieben wurde. Seine Spur in dem schwarzen Wasser glich einer sich windenden Schlange. Ich weiß nicht, wie ich es fertigbrachte, daß das Kanu dennoch ständig auf den Stern zuhielt.

Als dieser höher stieg, begann ich mich nach dem Nordstern zu meiner Linken zu richten. Wir nennen ihn den „Stern, der sich nicht bewegt".

Nach einer Weile ließ der Wind nach. Das bedeutete, daß die erste Hälfte der Nacht vorbei war. Ich wußte jetzt auch, wie lange ich schon unterwegs war und wie lange es dauerte, bis der neue Tag anbrach.

Etwa um die gleiche Zeit entdeckte ich das Leck. Ich hatte, ehe es dunkel wurde, einen meiner Eßkörbe geleert, um damit Wasser aus dem Boot zu schöpfen, falls sich dies als notwendig erwies. Es konnte beispielsweise geschehen, daß eine Welle über den Bootsrand schlug. Das Wasser, das jetzt um meine Beine plätscherte, kam jedoch nicht von solchen Wellen, es mußte von unten her ins Boot gedrungen sein.

Ich legte das Paddel beiseite und schöpfte so lange, bis der Boden des Kanus fast trocken war. Dann tastete ich im Dunkeln über die glatten Planken und fand die Stelle dicht am Bug, einen Riß, so groß wie meine Hand und etwa einen Finger breit. Dieser Teil des Kanus ragte zwar beim Fahren meist über die Wasserfläche hinaus, bisweilen aber tauchte er in einer Welle unter, und dann drang jedesmal ein gurgelnder Schwall herein.

Die Spalten zwischen den Planken waren mit schwarzem Pech gefüllt, das wir am Strand zu sammeln pflegten. Ich hatte natürlich kein Pech bei mir, weshalb ich eine Handvoll Fasern aus meinem Rock riß und das Loch damit zustopfte.

Am Morgen war der Himmel klar. Ich sah, wie die Sonne weit drüben zu meiner Linken aus den Wellen tauchte. Ich mußte also trotz aller Anstrengungen von meinem Kurs abge-

kommen sein. Schnell änderte ich die Richtung und paddelte auf dem glitzernden Pfad, den die Morgensonne ins Meer malte, weiter.
Der Wind regte sich nicht. Die langgezogenen Wellen schoben sich gemächlich an meinem Kanu vorüber. Ich kam jetzt bedeutend rascher voran als in der vergangenen Nacht. Zum erstenmal, seit ich die Insel verlassen hatte, empfand ich wieder eine Art Zuversicht. Wenn das gute Wetter anhielt, würde ich bis zum Abend viele Meilen zurücklegen können, obschon ich sehr müde war. Noch eine Nacht, dachte ich, vielleicht noch ein Tag, und dann kommt die Küste in Sicht, wo meine Reise endet.
Beim Weiterpaddeln dachte ich an das fremde Land. Ich versuchte mir vorzustellen, wie es dort sein würde. Doch mitten in meinen Gedanken merkte ich, wie sich das Kanu wieder mit Wasser zu füllen begann. Das neue Leck befand sich zwischen den gleichen Planken wie das erste, war jedoch größer und näher der Stelle, wo ich kauerte.
Wieder zerrte ich Fasern aus meinem Rock und stopfte sie in den Riß. Damit ließ sich zumindest verhindern, daß bei jeder Bewegung des Kanus ein Wasserstrahl hereinschoß. Inzwischen aber hatte ich entdeckt, daß die Planken, wohl weil das Kanu so lange an der Sonne gelegen hatte, der ganzen Länge nach morsch waren, und daß das Holz von einem Ende bis zum anderen zersplittern konnte, sobald die Wellen stärker wurden.
Weiterrudern war gefährlich, soviel stand jetzt fest. Die Fahrt konnte noch zwei Tage, vielleicht sogar länger dauern, während es bis zur Insel zurück nicht halb so weit war.
Dennoch konnte ich mich nicht gleich zur Umkehr entschließen. Das Meer bewegte sich kaum, und ich hatte schon so viele Meilen zurückgelegt. Sollte alles umsonst gewesen sein? Der Gedanke war unerträglich. Aber noch mehr bedrückte mich die Vorstellung von der verlassenen Insel, die mich erwartete. Wie lange würde ich dort einsam und vergessen hausen müssen? Wie viele Sonnen und Monde würden vergehen, ehe jemand sich meiner erinnerte? Ich wagte nicht daran zu denken.
Unterdessen trieb das Kanu müßig auf dem Meer dahin. Erst als ich sah, wie das Wasser von neuem durch das Leck zu sickern begann, griff ich wieder nach dem Paddel. Es blieb mir keine andere Wahl, als zur Insel zurückzufahren. Und ich wußte, daß ich sie nur mit sehr viel Glück erreichen würde.
Der Wind erhob sich, als die Sonne über mir stand. Inzwischen aber hatte ich schon eine ordentliche Strecke zurückgelegt und das Paddel nur losgelassen, um das eindringende Wasser aus dem Kanu zu schöpfen. Da der Wind aus der Gegenrichtung kam, mußte ich meine Anstrengungen verdoppeln. Ich mußte auch häufiger anhalten, weil das Wasser von allen Seiten ins Kanu spritzte. Immerhin, das Leck vergrößerte sich nicht, was ich für ein

Andere Bücher von Scott O'Dell

Zur *Insel der blauen Delphine* gibt es eine Fortsetzung, in der die Geschichte von Karana weitererzählt wird *(Das verlassene Boot am Strand).*
Wenn du dieses Buch lesen möchtest, gehe in eine Bücherei und prüfe, ob du es ausleihen kannst. Schaue im alphabetischen Katalog nach.

gutes Omen[1] hielt. Das zweite gute Omen waren die Delphine. Sie schwammen in einem großen Schwarm vom Westen her auf das Kanu zu, schwenkten dann plötzlich ab und begannen mir zu folgen. Sie schwammen so nahe hinter mir her, daß ich ihre Augen sehen konnte, große Augen, grünblau wie das Meer. Nach einer Weile bewegte sich der ganze Schwarm am Kanu vorbei nach vorn. Vor der Bugspitze schwammen alle durcheinander, hin und her und auf und ab; es sah aus, als webten sie mit ihren breiten Schnauzen an einem Streifen Tuch.

Delphine bringen Glück. Ich war sehr froh, daß sie mich begleiteten. Meine Hände bluteten von dem beständigen Scheuern des Paddels, doch der Anblick der munteren Tiere ließ mich alle Schmerzen vergessen. Eben noch hatte ich mich einsam und elend gefühlt; jetzt spürte ich, daß ich von Freunden umgeben war, und mir wurde gleich besser.

Die blauen Delphine folgten mir, bis die Sonne unterging. Dann verschwanden sie so schnell, wie sie gekommen waren, wieder zurück gegen Westen, doch in den letzten Strahlen der Sonne konnte ich ihre Leiber noch lange glitzern sehen. Und auch als die Dunkelheit längst hereingebrochen war, sah ich sie noch immer in meinen Gedanken, und dies war der Grund, weshalb ich mit aller Kraft weiterpaddelte, obgleich ich mich am liebsten hingelegt und geschlafen hätte. Mehr als alles andere waren es die blauen Delphine, denen ich meine glückliche Heimkehr verdankte.

In der Nacht senkte sich der Nebel über das Meer, doch von Zeit zu Zeit blitzte hoch im Westen der rote Stern auf, den wir Magat nennen. Sein Sternbild sieht aus wie ein Krebs, dessen Name es trägt.

Ich mußte oft anhalten, weil sich der Riß in den Planken zusehends verbreiterte. Ich stopfte Fasern hinein, schöpfte Wasser aus dem Kanu, und dabei ging viel Zeit verloren.

Die Nacht war lang, länger als die erste. Zweimal schlummerte ich auf den Knien im Kanu ein, obwohl meine Angst jetzt größer war denn je. Als endlich der Morgen graute, tauchten vor mir unter dem klaren Himmel die Umrisse der Insel auf. Von weitem sah die Insel aus wie ein großer Fisch, der sich auf dem Meer sonnt.

Der Tag war noch jung, als ich die Küste erreichte. Die Strömung an der Südspitze trug mich an Land. Meine Beine waren von dem langen Knien steif geworden, und als das Kanu im Sand auflief, fiel ich der Länge nach hin. Nur mit Mühe kam ich wieder auf die Füße zu stehen. Ich kletterte aus dem Kanu und kroch durch das seichte Wasser zum Strand. Dort lag ich lange Zeit. Ich fand es herrlich, wieder festen Boden unter mir zu spüren.

Bald fiel ich in einen tiefen Schlaf.

[1] Omen: Vorzeichen

Über den Inhalt eines Buches kannst du dich im Klappentext informieren. Dieser befindet sich entweder auf der Rückseite oder auf dem inneren Umschlag des Buches.

Titelseite:

Klappentext:

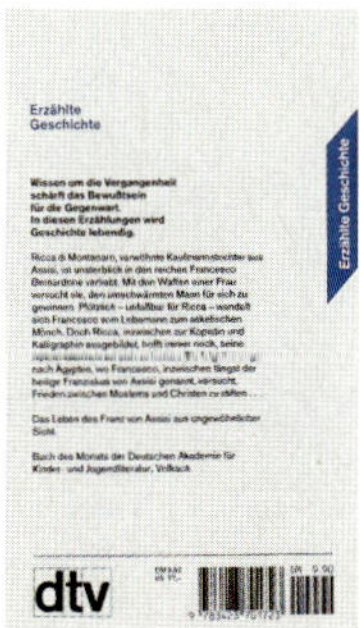

So kannst du der Klasse dein Lieblingsbuch vorstellen

AKTION: BUCH DER WOCHE

- Nenne Titel und Autor deines Buches.
- Erzähle kurz den Inhalt des Buches (Welche wichtigen Personen spielen mit? Was passiert?).

  Tip: Der Klappentext kann dir sehr hilfreich sein. Verrate nicht zuviel.
- Lies eine besonders beeindruckende oder spannende Stelle vor.
- Vergiß deine eigene Meinung nicht.

Selbstgeschriebene **Buchkarten** ermöglichen das Nachschlagen und Nachlesen der Buchvorstellungen:

Titel: Robinson, Mittwoch und Julchen

Autor: Klaus Kordon

Verlag: Ravensburger

vorgestellt von: Susanne

Die Ferien am See sind für Jo langweilig, denn seine Eltern kümmern sich kaum um ihn. Doch auf seiner ersten Bootsfahrt entdeckt der Junge eine unbewohnte Insel mit dem Paddelboot und richtet sich auf ihr ein. Eines Tages bekommt er Besuch von einem gleichaltrigen Jungen, den er Mittwoch nennt. Die beiden werden gute Freunde und erleben einiges auf ihrer Insel. Die Freundschaft ist gar nicht mehr so einfach, als Julchen auf der Insel erscheint, ein Mädchen, das beiden Jungen gefällt ...

Am besten hat mir gefallen ...

Die Kunst des Erzählens untersuchen

Scott O'Dell

Insel der blauen Delphine

Im Sommer nach Karanas Flucht mit dem Kanu kommen die Alëuter wieder auf die Insel, um Seehunde zu jagen. Karana hält sich in einer Höhle versteckt und die Männer fahren ab, ohne ihre Anwesenheit bemerkt zu haben.
Von dem Tag an leben Karana und ihr Hund Rontu wachsam, um jederzeit wieder in die Höhle fliehen zu können.

[...] Zwei Sommer waren gekommen und wieder gegangen, und die Alëuter hatten sich nicht blicken lassen. Dennoch hielt ich mich ständig zur Flucht bereit. In der Frühe, wenn Rontu und ich über die Klippen wanderten, suchte ich den Ozean nach ihren roten Segeln ab. Die Sommerluft war klar, und ich konnte viele Meilen weit sehen.Und wohin wir auch fuhren, nie entfernte ich mich länger als einen halben Tag von der Insel. Auf dem Rückweg hielt ich mich dicht an die Küste und achtete auf alles, was um mich her vorging.
Die Alëuter kamen an dem Tag, da wir von unserem letzten Ausflug zum Hohen Felsen zurückkehrten. [...]
Die Höhle war sehr finster, und Rontu ließ sich nur widerstrebend durch die Öffnung zerren. Zuerst mußte ich ein paarmal hinein- und wieder herauskriechen, ehe er sich entschloß, mir zu folgen. Als wir beide drinnen waren, schichtete ich Steine vor das Loch. Ich war todmüde, deshalb legte ich mich gleich nieder und schlief den ganzen Tag. Ich schlief, bis die ersten Sterne durch die Felsspalten schimmerten. [...]
Für Rontu und mich war es keine vergnügliche Zeit. Die Tage wollten kein Ende nehmen. Zuerst war Rontu beständig in der Höhle auf und ab gelaufen und dann wieder schnuppernd an der versperrten Öffnung stehengeblieben. Ich ließ ihn nie allein hinaus, da ich fürchtete, er würde zum Lager der Alëuter laufen und nicht mehr zurückkommen. Nach einer Weile begann er, sich an sein neues Leben zu gewöhnen. Er lag den ganzen Tag zu meinen Füßen und schaute mir bei allem, was ich tat, zu. Trotz der Ritzen, durch welche hie und da ein Sonnenstrahl fiel, blieb es in der Höhle finster, deshalb ließ ich eine Anzahl kleiner Fische brennen, die ich zu diesem Zweck getrocknet hatte. In dem Licht, das sie verbreiteten, nähte ich mein Kormorankleid. Ich nähte von früh bis spät. Die zehn Häute, die ich vom Hohen Felsen mitgebracht hatte, waren jetzt trocken genug. Sie stammten alle von männlichen Kormoranen. Diese haben ein dichteres und viel glänzenderes Gefieder als die Weibchen.
Die Arbeit am Yuccafaserrock war verhältnismäßig einfach gewesen. Das neue Kleid aber sollte ein Prunkstück werden. Ich schnitt daher die Häute mit besonderer Sorgfalt zurecht und nähte sie so kunstvoll, wie ich es verstand, zusammen.
Ich begann mit dem Saum, indem ich drei Häute aneinander nähte, so daß sie ein langes Band bildeten. An diesem Band befestigte ich mit kleinen Stichen die restlichen sieben Häute. Ihre Federn verliefen von oben nach unten, die Federn am Saum dagegen verliefen quer.
Das Kleid war sehr hübsch. Ich beendete es am Tag nach dem zweiten Mond. Die kleinen Fische waren inzwischen alle heruntergebrannt, und da ich keine neue fangen konnte,

solange die Alëuter auf der Insel hausten, nahm ich das Kleid mit ins Freie, um dort die letzten Stiche anzubringen. Ich fühlte mich jetzt sicherer. Seit meiner Entdeckung am Eingang der Schlucht hatte ich noch zweimal Fußspuren gefunden, doch nie in der Nähe der Höhle. Und da die Winterstürme vor der Tür standen, würden die Alëuter wohl bald wegfahren. Ich war überzeugt, daß sie noch vor dem nächsten Mond absegeln würden.
Ich hatte das Kleid noch nie bei Tag gesehen. Es war schwarz, doch darunter schimmerte es grün und golden, und auf den Federn lag ein Glanz wie von brennendem Feuer. Es war noch schöner, als ich gedacht hatte. Nun, da es beinahe fertig war, ging die Arbeit rasch voran, obgleich ich es dazwischen immer wieder an meinen Körper halten mußte, um zu sehen, wie es sich an mir ausnahm.
„Rontu", sagte ich, vor Freude ein bißchen durcheinander, „wenn du kein Rüde wärst, so würde ich dir auch ein Kleid nähen, so schön wie meines."
Rontu, der schlafend vor dem Höhleneingang lag, hob den Kopf, gähnte mich an und schlief wieder ein. Ich stand im Sonnenlicht und hielt eben den Rock an mich, als Rontu aufsprang. Ich hörte Schritte. Das Geräusch kam vom Bach her, und als ich mich blitzschnell umdrehte, sah ich das Mädchen. Es stand oben zwischen den Büschen und schaute zu mir herab.
Mein Speer stand kaum zehn Schritte von mir entfernt, und ich hätte mit einer einzigen Bewegung den Speer packen und schleudern können. Warum ich es nicht tat, weiß ich nicht, da doch das Mädchen zu den Alëutern gehörte, die meine Leute in der Korallenbucht getötet hatten.
Es sagte etwas. Da verließ Rontu seinen Platz vor der Höhle und ging langsam auf das Mädchen zu. Das Fell sträubte sich ihm im Nacken, dennoch ging er zu dem Mädchen und ließ sich von ihm streicheln.
Das Mädchen schaute mich an. Dann machte es eine Bewegung mit der Hand, als wollte es sagen, Rontu gehörte jetzt ihm.
„Nein!" schrie ich und schüttelte heftig den Kopf.
Ich erhob den Speer.

Am liebsten hätte ich Rontu, wäre er kein Rüde gewesen, auch ein Kleid genäht, so schön wie meines.	„Rontu", sagte ich, vor Freude ein bißchen durcheinander, „wenn du kein Rüde wärst, so würde ich dir auch ein Kleid nähen, so schön wie meines."

Ich war gar nicht damit einverstanden und schüttelte den Kopf.	„Nein!" schrie ich und schüttelte heftig den Kopf.

- Vergleicht. Wie wirkt die wörtliche Rede?
- Was könnt ihr daraus für den Gebrauch der wörtlichen Rede schließen?

Das Mädchen machte eine halbe Drehung, und ich dachte, es würde jetzt gleich weglaufen, aber dann machte es wieder eine Bewegung mit der Hand, was wohl heißen sollte, daß Rontu mir gehöre. Ich glaubte ihm nicht. Ich hielt den Speer wurfbereit über der Schulter.

„Tutok“, sagte das Mädchen, wobei es mit dem Finger auf sich deutete. Ich sagte ihm meinen Namen nicht.

Ich rief Rontu, und er trottete zu mir zurück. Das Mädchen schaute erst Rontu an, dann mich, und lächelte. Es war älter als ich, aber kleiner. Es hatte ein breites Gesicht und kleine, sehr dunkle Augen. Beim Lächeln zeigte es die Zähne, und ich sah, daß sie vom vielen Sehnenkauen abgeschliffen waren, aber sie glänzten weiß wie das Innere einer Muschel.

In einer Hand hielt ich noch immer das Kormorankleid, und das Mädchen deutete mit dem Finger darauf und sagte etwas. „Wintscha“, sagte es. Es klang ähnlich wie das Wort, das in unserer Sprache „hübsch“ heißt.

Ich war stolz auf das Kleid, daß ich an nichts anderes mehr dachte. Der Speer befand sich noch in meiner Hand, doch ich beachtete ihn nicht, ich hielt das Kleid hoch, so daß die Sonne von allen Seiten darauf fiel.

Das Mädchen sprang vom Felsen herunter, kam auf mich zu und berührte das Kleid.

„Wintscha“, sagte es wieder.

Ich sagte nichts. Da ich sah, wie gern das Mädchen mein Kleid angefaßt hätte, gab ich es ihm. Es hielt es an sich und drehte sich damit hierhin und dorthin. Es war sehr zierlich gebaut, und das Federkleid tanzte um seine Gestalt wie schäumendes Wasser, aber ich haßte die Alëuter und nahm ihm das Kleid wieder fort.

„Wintscha“, sagte das Mädchen.

Ich hatte schon so lange keine Worte mehr aus eines anderen Menschen Mund vernommen, daß mich dieses Wort ganz seltsam berührte, es tat gut, es zu hören, auch wenn der Mensch, der es aussprach, mein Feind war.

Die Alëuterin sagte noch andere Wörter, die ich nicht verstand. Beim Sprechen blickte sie über meine Schulter hinweg zur Höhle. Sie zeigte auf die Höhle, dann auf mich und tat, als zünde sie ein Feuer an.

Wörtliche Rede

Alles, was wörtlich (direkt) wiedergegeben wird, steht in Anführungszeichen („...“). Dies erleichtert das Lesen.

Die wörtliche Rede kann durch einen Begleitsatz eingeleitet werden, dazu ist ein : notwendig.

Wieder äußerte es: „Wintscha“.

Wenn ein Begleitsatz eingeschoben wird, läßt er sich vorne und hinten durch ein Komma von der direkten Rede trennen.

„Rontu“, flüsterte ich, „wenn du kein Rüde wärst ...“

Wird ein Begleitsatz nachgestellt, gelten folgende Regeln:

„Wintscha“, sagte das Mädchen. („...“, ...)
„Nein!“ schrie ich. („...!“ ...)
„Won-a-pa-lei?“ fügte sie in fragendem Ton hinzu. („...?“ ...)

[...] Die kleinen Fische waren inzwischen alle heruntergebrannt, und da ich keine neue fangen konnte, solange die Alëuter auf der Insel hausten, nahm ich das Kleid mit ins Freie, um dort die letzten Stiche anzubringen. Ich fühlte mich jetzt sicherer. Seit meiner Entdeckung am Eingang der Schlucht hatte ich noch zweimal Fußspuren gefunden, doch nie in der Nähe der Höhle. Und da die Winterstürme vor der Tür standen, würden die Alëuter wohl bald wegfahren. Ich war überzeugt, daß sie noch vor dem nächsten Mond absegeln würden.
Ich hatte das Kleid noch nie bei Tag gesehen. Es war schwarz, doch darunter schimmerte es grün und golden, und auf den Federn lag ein Glanz wie von brennendem Feuer. Es war noch schöner, als ich gedacht hatte. Nun, da es beinahe fertig war, ging die Arbeit rasch voran, obgleich ich es dazwischen immer wieder an meinen Körper halten mußte, um zu sehen, wie es sich an mir ausnahm.
„Rontu", sagte ich, vor Freude ein bißchen durcheinander, „wenn du kein Rüde wärst, so würde ich dir auch ein Kleid nähen, so schön wie meines."
Rontu, der schlafend vor dem Höhleneingang lag, hob den Kopf, gähnte mich an und schlief wieder ein. Ich stand im Sonnenlicht und hielt eben den Rock an mich, als Rontu aufsprang. Ich hörte Schritte. Das Geräusch kam vom Bach her, und als ich mich blitzschnell umdrehte, sah ich das Mädchen. Es stand oben zwischen den Büschen und schaute zu mir herab.
Mein Speer stand kaum zehn Schritte von mir entfernt, und ich hätte mit einer einzigen Bewegung den Speer packen und schleudern können. Warum ich es nicht tat, weiß ich nicht, da doch das Mädchen zu den Alëutern gehörte, die meine Leute in der Korallenbucht getötet hatten.

Der gefesselte Leser

Die Kunst eines Autors besteht darin, einen Text so zu schreiben, daß der Leser seine Umwelt vergißt und nur noch an die Geschichte denkt.
Wirklich spannend gemacht wird aber eine Geschichte immer erst durch den Leser: Wer keine Fragen stellt, für den bleibt ein Text leer: *Wie geht es weiter? Wird das wirklich gut gehen? ...*

Beim Lesen erahnt man die Gefahr, gerade weil die handelnde Person sich sicher fühlt.

Wird das wirklich gut ausgehen?

Die Handlung stockt. Das Kleid wird ausführlich beschrieben.

Weshalb beschäftigt sich Karana so lange mit ihrem Kleid? Vergißt sie die Gefahr?

Das Geschehen lenkt von der Gefahr ab. Ein Gespräch findet statt, das die Situation noch gefährlicher macht.

Warum spricht Karana vor der Höhle mit Rontu? Wird sie sich selbst verraten?

Im Augenblick der Gefahr findet kaum Handlung statt.
Gedanken werden ausführlich beschrieben. Die Spannung steigt.

Warum läuft Karana nicht schnell fort? Warum wirft sie nicht ihren Speer? Was wird nun wohl geschehen?

- Lies nochmals Seite 149–151.
- Ab welcher Zeile löst sich dann die Spannung auf?

Spannung erzeugen – anschaulich beschreiben

Meine Mutter legte unsere Koffer gerade auf die Gepäckablage, Vater betrachtete das Menschengewimmel auf den Bahnsteigen. Ich kramte nach Geld. Leider fand ich keines. „Mama", fragte ich, „gibst du mir Geld für ein Rätselheft?" „Nimm meinen Geldbeutel, beeile dich, in zehn Minuten fährt unser Zug ab."
Ich stieg aus und schlenderte am Zug entlang. Was es da alles zu sehen gab! Am Bahnsteig stand eine Gruppe Kinder, die gemeinsam Lieder sangen. Ob die wohl ins Schullandheim fuhren? Ich blickte auf die andere Seite des Bahnsteigs. Ein Ehepaar stritt sich mit einem Mann, weil der Hund des Mannes mit dem des Ehepaares raufte. Der Kampf faszinierte mich, denn der kleinere Hund schien zu gewinnen. Ich trabte am Zug entlang und zählte die Abteilfenster. Wie lang der Zug war! Endlich kam ich am Kiosk an. „Jetzt muß ich mich aber beeilen, denn ich muß den Weg wieder zurückgehen", dachte ich. Das Angebot an Rätselheften war phantastisch. Da gab es Kreuzworträtsel, Bilderrätsel und Hefte für Kinder. Bei vielen konnte man Preise gewinnen, die interessierten mich besonders. Ich konnte mich nicht zwischen dem Fahrradgewinn und der Kreuzfahrt entscheiden. Hin- und hergerissen griff ich dann zu dem Heft mit der Kreuzfahrt.
In dem Moment erinnerte ich mich daran, daß ich mich eigentlich beeilen sollte. Ich blickte auf die Uhr und ließ das Heft liegen. So gut ich konnte, versuchte ich mir einen Weg zurück zum Zug zu bahnen.

Adjektive

Es gibt viele Möglichkeiten, etwas genauer zu beschreiben:
- ganze Sätze: *Kinder, die gemeinsam Lieder sangen, ...*
- Vergleiche: *Der Zug war so lang wie eine Straße, ...*
- manchmal reicht auch nur ein Wort: *der kleinere Hund.*

Reicht ein Wort, handelt es sich um ein Adjektiv. Adjektive müssen nicht immer vor dem Substantiv stehen, sie können auch nachgestellt werden: *Der Weg ist lang und weit,* oder sie können auch beim Verb stehen: *Der Kampf faszinierte mich ungeheuer.*
Wenn Adjektive vor dem Substantiv stehen, werden sie dem Substantiv angepaßt (dekliniert): *die vielen Abteilfenster.*
Wenn sie nicht vor dem Substantiv stehen, erscheinen sie in der Grundform.
Viele Adjektive bilden Vergleichsformen (Positiv – Komparativ – Superlativ): *schnell, schneller, am schnellsten.*

Meine Mutter legte unsere Koffer gerade auf die Gepäckablage, Vater betrachtete das Menschengewimmel auf den Bahnsteigen und ich kramte nach Geld, leider fand ich keines. „Mama", fragte ich, „gibst du mir Geld für ein Rätselheft?" „Nimm meinen Geldbeutel, beeile dich, in zehn Minuten fährt unser Zug ab."

Zufrieden stieg ich aus und schlenderte am Zug entlang. Was es da alles zu sehen gab! Am Bahnsteig stand eine Gruppe Kinder, die gemeinsam Lieder sangen. Ob die wohl ins Schullandheim fuhren? Durch lautes Geschrei aufgeschreckt, blickte ich auf die andere Seite des Bahnsteigs. Ein älteres Ehepaar stritt sich laut mit einem Mann, weil ihre Hunde miteinander rauften. Der Kampf faszinierte mich ungeheuer, denn der kleinere Hund schien zu gewinnen. Gemächlich trabte ich dann am Zug entlang und zählte die vielen Abteilfenster. Wie lang der Zug war! Endlich kam ich am Kiosk an. „Jetzt muß ich mich aber beeilen, denn ich muß den ganzen weiten Weg wieder zurückgehen", dachte ich. Das Angebot an Rätselheften war phantastisch. Da gab es Kreuzworträtsel, Bilderrätsel und Hefte für Kinder. Bei vielen konnte man Preise gewinnen, die interessierten mich besonders. Lange konnte ich mich nicht zwischen dem Fahrradgewinn und der Kreuzfahrt entscheiden. Hin- und hergerissen griff ich dann zu dem Heft mit der Kreuzfahrt.

In dem Moment erinnerte ich mich daran, daß ich mich eigentlich beeilen sollte. Ich blickte auf die Uhr und ließ das Heft liegen. So gut ich konnte, versuchte ich mir den schnellsten Weg zurück zum Zug zu bahnen ...

Treffende Adjektive regen die Phantasie an.

Beispiel: *Gemächlich trabte ich dann am Zug entlang und zählte die vielen Abteilfenster.*

Erklärung: Die Hauptfigur müßte sich eigentlich beeilen. Dem widerspricht die langsame Gangart und das Zählen vieler Fenster, durch das viel Zeit vergeht.

- Lest die Texte auf Seite 154 und 155 und vergleicht sie.
- Schreibt alle Wörter heraus, die auf Seite 155 hinzugekommen sind.
- Schreibe die Geschichte zu Ende, indem du die Spannung durchhältst.

Ein Lesezeichen gestalten

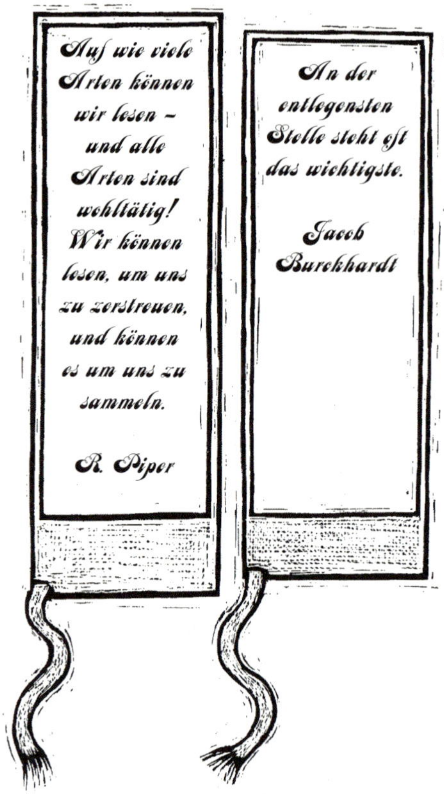

Bücher sind Brillen,
durch welche die Welt
betrachtet wird.
Ludwig Feuerbach

Man lernt immer
etwas Neues
aus alten Büchern.
Ferdinand Kürnberger

Wer lernen will ohne Buch,
der schöpft mit einem Sieb
Wasser in den Krug.
G. v. Keysersberg

Ein gutes Buch ist ein Freund,
der uns immer zu Gebote steht.
Nur müssen wir
ihn selbst aufsuchen,
denn er denkt nicht an uns.
Thomas West

Schneide dir aus einem schönen, nicht zu dicken Pappkarton einen Streifen, der 3,5 cm breit und 16 cm lang ist. Schreibe darauf in schöner Schrift eine der Aussagen über das Lesen. Wenn du mit dem ganzen zufrieden bist, solltest du es mit einer Folie überziehen – jetzt hast du ein schönes Lesezeichen, das du immer da hinsteckst, wo du zu lesen aufgehört hast. An das untere Ende kannst Du auch ein Bändchen kleben, das dann aus dem Buch heraushängt.

Nimm das Abschreiben der Aussprüche nicht zu leicht!

Abschreiben

Achte beim Abschreiben auf folgende Schritte:

- Lies zuerst immer den ganzen Text, um den Inhalt zu verstehen.
- Lies jetzt Satz für Satz. *Ein gutes Buch ist wie ein Freund ...*
- Teile einen Satz in sinnvolle Einheiten auf: *Man lernt // immer etwas Neues ...*
- Achte auf schwierige Wörter: *Neues* wird hier groß geschrieben.
- Schreibe nun diese Einheit auf.
- Vergleiche zum Schluß den abgeschriebenen Text mit dem Ausgangstext.

Sich in einer Bibliothek zurechtfinden

Scott O'Dell
Klaus Kordon
Astrid Lindgren
James Krüss
Erich Kästner
Friedrich Schiller
Michael Ende
Peter Härtling
Sven Hedin
Friedrich Gerstäcker
Irmela Brender
Frederik Hetmann

1. a) Ordne diese Autorennamen alphabetisch:
b) Suche für jeden Autor einen Buchtitel. Dazu mußt du eine Bücherei oder eine Buchhandlung aufsuchen.

Zeichen für wörtliche Rede setzen

Manchmal wäre ich gerne allein auf einer einsamen Insel sagte Melanie. Thomas war nicht ganz einverstanden und entgegnete ihr Bist du dir da ganz sicher? Glaubst du, daß du dort keine Probleme hättest? Margit hatte den beiden zugehört und fragte nun: Kennt ihr die Geschichte von dem Mädchen, das ganz allein auf einer solchen Insel leben mußte? Es gibt ein tolles Abenteuerbuch von Scott O'Dell über das Leben dieses Mädchens.
Nein, ich kenne es nicht, meinte Melanie, aber sie hat bestimmt tolle Abenteuer erlebt und wurde nicht dauernd von anderen genervt. Ich kenne das Buch und erinnere mich, daß das Mädchen schwer kämpfen mußte und daß es sich nichts sehnlicher wünschte, als endlich wieder mit Freunden reden und vergnügt sein zu können, sagte Thomas und versprach Melanie, ihr das Buch einmal auszuleihen.

2. a) Schreibe den Text ab, und setze die fehlenden Satzzeichen für die wörtliche Rede. Schlage dazu Seite 151 nach.
b) Unterstreiche die Begleitsätze.

Adjektive finden und untersuchen

Positiv	Komparativ	Superlativ
schnell		
	fleißiger	
		am größten
	besser	
leise		
		am meisten

3. Übertrage die Tabelle in dein Heft. Finde die fehlenden Vergleichsformen.

4. Schreibe die Adjektive heraus, zu denen du keine Vergleichsformen bilden kannst.
hölzern – schön – französisch – finster – tot – einfach – grün – froh – strahlend

5. Suche zu diesen Substantiven Adjektive.
Angst – Geheimnis – Furcht – Vorsicht – Dunkelheit – Gefahr – Abenteuer – Spannung – Hund

Spannend erzählen

Trotz der Warnung, die ich von meiner Freundin erhielt, blieb ich stehen und versuchte, dem Jungen zu helfen. Der blickte mich an. Schritt für Schritt näherte ich mich ihm. Seine Augen bekamen einen seltsamen Ausdruck und weiteten sich, er wollte zurückweichen. Doch das schien nicht möglich zu sein. Ich kam noch näher und ein Unbehagen kroch in mir hoch. Etwas schien nicht ganz zu stimmen. Ich schluckte und war nun endgültig bei ihm angelangt.

6. a) Finde zu der Geschichte passende Adjektive, die die Spannung erhöhen.
b) Schreibe die Geschichte dann verändert auf.
c) Überlege dir einen passenden Anfang und Schluß. Baue die Situation aus, so daß die Erzählung noch spannender wird. (Lies nochmals die Seiten 154 und 155.)

7. Versuche in einer Erzählung möglichst viele der angegebenen Stichwörter zu verwenden.

verrostetes Tor	*leises Knacken*	*verängstigte Menschen*
verzweifeltes Schluchzen	*tiefe Höhle*	*fremder Mann*
lange Wanderschaft	*treue Freunde*	*helfende Hände*

Die Schreibung von Wörtern sichern und Fehlerschwerpunkte bearbeiten

8. Wie schreibt man?

Schreibung	Seite	Problem	Erklärung und Hinweise
verstrubbeltem Haar	140	Wo kann man das Wort im Rechtschreibduden finden?	Das Wort *verstrubbelt* wirst du nicht im Rechtschreibduden finden. In einem solchen Fall mußt du den vorangestellten Wortbaustein weglassen. Du findest dann *strub, strubbelig, strubblig, Strubbelkopf.* Außerdem entdeckst du, daß man auch *struppig* schreiben kann, oder, wenn du etwas weiter suchst, *Struwwelkopf, Struwwelpeter.*
rückwärts	141	*ts* am Schluß	Wenn du das Wort sprichst, hörst du am Schluß die Laute *ts.* Dafür wird im Deutschen meistens der Buchstabe *z* oder *tz* (nach kurzen, betonten Vokalen) geschrieben. Anders ist das bei allen Wörtern, die mit *-wärts* gebildet sind: *rückwärts, vorwärts, seitwärts.* Bei den folgenden Wörtern kannst du eine Wortfamilie bilden, die dir die Schreibung erklärt: *nichts (→ nicht); rechts (→ rechte Seite); bereits (→ bereit); stets (→ stetig)*
Boot	144	Welche Wörter werden mit *oo* geschrieben	Nicht viele: *Boot, Moor, Moos, Zoo* und natürlich alle Wörter, die zur jeweiligen Wortfamilie gehören.
wieder gegangen, widerstrebend	149	Einmal mit *ie* – einmal ohne?	In der Bedeutung *noch einmal* wird *wieder* mit *ie*, in der Bedeutung *gegen* wird es nur mit *i* geschrieben.

Tiere

Das Hamsterhaus

Das Hamsterhaus darf nicht aus Holz sein; das nagt ein Hamster spielend bis auf die Grundfesten ab.
Ausbruchsicher sollte das Hamsterhaus also auf jeden Fall sein, sonst verbringt eine Familie Tage damit, auf dem Bauch kriechend den Hamster zu suchen.
Ein Hamsterkäfig sollte 70x40x40 cm groß sein; am besten eignet sich ein Metallkäfig, ein ausgedientes Aquarium oder eine altes Puppenhaus. Doch sollte man dann die Innenseiten des Puppenhauses mit Fliegendraht bespannen.

Das Laufrad

Goldhamster brauchen viel Bewegung, vor allen Dingen nachts. Da gibt es die fabelhaften Laufräder, die wir unbedingt in den Käfig stellen sollten.
Nachts startet der Goldhamster dann einen lungenerweiternden Spaziergang.
Man hat einmal gemessen, daß ein Goldhamster in einer Nacht 19 Kilometer gelaufen ist. Das muß man sich einmal vorstellen: Ein Tier von ca. 13 cm Länge rast während 10 Stunden 19 Kilometer.

Futter, Futternapf

Kletter- und Nagematerial

Schlafkiste, Nestmaterial

Einstreu – jede Woche säubern!

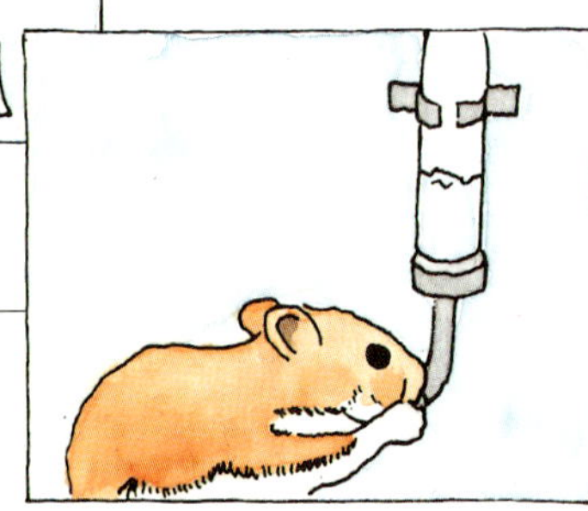

Trinkautomat

Tanja hat einen Goldhamster gekauft. Sie füttert ihn mit Küchenabfällen und setzt ihn in eine Schuhschachtel. Sie wundert sich, daß er am anderen Tag nicht mehr in der Schachtel ist. Als sie ihn endlich im Haus findet, merkt Tanja, daß es ihrem Goldhamster gar nicht gut geht.

- Welche Fragen hätte Tanja dem Verkäufer stellen müssen?
- Dein Hamster soll sich wohlfühlen.
  Notiere die Fragen, die du in einer Zoohandlung stellen solltest.
- Spielt das Gespräch „In der Zoohandlung“ mit verteilten Rollen. (Personen: Tanja und der Verkäufer)

Norbert Deppe

Die Geschichte des Goldhamsters

Der Goldhamster zählt zu den unbestrittenen Stars unter den Heimtieren. Die Zahl der heute in den Haushalten lebenden Tiere läßt sich nur schätzen – sie geht in die Millionen. Dabei war der Goldhamster noch vor einem halben Jahrhundert eine Museumsrarität, vorübergehend war er sogar ganz verschollen. Erst im Jahre 1930 wurde er wiederentdeckt. Nach langer Suche war es einem Zoologen gelungen, bei Aleppo in Syrien eine Hamstermutter mit ihren zwölf Jungen in ihrer unterirdischen Höhle aufzustöbern und zu fangen. Er schaffte die Tiere ins Labor, um sie genauer zu studieren. Dabei machte er eine erstaunliche Entdeckung. Die Tragzeit der Weibchen betrug ganze 16 Tage – das war neuer Rekord unter den Säugetieren. Selbst die bis dahin als Spitzenreiter geltenden Ratten und Mäuse brauchen 5 Tage länger. Hinzu kam, daß die Jungen schon nach 8 Wochen eigenen Nachwuchs bekommen konnten. Kein Wunder also, wenn sich die Zöglinge im Eiltempo vermehrten. Bald war aus der Großfamilie ein respektables Völkchen geworden. Die ersten Exemplare wurden in die USA verschickt, wo eine intensive Zucht begann.

Es ist kaum zu glauben: Noch bis vor kurzem stammten alle als Heimtiere gehaltenen Goldhamster von dem einen Wurf, den der Professor seinerzeit aus der Wüste mitgebracht hat.

Goldfisch m. ein rötlich oder gelblich-goldfarbener Verwandter der Karausche, der bereits vor Jahrhunderten in China aus der Giebel (oder Silberkarausche) gezüchtet u. im 17. Jh. in Europa eingeführt wurde. Weiterzüchtungen sind der Schleierschwanz, der Teleskop- u. der Eierfisch. Goldfische kann man in bepflanzten, daher sauerstoffreichen Aquarien u. in Freilandteichen halten.

Goldhamster m. kleiner, bis zu 15 cm langer Verwandter des Hamsters. Die Oberseite des Felles ist goldgelb, die Unterseite weiß. Die Heimat des Goldhamsters ist Vorderasien. In Deutschland ist er als Haustier eingebürgert. Ein Wurf umfaßt meist acht Junge.

Goldküste ↑ Ghana

Klaus möchte gerne Goldhamster züchten. Zunächst schlägt er in einem Lexikon unter „Goldhamster" nach. Diese Information bringt ihn nicht weiter. Er geht deshalb in eine Bibliothek und findet in einem Sachbuch den oben stehenden Text.

- Welche Probleme könnte Klaus beim Züchten von Goldhamstern bekommen?
- Manche Wörter im Text sind schwierig zu verstehen. Erkläre diese Wörter. Du kennst bereits Nachschlagewerke, die dir dabei helfen können.

Nachschlagen

Wenn du dich in einem Nachschlagewerk informieren willst, z.B. über Goldhamster, dann schlägst du zunächst unter G nach. Dann mußt du nach dem zweiten Buchstaben suchen, also o. Auch unter Go findest du mehrere Wörter. Jetzt schaust du nach dem dritten Buchstaben. So gehst du weiter vor, bis du dein Wort gefunden hast.

Sich phantastische Tiere ausmalen

Steven Kellog

Malwine in der Badewanne

Jedes Jahr bekam Ulli ein Geburtstagsgeschenk von seinem Onkel Mac Allister aus Schottland. Und jedesmal war es etwas für Ullis Naturkundesammlung. „Die ist bis jetzt das beste", rief Ulli.

Am nächsten Tag nahm er seine ganze Sammlung mit in die Schule, um sie allen zu zeigen: „Schaut mal, das ist eine Kaulquappe", sagte Frau Scheller.

Ulli sollte sie öfter mitbringen, damit alle Kinder beobachten konnten, wie ein Frosch draus wird. Ulli nannte die Kaulquappe Malwine. Malwine aß jeden Tag viele, viele Käsebrötchen. Sie wuchs und wuchs und lernte mit jedem Tag mehr. Als Malwine zu groß für das Glas wurde, setzte Ulli sie in das Spülbecken. Als Malwine aus dem Spülbecken rausgewachsen war, mußte sie in die Badewanne umziehen.

Eines Tages sagte Frau Scheller, aus Malwine würde nie ein ordentlicher Frosch werden. Und von nun an durfte Ulli sie nicht mehr mitbringen.

Als die Sommerferien anfingen, war Malwine bereits riesig. „Sie ist zu groß für unsere Badewanne", sagte Ullis Mutter. „Sie ist zu groß für unsere Wohnung", sagte Ullis Vater. „Sie braucht ein Schwimmbecken", sagte Ulli. „In unserer Wohnung ist kein Platz für ein Schwimmbecken", sagten die Eltern.

Ulli fragte, ob sie nicht den Parkplatz nebenan kaufen und ein großes Schwimmbecken bauen könnten. „Das kostet zuviel Geld", sagten die Eltern. „Wir werden deine Kaulquappe in den Zoo geben müssen." Seine Malwine in einem Käfig?

Was für ein schrecklicher Gedanke! Ulli wurde sehr traurig. Und mitten in der Nacht fiel Ulli ein, daß es in der Oberschule ja ein Schwimmbecken gab, das während der Ferien nicht benutzt wurde. Und noch in dersel-

---

Ulli steht vor einem Problem. Malwine ist zu groß geworden, um sie in der Wohnung zu halten. Wie könnte Ulli dieses Problem lösen?

ben Nacht schmuggelte Ulli Malwine unter einem Teppich in die Schule. Ulli sah, wie wohl sich Malwine im Schwimmbad fühlte, und er ging beruhigt zurück ins Bett.
Jeden Morgen schwamm Ulli einige Stunden mit seiner Freundin. Am Nachmittag trug er Zeitungen aus, um das Geld für Malwines Käsebrötchen zu verdienen. Außerdem übte er mit Malwine. Und sie lernte rasch, verschiedene Sachen von unten aus dem Becken heraufzuholen.
Die Ferien gingen schnell vorbei. Ulli überlegte, was wohl mit Malwine passieren würde, wenn die Schule wieder anfing. Nach dem ersten Schultag rannte Ulli in die Oberschule. Dort wurde gerade ein Schwimmfest gefeiert. Ulli kam an, als der erste Schwimmwettkampf begann. Malwine war begeistert von all den Schwimmern. „Ein Unterseeboot von einem anderen Stern!“ schrie der Schwimmlehrer. „Polizei! Polizei! Hilfe! Feuerwehr!“ „Oh nein, das ist doch Malwine, mein Haustier!“ rief Ulli. Der Schwimmlehrer war ganz durcheinander. „Bis morgen hast du das Biest aus dem Becken geschafft!“ schrie er. Ulli wußte nicht, was er tun sollte. Auf dem Heimweg traf er seine Freundin, Frau Sievers. Sie war Bibliothekarin. Er erzählte ihr von seinem Kummer.
Frau Sievers ging mit Ulli zurück zur Oberschule. Aber als sie Malwine erblickte, bekam sie einen solchen Schreck, daß sie ihre Handtasche ins Becken fallen ließ und alle Bücher, die sie bei sich hatte, dazu. Malwine brachte im Nu alles zurück. Dann telefonierte Frau Sievers mit Ullis Onkel in Schottland. Er erzählte, daß Malwine eine niedliche Kaulquappe gewesen war, als er sie in einem See gefangen hatte, der Loch Ness heißt. Da sagte Frau Sievers zu Ulli: „Dein Onkel hat wirklich nicht gewußt, daß es so ein Ungeheuer werden würde.“ „Es ist mir egal, ob es ein Ungeheuer ist“, schrie Ulli. „Es ist meins, und ich hab es lieb!“ Er fragte Frau Sievers, ob sie ihm helfen wollte, so viel Geld zu verdienen, daß er den Parkplatz neben seiner Wohnung kaufen könnte. Dann würde er ein Schwimmbecken für Malwine bauen. Plötzlich fiel Frau Sievers etwas ein.

Wie sorgt sich Ulli um sein Haustier?

„Im Jahr 1639 hat es eine Schlacht in unserem Hafen gegeben", sagte sie. „Damals wurde ein Piratenschiff mit einem Schatz versenkt. Noch niemand hat ihn finden können. Aber vielleicht finden wir ihn!"

Am nächsten Morgen mieteten Frau Sievers und Ulli ein Boot. Als sie mitten im Hafen angekommen waren, zeigte Ulli Malwine ein Bild von der Schatzkiste. Und Malwine verschwand unter Wasser.

Nun konnten Ulli und Frau Sievers den Parkplatz kaufen. Sie holten ein paar Helfer. Und als das Schwimmbad fertig war, luden sie alle Kinder aus der Stadt zum Schwimmen ein. An diesem Abend sagte Ulli: „Malwine, nächste Woche hab' ich Geburtstag. Dann sind wir schon ein Jahr lang Freunde."

Im fernen Schottland machte sich Onkel Mac Allister Gedanken darüber, was er Ulli zum Geburtstag schenken könnte. Auf einer Wanderung entdeckte er einen ganz seltsamen Stein. „Genau das richtige Geburtstagsgeschenk für Ulli!" rief er. Und weil es so ein besonderes Geschenk war, brachte er es Ulli persönlich. Was für ein schönes Geschenk für Ullis Sammlung! Aber plötzlich bekam der Stein einen Sprung ...

- Welch ein phantastisches Tier schlüpft aus diesem Ei? Malt dieses phantastische Tier.
- Ein Tier kann man nicht nur malen, sondern auch mit Worten so beschreiben, daß der andere es sich vorstellen kann. Versucht euer Tier möglichst genau zu beschreiben! Die passenden *Adjektive* helfen euch dabei.
  (z.B: Fell: struppig, seidig, borstig, glatt, langhaarig, kurzhaarig ...)
- Hängt eure Bilder im Klassenzimmer auf. Nun soll jeder sein Tier so beschreiben, daß die Klasse erraten kann, von welchem phantastischen Tier die Rede ist.

Hans Peter Thiel, Markus Würmli

Das Ungeheuer von Loch Ness

Wenn im Sommer die Leute in den Urlaub fahren, taucht es auf: das Ungeheuer von Loch Ness. Da nirgendwo etwas passiert, sind die Zeitungsmacher froh, wenn sie etwas zu schreiben haben. Dann lautet vielleicht die Schlagzeile: „Nessie gesichtet!“ – „Wieder gesichtet“ müßte es richtiger heißen. Denn allein in den letzten 50 Jahren gab es mehr als dreitausend solcher „Gesichte“. So heißt das, wenn jemand etwas sieht, was du nicht siehst: Nessie im Loch.

Loch ist Gälisch und bedeutet soviel wie See. In Schottland reiht sich Loch an Loch. Das zweitgrößte dieser Lochs hat sich ein Monster als Heimat ausgesucht. Der See ist rund 38 Kilometer lang, durchschnittlich 1.300 Meter breit und mißt an seiner tiefsten Stelle fast 300 Meter. Es ist ein schmaler, finsterer Schlauch, der durch einen Kanal mit zwei anderen Lochs verbunden ist. Und darin soll ein geheimnisvolles Etwas leben, das aussieht wie ein Wal oder ein Wurm, wie ein Seehund oder ein Salamander, wie eine Schlange oder ein Aal – so genau weiß das niemand.

Denn jeder, der Nessie gesehen hat, beschreibt es anders. Einmal soll es sechs, acht, ja zehn Meter lang gewesen sein, erst hatte es einen Höcker, dann zwei, inzwischen hat man es schon mit drei, ja sogar einmal mit fünf Höckern gesichtet. Manche Leute sind der Meinung, bei den fünf Höckern handele es sich um drei Monster: ein Papa-Monster, ein Mama-Monster und ein Baby-Monster. Eines gibt es ganz bestimmt, nämlich Nessie mit dem langen Hals, dem winzigen Kopf und wenigstens einem Höcker, der so groß ist wie ein kieloben[1] schwimmendes Boot.

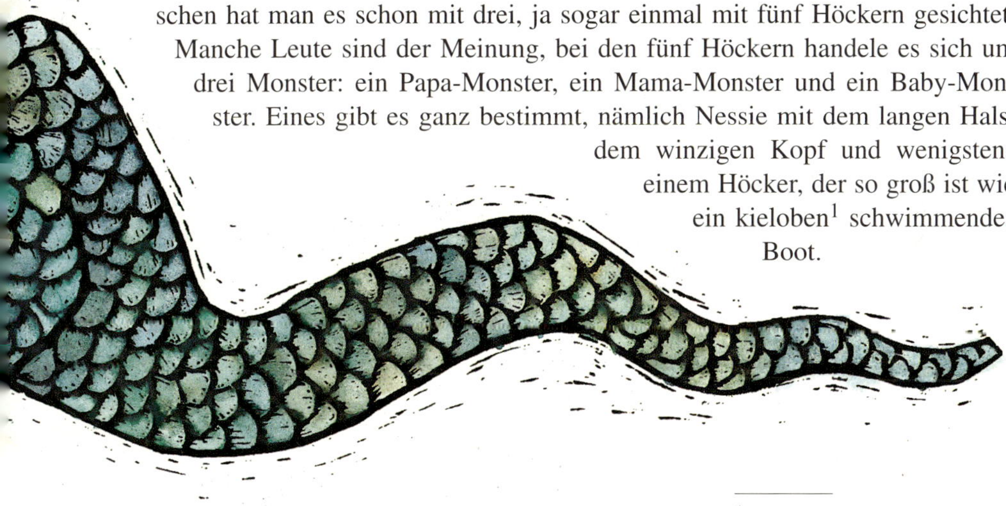

[1] Kiel: unterer Teil des Schiffes

Warum beschreibt jeder Nessie anders?
Stell dir vor, du bist mit deiner Familie in Urlaub in einem Ort in der Nähe von Loch Ness. Du erzählst von einem Erlebnis:

An einem Abend erlaubten uns unsere Eltern, mit dem Boot auf den See zu rudern. Darauf freuten wir uns schon lange. Wir stürmten zum Boot. Vater rief uns noch nach: „Rudert nicht so weit vom Ufer weg!“ Im Spaß meinte er noch: „Und Nessie geht ihr am besten aus dem Weg.“ ...

Schreibe die Geschichte weiter!

Suche eine passende Überschrift.

James Krüss

Die armen kleinen Drachen

So ein armer kleiner Drachen
Hat wahrhaftig nichts zu lachen,
Wie uns manches Beispiel lehrt,
Drachen haben zarte Seelen,
Und in ihren Drachenkehlen
Schluchzen sie oft unerhört.

Doch ganz ungemein empfindlich
Sind die Drachen, die noch kindlich:
Drachentochter oder -sohn.
Diese kleinen Drachen fressen
Weder Prinzen noch Prinzessen.
Aber, ach, wer weiß das schon?

Jeder Möchtegern von Ritter
Wird bei ihrem Anblick bitter,
Zieht das Schwert und bremst den Gaul.
Und dann ruft er: Potz Gewitter,
Ich, der sieggewohnte Ritter,
Hau dem Drachen eins aufs Maul!

Doch der Drachen, lieber Himmel,
Zittert vor des Ritters Schimmel
Und vorm Ritter obendrein.
Ängstlich, daß was könnt geschehen,
Beißt er schließlich aus Versehen
Den Herrn Ritter in das Bein.

Ha, da fliehn die wackren Recken
Und verkünden voller Schrecken:
Drachen beißen jeden tot!
Dabei möchten kleine Drachen
Vor den Rittern Männchen machen
Für ein halbes Butterbrot.

Schreckliche Tiere – von Heiligen wundersam besiegt

Der heilige Columban und das Seeungeheuer

nacherzählt von Ella Krauß

Columban war ein frommer Mann, der das Christentum in Irland und Schottland verbreitete. Eines Tages mußte der heilige Columban den Fluß Ness überqueren. Als er sich dem Ufer näherte, sah er viele trauernde Menschen. Ein junger Mann sollte beerdigt werden. Columban erkundigte sich, woran der junge Mann gestorben sei. Da berichtete man ihm von dem großen Unglück, das die Menschen am Fluß immer wieder in Angst und Schrecken versetzt. Ein Seeungeheuer würde hier sein Unwesen treiben. So sei auch der junge Mann ums Leben gekommen. Das Ungeheuer habe ihn fürchterlich zugerichtet, als er mit seinem Boot den Fluß überqueren wollte.

Als man nun hörte, daß Columban auch vorhatte, den Fluß zu überqueren, warnten ihn alle, und niemand war bereit, ihn mit seinem Boot hinüberzurudern.

Doch Columban war ein frommer Mann, vertraute auf Gott und war unerschrocken. Er rief seinen Begleiter zu sich und bat ihn, über den Fluß zu schwimmen und das Boot von der anderen Seite des Flusses herüberzusegeln.

Sofort legte Lugne, sein Begleiter, seine Kleider bis auf sein Unterzeug ab und sprang ins Wasser. Die Menschen standen atemlos am Ufer. Das Seeungeheuer lauerte tatsächlich am Grunde des Flusses. Als es über sich die Bewegung des Wasser spürte, tauchte es plötzlich auf und schoß mit weit aufgerissenem Rachen auf den in der Mitte des Flusses schwimmenden Mann zu.

Voller Entsetzen und Angst sahen die Menschen am Ufer hinüber zu dem schrecklichen Geschehen.

Da hob der heilige Columban seine Hand, machte das Zeichen des Kreuzes, betete laut zu Gott und befahl dem grimmigen Ungeheuer: „Komm nicht näher und berühr nicht den Mann! Kehr sofort um!"

Den Befehl des Heiligen hörend, wandte sich die erschrockene Bestie, wie von unsichtbaren Seilen gezogen, zu schneller Flucht.

Als das die Menschen am Ufer sahen und Lugne im Boot wieder sicher und wohlbehalten zu ihnen gelangte, priesen sie Gott. Diejenigen, die bisher noch keine Christen waren, rühmten ebenfalls Gott und ließen sich taufen, überwältigt von der Größe des selbst erlebten Wunders.

Die Legende vom Heiligen Georg

nacherzählt von Frank Jehle

Im Land Libyen, im nördlichen Afrika, stand vor vielen hundert Jahren eine große Stadt mit dem Namen Silena. Ihre Einwohner waren keine Christen: Noch nie hatte ihnen jemand von Jesus Christus erzählt. In der Nähe der Stadt lag ein See. Er war riesengroß, fast so groß wie das Meer. Und in diesem See wohnte ein giftiger Drache. Schon oft hatten sich mutige Leute aus der Stadt aufgemacht, um das Ungeheuer mit Waffengewalt zu vertreiben. Aber jedesmal endete das Unternehmen in einer kopflosen Flucht, noch ehe es richtig begonnen hatte. Die Angst vor dem Drachen war stärker als der Mut.

Immer am Morgen verließ der Drache seine Wohnstätte im See und kroch bis vor die Stadtmauer. Er spie eine übelriechende Wolke aus und verpestete die Luft mit seinem Gifthauch. Um ihn zu besänftigen, legten ihm die Bürger täglich zwei Schafe hin. Wenn sie das nur ein einziges Mal unterließen, kroch das Untier schnaubend und drohend wieder an die Stadtmauern heran. Viele Einwohner wurden von seinem stinkenden Atem vergiftet und starben.

Mit der Zeit nahm aber der Schafvorrat in der Stadt ab. Was sollte nun geschehen? In größter Not befahl der König, daß man dem Ungeheuer von jetzt an täglich ein Schaf und einen Menschen opfern müsse. Schweren Herzens stimmten die Bürger diesem schrecklichen Gesetz zu. Man warf das Los, welchen jungen Mann oder welches junge Mädchen man dem Untier ausliefern solle. Ausnahmen wurden nicht gemacht. Als schon fast alle Söhne und Töchter der Stadt geopfert waren und in jedes Haus Leid eingezogen war, fiel das Los auf die einzige Tochter des Königs.

Der König war traurig und entsetzt. „Nehmt mein Gold und Silber und die Hälfte meines Königreichs", sagte er, „aber laßt mir meine Tochter, damit sie nicht so jämmerlich umkommt!" Zornig antwortete das Volk: „König, du selbst hast dieses Gesetz aufgestellt. Wir alle mußten unsere Kinder hergeben. Und du willst deine Tochter behalten. Wenn du an ihr dein eigenes Gesetz nicht erfüllst, werden wir dich vom Thron stoßen und töten."

Als der König sah, daß es das Volk mit seiner Drohung ernst meinte, fing er an, um seine Tochter zu klagen: „Wehe mir, mein Kind! Was soll ich tun? Ich muß mich von dir trennen. Nie erlebe ich den Tag deiner Hochzeit.“ Und zum Volk sagte er: „Ich bitte euch, laßt mir noch acht Tage Zeit, damit ich von meiner Tochter Abschied nehmen kann.“ Dieser Wunsch wurde ihm erfüllt.

Aber nach acht Tagen rottete sich das Volk vor seinem Schloß von neuem zusammen und schrie voller Zorn: „Gib deine Tochter heraus! Wir alle haben schon unsere Kinder hergeben müssen. Jetzt bist du an der Reihe! Deinetwegen verdirbt unser Land und wird öde und leer. Eine giftige Wolke überzieht die Stadt. Wir können es nicht dulden, daß wegen deiner Tochter eine Ausnahme gemacht wird!“

Da sah der König, daß er seine Tochter nicht retten konnte. Er ließ ihr königliche Kleider anlegen, umarmte sie und sagte unter Tränen zu ihr: „Mein liebes Kind, ich hatte mich schon auf die Enkelkinder gefreut, die du gebären würdest. Doch jetzt wirst du von diesem Drachen verschlungen. Zu deiner Hochzeit wollte ich edle Fürsten einladen, das Schloß mit Perlen schmücken, Pauken und Trompeten spielen lassen. Jetzt gehst du fort, und ein grausamer Tod wird dein Los sein.“ Er küßte sie und rief: „Besser wäre ich vor dir gestorben, als daß ich dich so schmerzlich verlieren muß!“ Da fiel sie ihm zu Füßen und bat ihn um seinen Segen. Nachdem er ihr diesen weinend gegeben hatte, machte sie sich traurig, aber zugleich tapfer und entschlossen zum See auf.

Während die Königstochter am Ufer des Sees auf den Drachen wartete und die Bewohner der Stadt von der Stadtmauer aus zuschauten, kam ein fremder Ritter mit Helm, Rüstung, Lanze, Schwert und Schild auf seinem Pferd dahergeritten. Sein Name war Georg. Anders als die Bewohner von Silena war er ein Christ. Auf seinen Reisen wollte er den Menschen von Jesus Christus erzählen. Und selbst versuchte er, Notleidenden, so gut er konnte, zu helfen.

Als Georg die Königstochter weinen sah, fragte er sie: „Was fehlt dir?“ Sie antwortete: „Guter junger Mann, steig schnell auf dein Pferd und flieh! Sonst mußt du mit mir verderben.“ Georg sagte: „Ich fürchte mich nicht. Aber du? Worauf wartest du so allein an diesem Ufer?“ Sie antwortete: „Herr, ich sehe, daß du ein gutes Herz hast. Aber willst du wirklich mit mir sterben? Flieh, so schnell du kannst!“

Georg sagte: „Ich verlasse diesen Ort nicht, bevor du mir nicht erklärt hast, weshalb du hier bist.“ Da erzählte sie ihm von diesem Drachen, der für sie selbst und die ganze Stadt eine so große Gefahr war.

„Schönes Mädchen, fürchte dich nicht!“ sagte darauf Georg, „ich helfe dir im Namen meines Herrn, Jesus Christus.“ „Edler Ritter“, entgegnete sie, „du darfst nicht mit mir sterben. Es genügt, wenn ich allein zugrunde gehe. Retten kannst du mich nicht. Wenn du bleibst, holt das Untier uns beide.“

Während sie noch miteinander redeten, hob der Drache seinen Kopf aus dem See. Die Königstochter zitterte vor Schrecken und rief: „Flieh, guter junger Mann, so schnell du kannst!“ Aber Georg sprang auf sein Pferd, sprach in seinem Innern ein kurzes Gebet, in dem er sich Gott und Jesus Christus befahl, und machte das Zeichen des Kreuzes. Dann ritt er auf den Drachen zu, der gerade auf ihn losgehen wollte. Er schwang seine Lanze, schleuderte sie mit Wucht gegen das Untier und traf dieses so schwer, daß es zu Boden stürzte. Dann sagte er zur Königstochter: „Nimm deinen Gürtel und wirf ihn dem elenden Wurm um den Hals! Fürchte dich nicht!“ Sie tat es, und der schwer verletzte Drachen folgte ihr nach wie ein Hündchen.

Als sie den Drachen in die Stadt führen wollte, bekamen es die Leute auf der Stadtmauer mit der Angst zu tun. Ihre Schreckensschreie erfüllten die Luft: „Wehe uns, wir

Die Legende

Heilige sind herausragende, fromme, für alle Gläubigen vorbildhafte Menschen. Ihr Leben wurde früher in sogenannten Heiligenlegenden erzählt. Darin wird von ihrem Kampf gegen böse Mächte und über die Verbreitung des christlichen Glaubens berichtet.

Herrn Jesus Christus, hat mich zu euch geschickt. Ich bin gekommen, um euch von diesem Drachen zu befreien und euch von eurem Unglück zu erlösen. Gott gibt mir die Kraft dazu. Glaubt darum an Gott und seinen Sohn! Stellt euch unter seinen Schutz, und laßt euch taufen!"

Tief beeindruckt von den Worten des mutigen Ritters baten der König und das Volk um die Taufe. In einer langen Reihe stellten sich die Leute an. Und einem nach dem andern wurde die Stirne dreimal mit frischem Wasser genetzt – im Namen Gottes, des Vaters und des Sohnes und des heiligen Geistes. Georg aber zog das Schwert und tötete den Drachen. Da lag nun das Ungeheuer, das so viel Kummer und Not über die Stadt gebracht hatte. Als man den toten Körper aus der Stadt schaffen wollte, brauchte man dazu vier Paar Ochsen. So unförmig und schwer war das Untier!

Der König bot Georg verlockende Schätze an. Doch dieser wollte sie nicht annehmen, sondern ließ sie unter den Armen verteilen. Danach küßte Georg den König und gab der Königstochter die Hand, stieg auf sein Pferd und ritt – wieder mit dem Ziel, den Menschen von Jesus Christus zu erzählen und Notleidenden zu helfen – auf ein anderes Land zu.

Der König aber ließ an der Stelle, an der Georg den Drachen besiegt hatte, eine schöne Kirche bauen. Wunderbarerweise entsprang in dieser Kirche eine Wasserquelle. Alle Kranken wurden gesund, die daraus tranken.

- In welcher Gestalt tritt in den beiden Heiligenlegenden die böse Macht, die bekämpft werden muß, auf?
- Warum sind sich die beiden Heiligen so sicher, daß sie die Ungeheuer besiegen werden?
- Welche Wirkung zeigt ihr Sieg über die Ungeheuer, die die Menschen plagen?

Tiernamen erklären – Wörter bilden

Michael Ende – Manfred Schlüter

Der Lindwurm und der Schmetterling oder Der seltsame Tausch

Einst war ein finstrer Felsenturm
bewohnt von einem Drachenwurm,
der spuckte Feuer hint' und vorn
und war voller Stacheln und voll Zorn.

Doch eines Tages kam zu Besuch
Professor Hicks mit einem Buch.
Er forschte vorn und forschte hint',
furchtlos wie solche Leute sind.
Er maß das Tier voll Wissensdrang:
Mit Schwanz war's dreißig Meter lang!

Das undankbare Scheusal fraß
den Forscher samt dem Metermaß.
Zur Reue sah es keinen Grund,
es war voll Bosheit, doch gesund.

Jedoch – das Buch war unverdaulich!
Dem Drachen wurde grimm und graulich,
drum spuckte er aus seinem Bauch
das Buch und den Gelehrten auch.

Der Forscher, ohne Abschiedswort,
nahm seine Brille und ging fort.

Doch schau! Das Buch ließ er zurücke,
sei's aus Zerstreutheit, sei's aus Tücke.

Der Drache fing zu lesen an.
Das hätt' er besser nicht getan!
Denn kaum hat er hineingeguckt,
da las er schwarz auf weiß gedruckt,
daß jeder Wurm, der Feuer spei,
ganz einwandfrei ein LINDWURM sei.

Der Drache schrie, vor Wut fast blind:
„Ich bin nicht lind! Ich – bin – nicht – Lind!!!“
Das Buch zerriß er kurz und klein,
er wollte halt kein Lindwurm sein.
Und zum Beweise seines Grimmes
tat er den ganzen Tag nur Schlimmes.

Was er auch tat, der Wurm blieb lind.
Da weint’ er schließlich wie ein Kind,
er ging von nun an nie mehr aus
und lag mit Kopfweh krank zu Haus.

Auf einer Wiese voller Pflanzen
übt’ sich ein Kohlweißling im Tanzen.
Er war von zärtlichem Gemüte
und sehr galant zu jeder Blüte.
Doch auch mit den Kohlweißlingsmädchen
dreht er den Walzer wie auf Rädchen.

Er war empfindsam und bescheiden,
vor allem konnt’ er Lärm nicht leiden.
Ihn machte das Verkehrsgetöse
der nahen Straße richtig böse.
Drum sucht’ er in des Waldes Gründen
die Ruhe, die er liebt, zu finden.

Kaum war er dort, kam eine Hummel
des Wegs daher mit viel Gebrummel.
Der Kohlweißling rief: „Unerhört!
Auch hier wird man durch Lärm gestört!“
Die Hummel brummte: „Dummes Ding!
Du heißt ja sogar Schmetterling!“

Der Kohlweiß ward von Schreck kohlweiß:
„Wie furchtbar, daß ich Schmetter heiß!“
Von nun an tanzte er nicht mehr,
ging nur auf Zehen noch umher –
doch der Erfolg war sehr gering:
Er war und blieb ein Schmetterling.
Verzweifelt rang er seine Beine,
zog sich zurück und haust’ alleine
als Eremit in einer Wüste,
wo er für sein Geschmetter büßte.

Doch eines Tags kam eine Schlange
vorbei im Zick-Zack-Schlendergange,
die sprach: „Es ist direkt zum Lachen!
Ich kenne nämlich einen Drachen,
der grämt sich, weil er Lindwurm heißt.
Tjaja, so ist das Leben meist.“
Drauf zwinkert’ sie mit List im Blick
und zog davon im Zack und Zick.

Der Schmetterling bedachte lange
die klugen Worte jener Schlange.
Er grübelt’ vierzehn Tage fleißig,
dann rief er plötzlich: „Ha, jetzt weiß ich!“
Er packte etwas Proviant
und reiste lange über Land,
bis er, wenngleich auch höchst beklommen,
zu jenem Drachenturm gekommen.

Am Boden lagen bleiche Knochen,
der Wandersmann wagt’ kaum zu pochen.

Doch schließlich trat er in den Turm.
Im Bett lag krank der Drachenwurm
und fing sofort zu jammern an.
Der Schmetterling jedoch begann:
„Ich hab' gehört, was ihnen fehlt.
Wie wär's, wenn wir, was jeden quält,
ganz einfach tauschen miteinand'?
Ich werde SCHMETTERLING genannt."

Warum sind der Lindwurm und der Schmetterling über ihre Namen unglücklich?

Der Lindwurm und der Schmetterling deuten ihre Namen falsch. Sie hätten in einem Bedeutungswörterbuch nachschlagen müssen, um ihre Namen richtig zu erklären. Es gibt Wörter, die gleich klingen, die jedoch eine unterschiedliche Bedeutung haben.

Nachschlagen in Wörterbüchern

Wenn du ein Wort nicht richtig schreiben kannst, dann schlage im **Rechtschreibwörterbuch** nach.

lind; ein-er Regen
Lind|wurm (Drache)
Schmet|ter|ling; **Schmet|ter|lings|blü|te**; **[...]blü|ter**; **...ka|sten**; **...netz**; **...samm|lung**; **...stil** (der; -[e]s; Schwimmstil)

Wenn du die Bedeutung eines Wortes wissen möchtest, mußt du in einem Bedeutungswörterbuch nachschlagen:

lịnd a) *angenehm mild, nicht rauh oder kalt*: ein -er Sommerabend, **b)** *sanft, zart*: ein -er Wind

Lịndwurm, der , zu ahd. lint = Schlange, Drache; also eigentl. verdeutlichend = Schlangenwurm: *dem Drachen ähnliches (aber ungeflügeltes) Fabeltier.*

Schmẹtterling, der [aus dem Obersächsischen wohl zu ↑ Schmettern; nach dem alten Volksglauben fliegen Hexen in Schmetterlingsgestalt umher, um Milch und Sahne zu stehlen]: **1.** *in vielen Arten vorkommendes Insekt mit meist zwei beschuppten, bunt gemusterten Flügelpaaren u. einem Saugrüssel; Falter* **2.** (Turnen) *frei gesprungener Salto* **3.** *Schmetterlingsschwimmen, -stil*

Schmẹtten, der; [tschech. smetana] *Sahne*

In Wörterbüchern findest du viele Abkürzungen und Zeichen, die du erst entschlüsseln mußt. Dazu gibt es in jedem Wörterbuch am Anfang ein Kapitel *Hinweise für den Benutzer*. Beispielsweise bedeutet *ahd.* = *althochdeutsch*, also das Deutsch, das vor etwa 1000 Jahren gesprochen wurde.

Schlage im Rechtschreibduden nach, was die senkrechten Striche in einem Wort und die Punkte unter einem Wort bedeuten.

Der Lindwurm, der verstand erst nicht,
doch bald verklärt' sich sein Gesicht,
und als er schließlich ganz verstand,
da schüttelt er dem Gast die Hand
(ganz überaus behutsam freilich!).
Er holt' Papier und Tinte eilig,
der Tausch ward schriftlich festgelegt.
„Gemacht!" rief jeder tiefbewegt,
und Arm in Arm verließ den Turm
ein LINDLING und ein SCHMETTERWURM.

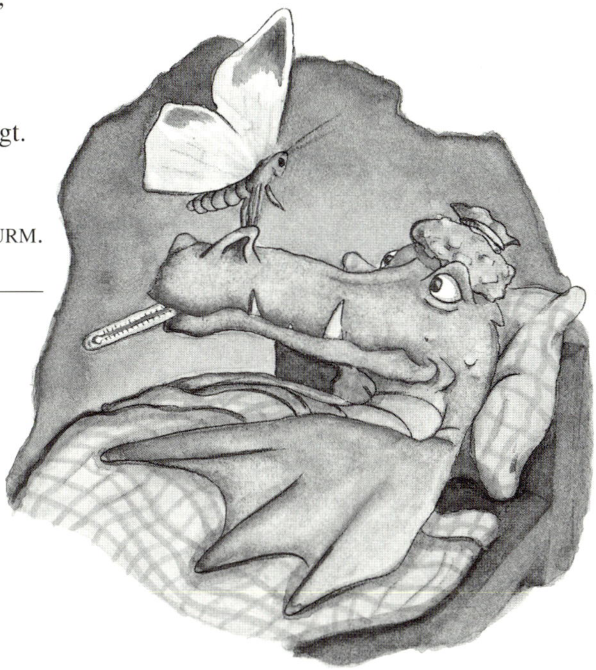

Erkläre, warum der Maulwurf „Maulwurf" heißt. Schlage dazu in einem Bedeutungswörterbuch nach.

Neue Wörter bilden

Du kannst ein neues Wort bilden, indem du zwei Wörter zusammensetzt: *Drachen + Wurm → Drachenwurm.*
Der zweite Bestandteil des neuen Wortes heißt Grundwort, weil er angibt, worum es sich bei dem neuen Wort handelt: hier um einen *Wurm.* Der erste Bestandteil heißt Bestimmungswort, da hier bestimmt wird, um welchen Wurm genau es sich handelt.
Ein neues Wort kannst du auch mit einem Stamm und Wortbausteinen bilden:
Schmetter + ling, fleiß + ig

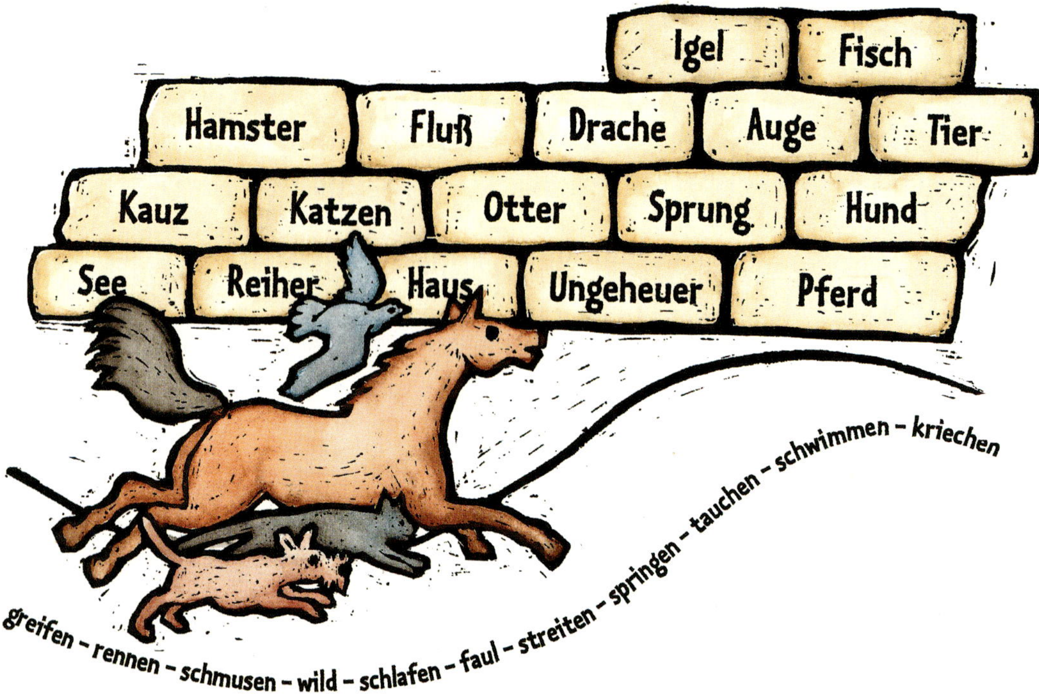

- Bilde möglichst viele zusammengesetzte Wörter.
- Bilde Sätze nach folgendem Beispiel:

Ein Tier, das kriecht, ist ein Kriechtier.
Ein Vogel, der greift, ist ein ...
Ein Hahn, der streitet, ist ein ...

Wortbildung: Das Grundwort bestimmt die Wortart

Wenn ein Verb oder Adjektiv mit einem Substantiv (Nomen) als Grundwort zusammengesetzt wird, dann ist dieses zusammengesetzte Wort auch ein Substantiv (Nomen) und wird deshalb groß geschrieben. Wird ein Substantiv mit einem Adjektiv als Grundwort zusammengesetzt, dann ist das zusammengesetzte Wort ein Adjektiv und wird klein geschrieben.

Beispiel:

Das zusammengesetzte Wort ist ein Substantiv	Das zusammengesetzte Wort ist ein Adjektiv
kriechen – Tier	*Maus – grau*
das Kriechtier	*mausgrau*

Christian Morgenstern

Neue Bildungen, der Natur vorgeschlagen

Der Ochsenspatz	Die Tagtigall
Die Kamelente	Der Sägeschwan
Der Regenlöwe	Der Süßwassermops
Die Turtelunke	Der Weinpintscher
Die Schoßeule	Das Sturmspiel
Der Walfischvogel	Der Eulenwurm
Die Quallenwanze	Der Giraffenigel
Der Gürtelstier	Das Rhinozepony
Der Pfauenochs	Die Gänseschmalzblume
Der Werfuchs	Der Menschenbrotbaum

- Morgenstern hat durch Wortzusammensetzungen lustige neue Tiere erfunden. Diese Wörter sind Substantive. Es kommen alle Artikel vor. Nach welchem Teil des zusammengesetzten Wortes richtet sich der Artikel?
- Erfinde weitere lustige Tiere durch Wortzusammensetzungen.
- Setze die lustigen Tiere mit Adjektiven zusammen, so daß diese jeweils Grundwort sind: *schwer, groß, stark, rot, blau, lang, rund, gelb, frech, klein, schmal, breit, grün, kräftig, mager...* z.B. *ochsenspatzklein, kamelentenrot*
- Finde Sätze wie: *Der Ochsenspatz ist ochsenspatzklein.*
  Die Kamelente ist kamelentenrot.

Christian Morgenstern
wurde am 6. Mai 1871 in München geboren und starb am 31. März 1914 in Meran/Italien. Er war Übersetzer und Schriftsteller. Heute ist er uns vor allem als Verfasser witziger Verse bekannt.

Tiere im Gedicht

Joachim Ringelnatz

Im Park

Ein ganz kleines Reh stand am ganz kleinen Baum
Still und verklärt wie im Traum.
Das war des Nachts elf Uhr zwei.
Und dann kam ich um vier
Morgens wieder vorbei,
Und da träumte noch immer das Tier.
Nun schlich ich mich leise – ich atmete kaum –
Gegen den Wind an den Baum
Und gab dem Reh einen ganz kleinen Stips.
Und da war es aus Gips.

Joachim Ringelnatz

Die Ameisen

In Hamburg lebten zwei Ameisen,
die wollten nach Australien reisen.
Bei Altona[1] auf der Chaussee,
da taten ihnen die Beine weh,
und da verzichteten sie weise
dann auf den letzten Teil der Reise.

[1] Altona: Stadtteil von Hamburg

Joachim Ringelnatz
(mit bürgerlichem Namen Hans Bötticher) lebte von 1883 bis 1934. Er war nicht nur Dichter, sondern auch Erzähler und Maler, und er reiste viel in der Welt herum. Bekannt geworden ist er vor allem mit seinen heiteren, aber auch spöttischen Versen.

Informatinen einholen – Fragen beantworten

1 Aus welchem Material soll ein Hamsterhaus geschaffen sein?
2 Ein Goldhamster braucht viel Bewegung. Was sollte deshalb in jedem Hamsterhaus stehen?
3 Wieviele Kilometer läuft ein Hamster in der Nacht?
4 Der Hamster ist ein Nagetier. Was sollte man in seinen Käfig stellen?
5 Was eignet sich als Streumaterial?
6 Wo findet der Hamster Maiskörner, Bohnen, Sonnenblumenkerne und Weizenkörner?
7 Das Trinkwasser des Hamsters darf nicht verunreinigt werden. Wie heißt das Gefäß, das die Verunreinigung verhindert?
8 Wo fühlt sich der Hamster während des Tages am wohlsten?

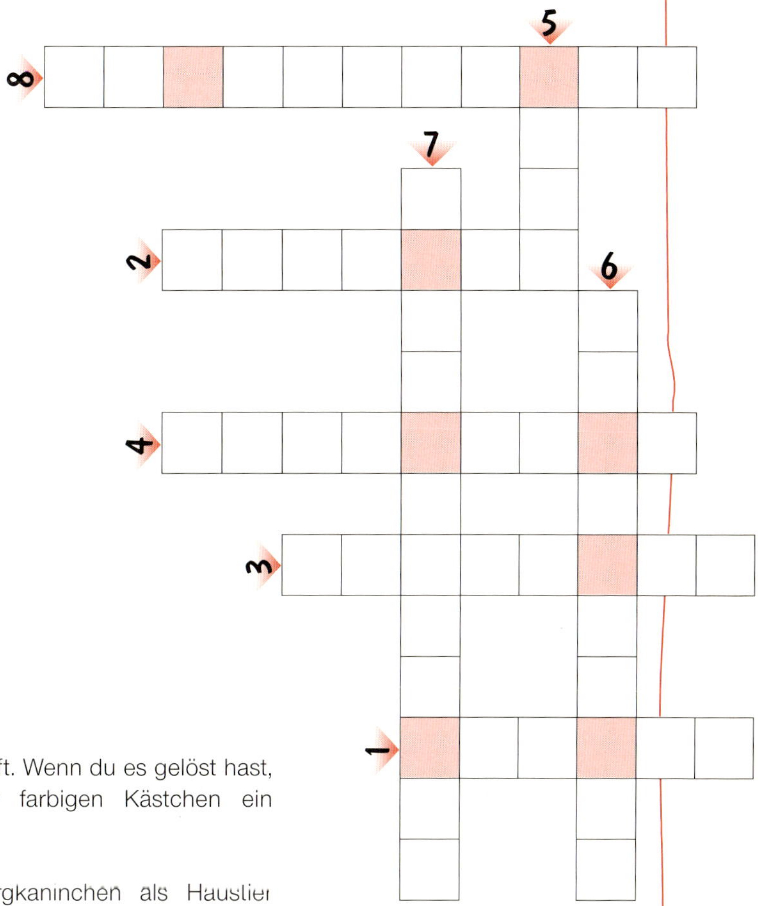

1. Übertrage das Rätsel in dein Heft. Wenn du es gelöst hast, ergeben die Buchstaben der farbigen Kästchen ein Lösungswort.

2. Du möchtest gerne ein Zwergkaninchen als Haustier haben und in eurer Wohnung halten. Hole die entsprechenden Informationen zur Beantwortung folgender Fragen ein:

1. Nagt es alles in der Wohnung an? **2.** Welchen Auslauf braucht ein Kaninchen? **3.** Wie muß der Käfig ausgestattet sein? **4.** Welche Ausmaße muß ein Käfig zur Haltung eines Zwergkaninchens haben? **5.** Braucht das Kaninchen einen Stall? **6.** Womit wird ein Kaninchen richtig ernährt? **7**. Welches Streumaterial eignet sich? **8.** Welche Krankheiten kann ein Kaninchen bekommen?

Informationen weitergeben

3. Du hast viele Informationen über die artgerechte Haltung eines Goldhamsters erhalten. Schreibe sie zu einem kleinen Text mit der Überschrift „Die artgerechte Haltung eines Goldhamsters“ zusammen. Du kannst auch über ein Zwergkaninchen oder ein anderes Haustier, das du kennst, schreiben. Mit den verschiedenen Blättern, die ihr gestaltet, könnt ihr eine Wandzeitung machen.

Nachschlagewerke benutzen

Lama – Lar – Koala – Puma – Mammut – Imme – Flotzmaul – Bulldogge – Breitling – Alligator – Schlafbaum – Wal – Bläßhuhn – Ziegenmelker – Tsetsefliege

4. Schlage die Wörter in einem Lexikon nach. Schreibe in dein Heft: *Ein Lama ist ...*

Golda _ _ er   Dom _ _ aff   Chinchi _ _ a   Koli _ _ i
Eide _ _ e   Saur _ _ r   Te _ _ ier
Pan _ _ ere   S _ or _ ion   Kaul _ _ ap _ e   Kiebi _ _
Mäusebu _ _ ar _

5. Wenn du die Schreibung der Wörter nicht kennst, schlage im Duden nach. Schreibe die Wörter in dein Heft, und setze die richtigen Artikel dazu.

Wörter zusammensetzen

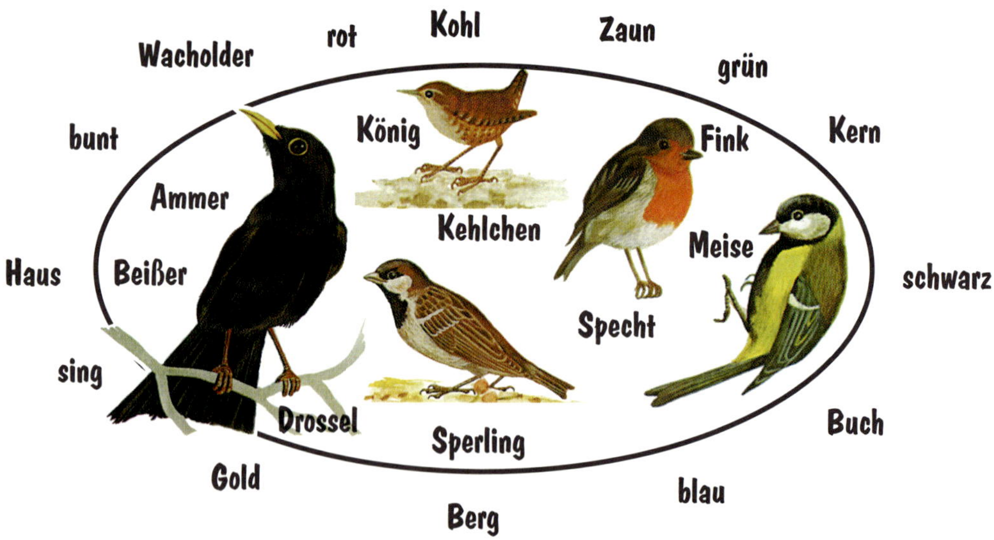

6. Bilde so viele zusammengesetzte Substantive (Nomen) wie möglich, und schreibe sie in dein Heft.

7. Setze drei Wörter zu einem zusammengesetzten Wort zusammen. Schreibe die Wörter mit Artikel in dein Heft.

Haus Haltung Käfig Zwerg Tier
Schweinchen Kaninchen Kampf Futter
Ungeheuer See Meer

8. Diese Wörter sind falsch zusammengesetzt. Finde die richtigen Wortzusammensetzungen, und schreibe sie mit dem Artikel in dein Heft.

Raubhaut Vogelmücke Stechhahn Schlangenwurm
Regendachs Trutbau

9. Bilde zusammengesetzte Substantive. Schreibe sie mit dem richtigen Artikel in dein Heft.

ein	*Rad*
rennen	*Specht*
bunt	*Licht*
blau	*Metall*
edel	*Sicht*

Zusammengesetzte Wörter richtig schreiben

Pudel Specht rot Aal Bären
Maus Affen groß Hals Riesen
stark grau naß glatt Mähne
bunt artig Korallen Giraffen Löwen

10. a) Bilde zusammengesetzte Wörter und schreibe sie in dein Heft. Achte darauf, ob sie groß oder klein geschrieben werden.
b) Suche dir dann drei Wörter heraus. Verwende sie in einer Geschichte, die dir zu diesen Wörtern einfällt. Schreibe die Geschichte auf.

Wörter auseinandernehmen

Tieraufzucht riesengroß Freßnapf Kanarienvogelkäfig
Drachenkampf bärenstark Heiligenlegende
Ritterrüstung schlagkräftig

11. Zerlege die zusammengesetzten Wörter in einzelne Wörter. Schreibe diese in dein Heft. Setze vor die Substantive den richtigen Artikel.

Große Erfinder – berühmt und verlacht

Der Schneider von Ulm

nacherzählt von Leo Weismantel

In Ulm lebte im Jahre 1811 ein Schneider, der bekannt war in der ganzen Stadt, weil er die schönsten Kleider machen konnte weit und breit. Aber er war auch sonst ein pfiffiger Kopf, und es ging von ihm das Gerede, daß er allerlei erfinde. Oft erschien er auf dem Wochenmarkt, wo die Korbmacher sich von den Bauern, die aus den Dörfern kamen, Weiden kauften, die sie für das Flechtwerk ihrer Körbe brauchten. Da stand dann auch der Schneider dabei, als sei er ein Korbmacher, und wählte sich die besten und geschmeidigsten der Weiden aus und schleppte sie in großen Bündeln nach Hause, so daß die Marktweiber oft über ihn die Köpfe schüttelten und sagten, mit dem Schneider sei es nicht ganz richtig. Wolle er denn auch Fischreusen[1] oder Körbe machen?

[1] Fischreuse: Gerät für den Fischfang

Zu jedem der Gesichter paßt eine Textstelle. Findet sie heraus!

Was denken oder reden die Menschen über den Schneider von Ulm?

Da lief eines Tages ein großes Gerede durch die Stadt Ulm. Nun wisse man, warum der Schneider schon seit vielen Wochen von dem Markte Weidenbündel nach Hause geschleppt habe! Er habe ein Gerüst gebaut, riesige Flügel ganz aus Weiden geflochten und sie mit Leinwand überzogen, und folgenden Sonntag, so wußten die Klügsten zu berichten, werde der Schneider von einer Bastei[2] der Stadtmauer, mit diesen Flügeln angetan, hinausfliegen in die freie Luft und sich erheben. So kam es, daß an jenem Sonntag gegen Herbst das ganze Volk von Ulm unten an der Donau versammelt war und hinüberblickte nach jener Bastei, auf der zur festgesetzten Stunde der Schneider mit einem großen Gerüst von Weiden erschien, das die Form riesiger Flügel hatte, die mit feinen Linnen überspannt waren. Der Schneider sprang wahrhaftig, schwebte und zog einen Bogen gegen die Donau hin wie ein Vogel. Alles Volk, das emporstarrte, fing mit einem Male an zu klatschen, zu rufen und mit Tüchern zu winken. Da flog der Schneider über die Donau hin. Plötzlich hörte das Volk ein Knattern und Krachen: O, sieh da, o Gott, die Flügel, die Weiden zerbrachen unter der Last des Körpers, die Flügel klappten zusammen, und der Schneider stürzte nieder in die Donau. Das Volk, das eben noch gejubelt hatte, brach jetzt in ein Hohngelächter aus. „Es ist doch nur ein verrückter Schneider“, riefen sie, „der wie ein Vogel fliegen wollte!“ Da kamen die Fischer herbei mit einem Kahn und zogen den armen triefenden Schneider mit seinen zerbrochenen Flügeln aus der Donau heraus.

Folgender Spottvers war in ganz Schwaben verbreitet:

„Der Schneider von Ulm
hat’s Fliegen probiert,
da hat ihn der Teufel
in die Donau geführt.“

[2] Bastei: Teil der Stadtmauer

Versucht zu erklären, weshalb der Schneider von Ulm abstürzte.

Rolf Kronmüller

Ein Flugzeugtechniker berichtet

Otto Schwarz, ein Fachmann für Flugzeugtechnik, hat alle Berichte und Zeichnungen über den Flugversuch Berblingers, so hieß der Schneider von Ulm, untersucht und seine Ergebnisse im Jahre 1952 in einer Schweizer Zeitschrift für Luftfahrttechnik veröffentlicht. Er kommt zu dem Ergebnis, daß Berblinger keineswegs eine lächerliche Figur war, wie oft geglaubt wurde. Sein „Flugapparat“ war gut durchdacht. Während die Erfinder bisher meist versucht hatten, mit Schwingen wie ein Vogel zu fliegen, konstruierte Berblinger einen Apparat für den Gleitflug, der den Fluggeräten der heutigen Drachenflieger ähnelte. Nach Augenzeugenberichten ist es dem Schneider gelungen, kleinere Gleitflüge in einem alten Weinberg durchzuführen. Daher glaubte er, auch die Donau überqueren zu können.

Erst über achtzig Jahre später gelang es Otto Lilienthal mit einem Flugapparat, der ähnlich gebaut war wie der Berblingers, dem Publikum den ersten erfolgreichen Gleitflug vorzuführen.

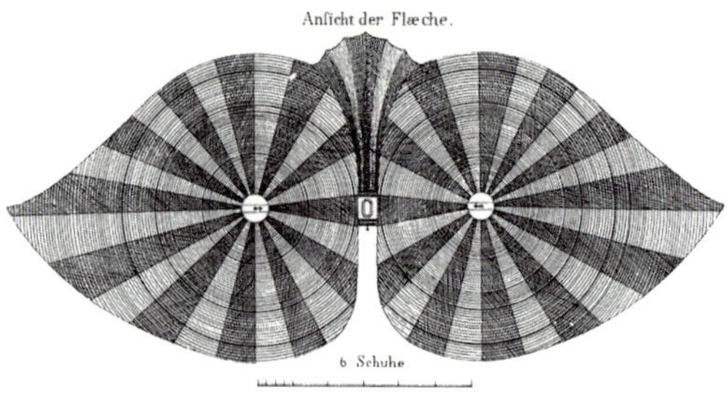

Berblingers Flugapparat, nach einem Kupferstich von 1811

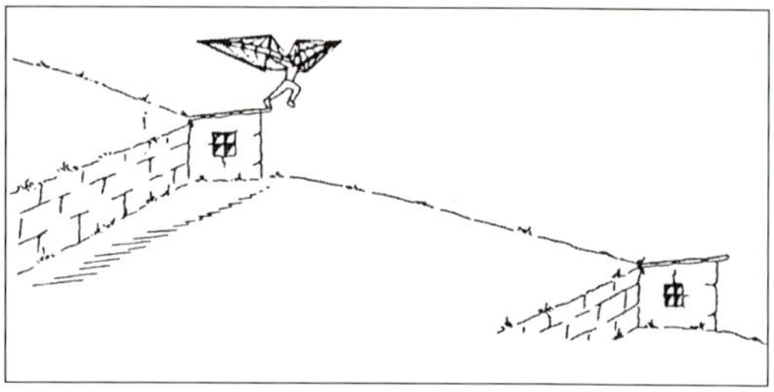

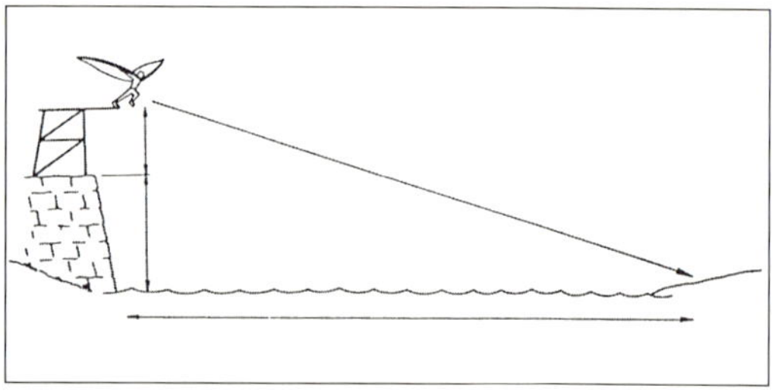

Otto Lilienthal – Flugversuch mit dem zuletzt konstruierten Hängegleiter.

Otto Lilienthal zählt zu den Größten der Luftfahrt. Berblingers Flugversuche wurden vergessen.

Ist Berblingers Flugidee heute überholt?

Eine Zeitung berichtet: Edison – größter Erfinder aller Zeiten

Edison, am 11. Februar 1847 in Milan im US-Bundesstaat Ohio geboren, war ein Autodidakt[1], der nur drei Monate eine Schule besuchte. Durch eine Scharlacherkrankung schwerhörig geworden, konnte er dem Unterricht nicht mehr folgen und wurde ausgeschlossen. Aber schon als Zehnjähriger richtete er sich im Keller des elterlichen Hauses eine erste technische Werkstatt ein und brachte sich selbst Grundkenntnisse in Chemie und Elektrizität bei.

Sein erstes Geld verdiente er sich mit zwölf Jahren als Zeitungsjunge in einem Zug, der zwischen Port Huron und Detroit pendelte. Im Gepäckwagen stellte er schließlich eine alte Druckpresse auf und gab ein eigenes Wochenblatt heraus, den „Grand Trunk Herald“, der über Fahrpläne, Expreßpost, Theatergastspiele und Verlorenes und Gefundenes informierte. Edison druckte jeweils 400 Exemplare.

In der knapp 40 Kilometer von New York entfernten kleinen Gemeinde Menlo Park richtete sich Edison 1876 sein eigenes Laboratorium, oder wie er es nannte, seine Erfindungsfabrik ein. Dort forschte er im Auftrag und konstruierte, was ihn selbst interessierte. Es war das erste Industrieforschungslabor der Welt, und dort gelangen ihm seine berühmten Erfindungen.

Unabhängig voneinander arbeiteten zu der Zeit der englische Erfinder Sir Joseph Swan und Edison an einer dauerhaften Glühbirne. Edison gewann den Wettlauf und ließ sich seine Kohlenfadenlampe am 1. November 1879 patentieren. Mehr als ein Jahr hatte Edison nach einem geeigneten Material mit ausreichender Brenndauer gesucht. In der Bambusfaser und getrockneten Baumwollfäden fand er schließlich die Lösung.

Am Silvesterabend 1879 führte der 32jährige Edison vor 3000 Besuchern in Menlo Park seine Erfindung vor. „Das Laboratorium war durch 25 elektrische Lampen strahlend hell erleuchtet“, berichtete der „New York Herald“. Die Premiere war gelungen. Mit der Installation von 250 Glühlampen auf dem Dampfer „Columbia“ verwirklichte Edison die erste elektrische Beleuchtungsanlage.

Thomas Alva Edison wurde am 11. Februar 1847 im US-Bundesstaat Ohio geboren. Als er im Jahr 1931 starb, war er Inhaber von über 1.000 Patenten.

[1] Autodidakt: jemand, der sich sein Wissen im Selbstunterricht aneignet.

- Als Thomas die Schule verlassen muß, sprechen Vater und Mutter mit ihm darüber. Ihr könnt das Gespräch mit verteilten Rollen spielen.
- Ganz Amerika verehrte Thomas Alva Edison. Informiere dich in Lexika oder Sachbüchern über das Leben Edisons und seine Erfindungen.

Von großen und kleinen Leuten

Ortrun Schott

Bei den „Kleinen“

Schon bevor ich in die Schule kam, merkte ich an den Reaktionen der Umwelt, daß ich kleiner war als andere gleichaltrige Kinder. Und irgendwie war damit eine Abwertung verbunden. Im letzten Jahr vor der Einschulung (mit fast sieben Jahren) wurde ich im Kindergarten angemeldet. Die Kindergärtnerinnen steckten mich in die Gruppe der „Kleinen“, also der etwa vierjährigen Kinder, obwohl ich schon sechs war. Ich war gekränkt und empört. Ich schämte mich, denn wenn ich bei den „Kleinen“ war, traute man mir auch nicht mehr zu als ihnen. Ich wollte da weg, aber mein Protest half mir nichts. Wenn man klein ist, gehört man eben zu den Kleinen. Einmal bekamen wir eine Bastelarbeit. Ich saß neben einem Jungen aus unserer Bekanntschaft, etwas zwei Jahre jünger als ich. Mit einer gewissen Verachtung sah ich, wie er und die anderen Kinder sich abmühten, während ich keine Schwierigkeiten hatte. Erst durch meine gute Bastelleistung ließen sich die Kindergärtnerinnen davon überzeugen, daß ich in die Altersgruppe der sechsjährigen Kinder gehörte, in die ich dann überwechseln durfte.

Hugo Baptiste, Zirkus-Riese, Frankreich 1879–1916, angebliche Größe: 269 Zentimeter, tatsächliche Größe: 230 Zentimeter.

Guiness-Buch der Rekorde, Mailand 1983

Ortrun Schott

Spielzeug

Im ersten Schuljahr stürzten sich die Mädchen in der Klasse oft auf mich, faßten mich an, streichelten mich, knieten sich vor mich hin, halfen mir beim Anziehen, obwohl ich das allein konnte. Sie behandelten mich anders als andere Kinder, sie wollten mit mir spielen, aber wie mit einem Spielzeug. Ich fand sie aufdringlich, und es war mir unangenehm. Einmal, es war Pause, wir zogen die Mäntel an, die in der Klasse an der Wand hingen. Ich spürte wieder ein Tätscheln. Und diesmal schlug ich um mich – und traf ausgerechnet meine Lehrerin, die ich liebte und die hinter mir hockte.

- Die Geschichten zeigen, daß kleine Menschen oft Schwierigkeiten im Leben haben. Sucht die Schwierigkeiten, die in den Texten erwähnt sind, heraus.
- Auch große Menschen wie Hugo Baptiste haben es im Leben nicht leicht. Überlegt, was er für Schwierigkeiten haben könnte.

Brüder Grimm

Daumesdick

Es war ein armer Bauersmann, der saß abends beim Herd und schürte das Feuer, und die Frau saß und spann. Da sprach er: „Wie ist's so traurig, daß wir keine Kinder haben! Es ist so still bei uns, und in den anderen Häusern ist's laut und lustig." – „Ja", antwortete die Frau und seufzte, „wenn's nur ein einziges wäre, und wenn's auch ganz klein wäre, nur daumengroß, so wollt' ich schon zufrieden sein; wir hätten's doch von Herzen lieb."

Nun geschah es, daß die Frau kränklich ward und nach sieben Monaten ein Kind gebar, das zwar an allen Gliedern vollkommen, aber nicht länger als ein Daumen war. Da sprachen sie: „Es ist, wie wir es gewünscht haben, und es soll unser liebes Kind sein", und nannten es nach seiner Gestalt Daumesdick. Sie ließen's nicht an Nahrung fehlen, aber das Kind ward nicht größer, sondern blieb, wie es in der ersten Stunde gewesen war; doch schaute es verständig aus den Augen und zeigte sich bald als ein kluges und behendes Ding, dem alles glückte, was es anfing.

Der Bauer machte sich eines Tages fertig, in den Wald zu gehen und Holz zu fällen; da sprach er so vor sich hin: „Nun wollt' ich, daß einer da wäre, der mir den Wagen nachbrächte." – „O, Vater", rief Daumesdick, „den Wagen will ich schon bringen, verlaßt Euch drauf." Da lachte der Mann und sprach: „Wie sollte das zugehen? Du bist viel zu klein, um das Pferd mit dem Zügel zu leiten." – „Das tut nichts, Vater, wenn nur die Mutter anspannen will, ich setze mich dem Pferd ins Ohr und rufe ihm zu, wie es gehen soll." – „Nun", antwortete der Vater, „einmal wollen wir's versuchen." Als die Stunde kam, spannte die Mutter an und setzte Daumesdick ins Ohr des Pferdes, und dann rief der Kleine, wie das Pferd gehen sollte: „Jüh" und „Joh", „Hot" und „Har". Da ging es ganz ordentlich wie bei einem Meister, und der Wagen fuhr den rechten Weg nach dem Walde.

Als er eben um eine Ecke bog und der Kleine „Har, har!" rief, kamen zwei fremde Männer daher. „Mein Gott", sprach der eine, „was ist das? Da fährt ein Wagen, und ein Fuhrmann ruft dem Pferde zu und ist doch nicht zu sehen." – „Das geht nicht mit rechten Dingen zu", sagte der andere, „wir wollen dem Karren folgen und sehen, wo er anhält." Der Wagen aber fuhr vollends in den Wald hinein und richtig zu dem Platze,

Das Märchen und seine Merkmale

Märchen sind Erzählungen, in denen übernatürliche Kräfte eingreifen. Die Guten werden belohnt, die Bösen bestraft.
Oft beginnen Märchen mit „Es war einmal ...". In ihnen werden Wünsche erfüllt, Glück stellt sich ein, Wunder geschehen. Die Hauptperson muß oft schwierige Aufgaben lösen und gegen böse Gestalten kämpfen. Sie siegt aber immer über das Böse.
Bei allen Völkern der Welt sind Märchen zu finden. Ursprünglich wurden sie mündlich überliefert, bis Märchensammler sie aufschrieben.

wo das Holz gehauen ward. Als Daumesdick seinen Vater erblickte, rief er ihm zu: „Siehst du, Vater, da bin ich mit dem Wagen, nun hol mich herunter!“ Der Vater faßte das Pferd mit der Linken und holte mit der Rechten sein Söhnlein aus dem Ohr, das sich ganz hastig auf einen Strohhalm niedersetzte. Als die beiden fremden Männer den Daumesdick erblickten, wußten sie nicht, was sie vor Verwunderung sagen sollten. Da nahm der eine den andern beiseit' und sprach: „Hör, der kleine Kerl könnte uns Glück machen, wenn wir ihn in einer großen Stadt für Geld sehen ließen. Wir wollen ihn kaufen.“ Sie gingen zu dem Bauer und sprachen: „Verkauft uns den kleinen Mann, er soll's gut bei uns haben.“ – „Nein“, antwortete der Vater, „er ist mein Herzblatt und ist mir für alles Gold in der Welt nicht feil.“ Daumesdick aber, als er von dem Handel gehört, war an den Rockfalten seines Vater hinaufgekrochen, stellte sich ihm auf die Schulter und wisperte ihm ins Ohr: „Vater, gib mich nur hin, ich will schon wieder zurückkommen.“ Da gab ihn der Vater für ein schönes Stück Geld den beiden Männern mit. „Wo willst du sitzen?“ sprachen sie zu ihm. „Ach, setzt mich nur auf den Rand von eurem Hut; da kann ich auf und ab spazieren und die Gegend betrachten und falle doch nicht herunter.“

Sie taten ihm den Willen, und als Daumesdick Abschied von seinem Vater genommen hatte, machten sie sich mit ihm fort. So gingen sie, bis es dämmerig ward; da sprach der Kleine: „Hebt mich einmal herunter, es ist nötig.“ – „Bleib nur droben“, sprach der Mann, auf dessen Kopf er saß, „ich will mir nichts draus machen, die Vögel lassen mir auch manchmal was drauf fallen.“ – „Nein“, sprach Daumesdick, „ich weiß auch, was sich schickt, hebt mich nur geschwind herab.“ Der Mann nahm den Hut ab und setzte den Kleinen auf einen Acker am Weg; da sprang und kroch er ein wenig zwischen den Schollen hin und her, dann schlüpfte er plötzlich in ein Mausloch. „Guten Abend, ihr Herren, geht nur ohne mich heim!“ rief er ihnen zu und lachte sie aus. Sie liefen herbei und stachen mit Stöcken in das Mausloch, aber das war vergebliche Mühe.

Als Daumesdick merkte, daß sie fort waren, kroch er aus dem unterirdischen Gang hervor. „Es ist auf dem Acker in der Finsternis so gefährlich gehen“, sprach er, „Wie leicht bricht einer Hals und Bein!“ Zum Glück stieß er an ein leeres Schneckenhaus. „Gottlob“, sagte er, „da kann ich die Nacht sicher zubringen“, und setzte sich hinein. Nicht lang, so hörte er zwei Männer vorübergehen, davon sprach der eine: „Wie wir's nur anfangen, um dem reichen Pfarrer sein Geld und sein Silber zu holen?“ – „Das könnt' ich dir sagen“, rief Daumesdick dazwischen. „Was war das?“ sprach der eine Dieb erschrocken, „ich hörte jemand sprechen.“ Sie blieben stehen und horchten, da sprach Daumesdick wieder: „Nehmt mich mit, so will ich euch helfen.“ – „Wo bist du denn?“

Brüder Grimm

Jakob Grimm und Wilhelm Grimm ließen sich auf vielen Wanderungen Märchen und auch Sagen erzählen und schrieben sie auf. Die Gebrüder Grimm wurden besonders durch die Sammlung der „Kinder- und Hausmärchen“ bekannt.

Jacob Grimm lebte von 1785 bis 1863,
sein Bruder Wilhelm von 1786 bis 1859.

– „Sucht nur auf der Erde und merkt, wo die Stimme herkommt", antwortete er. Da fanden ihn endlich die Diebe und hoben ihn in die Höhe. „Du kleiner Wicht, was willst du uns helfen?" sprachen sie. „Seht", antwortete er, „ich krieche zwischen den Eisenstäben in die Kammer des Pfarrers und reiche euch heraus, was ihr haben wollt." – „Wohlan", sagten sie, „wir wollen sehen, was du kannst." Als sie bei dem Pfarrhaus ankamen, kroch Daumesdick in die Kammer, schrie aber gleich aus Leibeskräften: „Wollt ihr alles haben, was hier ist?" Die Diebe erschraken und sagten: „So sprich doch leise, damit niemand aufwacht." Aber Daumesdick tat, als hätte er sie nicht verstanden, und schrie von neuem: „Was wollt ihr? Wollt ihr alles haben, was hier ist?" Das hörte die Köchin, die in der Stube daneben schlief, richtete sich im Bette auf und horchte. Die Diebe aber waren vor Schrecken ein Stück Wegs zurückgelaufen. Endlich faßten sie wieder Mut und dachten: „Der kleine Kerl will uns necken." Sie kamen zurück und flüsterten ihm zu: „Nun mach Ernst und reich uns etwas heraus." Da schrie Daumesdick noch einmal, so laut er konnte: „Ich will euch ja alles geben, reicht nur die Hände herein." Dies hörte die horchende Magd ganz deutlich, sprang aus dem Bett und stolperte zur Tür herein. Die Diebe liefen fort; die Magd aber, als sie nichts bemerken konnte, ging ein Licht anzuzünden.

Wie sie damit herbeikam, machte sich Daumesdick, ohne daß er gesehen wurde, hinaus in die Scheune. Die Magd aber, nachdem sie alle Winkel durchgesucht und nichts gefunden hatte, legte sich endlich wieder zu Bett und glaubte, sie hätte mit offenen Augen und Ohren doch nur geträumt.

Daumesdick war in den Heuhälmchen herumgeklettert und hatte einen schönen Platz zum Schlafen gefunden. Da wollte er sich ausruhen, bis es Tag wäre und dann zu seinen Eltern wieder heimgehen. Aber er mußte andere Dinge erfahren! Ja, es gibt viel Trübsal und Not auf der Welt! Die Magd stieg, als der Tag graute, schon aus dem Bett, um das Vieh zu füttern. Ihr erster Gang war in die Scheune, wo sie einen Arm voll Heu packte und gerade dasjenige, worin der arme Daumesdick lag und schlief. Er schlief aber so fest, daß er nichts gewahr ward und nicht eher aufwachte, als bis er in dem Maul der Kuh war, die ihn mit dem Heu aufgerafft hatte. „Ach Gott", rief er, „wie bin ich in die Walkmühle geraten?" merkte aber bald, wo er war. Da hieß es aufpassen, daß er nicht zwischen die Zähne kam und zermalmt ward, und hernach mußte er doch mit in den Magen hinabrutschen. „In dem Stübchen sind die Fenster vergessen", sprach er, „und scheint keine Sonne herein. Ein Licht wird auch nicht gebracht." Überhaupt gefiel ihm das Quartier schlecht, und was das Schlimmste war, es kam immer mehr neues Heu zur Tür herein, und der Platz ward immer enger. Da rief er endlich in der Angst, so

---

Neben den Brüdern Grimm gab es noch andere, die Märchen sammelten, schrieben und übersetzten: Ludwig Bechstein in Deutschland, Charles Perrault in Frankreich und Antoine Galland mit der Sammlung „Tausendundeine Nacht" aus Arabien.

- Bringt Märchenbücher in die Schule mit. Lest einander die Märchen vor, die euch in euren Märchenbüchern am besten gefallen haben.

laut er konnte: „Bringt mir kein frisches Futter mehr, bringt mir kein frisches Futter mehr!“ Die Magd melkte gerade die Kuh, und als sie sprechen hörte, ohne jemand zu sehen und es dieselbe Stimme war, die sie auch in der Nacht gehört hatte, erschrak sie so, daß sie von ihrem Stühlchen herabglitschte und die Milch verschüttete. Sie lief in der größten Hast zu ihrem Herrn und rief: „Ach Gott, Herr Pfarrer, die Kuh hat geredet.“ – „Du bist verrückt“, antwortete der Pfarrer, ging aber doch selbst in den Stall und wollte nachsehen, was es da gäbe.

Kaum aber hatte er den Fuß hineingesetzt, so rief Daumesdick aufs neue: „Bringt mir kein frisches Futter mehr, bringt mir kein frisches Futter mehr“. Da erschrak der Pfarrer selbst, meinte, es wäre ein böser Geist in die Kuh gefahren und hieß sie töten. Sie ward geschlachtet, der Magen aber, worin Daumesdick steckte, auf den Mist geworfen. Daumesdick hatte große Mühe, sich hindurchzuarbeiten, doch brachte er’s so weit, daß er Platz bekam, aber als er eben sein Haupt herausstrecken wollte, kam ein neues Unglück. Ein hungriger Wolf lief heran und verschlang den ganzen Magen mit einem Schluck. Daumesdick verlor den Mut nicht.

„Vielleicht“, dachte er, „läßt der Wolf mit sich reden“, und rief ihm aus dem Wanste zu: „Lieber Wolf, ich weiß dir einen herrlichen Fraß.“ – „Wo ist der zu holen?“ sprach der Wolf. „In dem und dem Haus, da mußt du durch die Gosse hineinkriechen und wirst Kuchen, Speck und Wurst finden, soviel du essen willst“, und beschrieb ihm genau seines Vaters Haus. Der Wolf ließ sich das nicht zweimal sagen, drängte sich in der Nacht zur Gosse hinein und fraß in der Vorratskammer nach Herzenslust. Als er sich gesättigt hatte, wollte er wieder fort, aber er war so dick geworden, daß er denselben Weg nicht wieder hinaus konnte. Damit hatte Daumesdick gerechnet und fing nun an, in dem Leib des Wolfs einen gewaltigen Lärm zu machen, tobte und schrie, was er konnte. „Willst du stille sein“, sprach der Wolf, „du weckst die Leute auf.“ – „Ei was“, antwortete der Kleine, „du hast dich satt gefressen, ich will mich auch lustig machen“, und fing von neuem an, aus allen Kräften zu schreien. Davon erwachten endlich sein Vater und seine Mutter, liefen an die Kammer und schauten durch die Spalte hinein. Wie sie sahen, daß ein Wolf darin hauste, liefen sie davon, und der Mann holte die Axt und die Frau die Sense. „Bleib dahinten“, sprach der Mann, als sie in die Kammer traten, „wenn ich ihm einen Schlag gegeben habe und er davon noch nicht tot ist, so mußt du auf ihn einhauen und ihm den Leib zerschneiden.“ Da hörte Daumesdick die Stimme seines Vaters und rief: „Lieber Vater, ich bin hier, ich stecke im Leib des Wolfs.“ Sprach der Vater voll Freuden: „Gottlob, unser liebes Kind hat sich wiedergefunden“, und hieß die Frau die Sense wegtun, damit Daumesdick nicht verletzt würde. Danach holte er aus und schlug dem Wolf einen Schlag auf den Kopf, daß er tot niederstürzte; dann suchten sie Messer und Schere, schnitten ihm den Leib auf und zogen den Kleinen wieder hervor. „Ach“, sprach der Vater, „was haben wir für Sorge um dich ausgestanden!“ – „Ja, Vater, ich bin viel in der Welt herumgekommen!“ – „Wo bist du denn all gewesen?“ – „Ach, Vater, ich war in einem Mauseloch, in einer Kuh Bauch und in eines Wolfes Wanst. Nun bleib’ ich bei euch.“

– „Und wir verkaufen dich um alle Reichtümer der Welt nicht wieder“, sprachen die Eltern, herzten und küßten ihren lieben Daumesdick. Sie gaben ihm zu essen und zu trinken und ließen ihm neue Kleider machen; denn die seinigen waren ihm auf der Reise verdorben.

Brüder Grimm

Die Bienenkönigin

Zwei Königssöhne gingen einmal auf Abenteuer und gerieten in ein wildes, wüstes Leben, so daß sie gar nicht wieder nach Hause kamen. Der jüngste, welcher der Dummling hieß, machte sich auf und suchte seine Brüder: aber wie er sie endlich fand, verspotteten sie ihn, daß er mit seiner Einfalt sich durch die Welt schlagen wollte, und sie zwei könnten nicht durchkommen und wären doch viel klüger. Sie zogen alle drei miteinander fort und kamen an einen Ameisenhaufen. Die zwei ältesten wollten ihn aufwühlen und sehen, wie die kleinen Ameisen in der Angst herumkröchen und ihre Eier forttrügen, aber der Dummling sagte: „Laßt die Tiere in Frieden, ich leid's nicht, daß ihr sie stört." Da gingen sie weiter und kamen an einen See, auf dem schwammen viele, viele Enten. Die zwei Brüder wollten ein paar fangen und braten, aber der Dummling ließ es nicht zu und sprach: „Laßt die Tiere in Frieden, ich leid's nicht, daß ihr sie tötet." Endlich kamen sie an ein Bienennest, darin war so viel Honig, daß er am Stamm herunterlief. Die zwei wollten Feuer unter dem Baum legen und die Bienen ersticken, damit sie den Honig wegnehmen könnten. Der Dummling hielt sie aber wieder ab und sprach: „Laßt die Tiere in Frieden, ich leid's nicht, daß ihr sie verbrennt." Endlich kamen die drei Brüder in ein Schloß, wo in den Ställen lauter steinerne Pferde standen, auch war kein Mensch zu sehen, und sie gingen durch alle Säle, bis sie vor eine Tür ganz am Ende kamen, davor hingen drei Schlösser; es war aber mitten in der Türe ein Lädlein, dadurch konnte man in die Stube sehen. Da sahen sie ein graues Männchen, das an einem Tisch saß. Sie riefen es an, einmal, zweimal, aber es hörte nicht; endlich riefen sie zum drittenmal, da stand es auf, öffnete die Schlösser und kam heraus. Es sprach aber kein Wort, sondern führte sie zu einem reichbesetzten Tisch; und als sie gegessen und getrunken hatten, brachte es einen jeglichen in sein eigenes Schlafgemach. Am andern Morgen kam das graue Männchen zu dem ältesten, winkte und leitete ihn zu einer steinernen Tafel, darauf standen drei Aufgaben geschrieben, wodurch das Schloß erlöst werden könnte. Die erste war, in dem Wald unter dem Moos lagen die Perlen der Königstochter, tausend an der Zahl, die mußten aufgesucht werden, und wenn vor Sonnenuntergang noch eine einzige fehlte, so ward der, welcher gesucht hatte, zu Stein. Der älteste ging hin und suchte den ganzen Tag, als aber der Tag zu Ende war, hatte er erst hundert gefunden; es geschah, wie auf der Tafel stand, er ward in Stein verwandelt. Am folgenden Tag unternahm der zweite Bruder das Abenteuer: es ging ihm aber nicht viel besser als dem ältesten, er fand nicht mehr als zweihundert Perlen und ward zu Stein. Endlich kam auch an den Dummling die Reihe, der suchte im Moos, es war aber so schwer, die Perlen zu finden, und ging so langsam. Da setzte er sich auf einen Stein und weinte. Und wie er so saß, kam der Ameisenkönig, dem er einmal das Leben erhalten hatte, mit fünftausend Ameisen, und es währte gar nicht lange, so hatten die kleinen Tiere die Perlen miteinander gefunden und auf einen Haufen getragen. Die zweite Aufgabe aber war, den Schlüssel zu der Schlafkammer der Königstochter aus der See zu holen. Wie der Dummling zur See kam, schwammen die Enten, die er einmal gerettet hatte, heran, tauchten unter und holten den Schlüssel aus der Tiefe. Die dritte Aufgabe aber war die schwerste, aus den drei schlafenden

Töchtern des Königs sollte die jüngste und die liebste herausgesucht werden. Sie glichen sich aber vollkommen und waren durch nichts verschieden, als daß sie, bevor sie eingeschlafen waren, verschiedene Süßigkeiten gegessen hatten, die älteste ein Stück Zucker, die zweite ein wenig Sirup, die jüngste einen Löffel voll Honig. Da kam die Bienenkönigin von den Bienen, die der Dummling vor dem Feuer geschützt hatte, und versuchte den Mund von allen dreien; zuletzt blieb sie auf dem Mund sitzen, der Honig gegessen hatte, und so erkannte der Königssohn die rechte. Da war der Zauber vorbei, alles war aus dem Schlaf erlöst, und wer von Stein war, erhielt seine menschliche Gestalt wieder. Und der Dummling vermählte sich mit der jüngsten und liebsten und ward König nach ihres Vaters Tod; seine zwei Brüder aber erhielten die beiden andern Schwestern.

Günter Bruno Fuchs

Ich bin der kleinste Mann

Ich bin der kleinste Mann mit leeren Händen.
Ich bin der ärmste Mann mit kleinen Händen.
Doch mit dir
kann der kleine arme Mann
auch den größten Baum mit langen Ästen
auch das hohe Haus mit vollen Tischen
in den kleinen leeren Händen
über große Berge tragen.

- Vergleicht den Dummling im Märchen mit dem kleinen Mann im Gedicht von Günter Bruno Fuchs.
  Weshalb meistern die beiden Kleinen ihre Aufgaben und Probleme?
- Tragt das Gedicht vor. Achtet darauf, daß es nur aus drei Sätzen besteht, und lest die Sätze im Zusammenhang.

- Du kannst Märchen selbst erfinden. Dabei helfen dir die Bilder auf dieser Seite.
- Überlegt, wie ihr ein Märchenbuch selbst herstellen könnt.
  - In Bildender Kunst könnt ihr zu euren Märchen Bilder malen.
  - Die Märchen lassen sich zusammen mit den Bildern zu einem wunderschönen Buch binden.
- Veranstaltet eine „Märchenstunde". Märchen sind besonders schön, wenn sie nicht vorgelesen, sondern erzählt werden. Ihr könnt dazu eine andere Klasse oder eure Eltern einladen.

Josef Guggenmos

Der Riese Häuserlupf

Damals, als es noch Riesen gab, traf ein Junge namens Fridolin einen Riesen namens Häuserlupf. Das war eine Woche vor den großen Ferien.
Fridolin ging nach Hause. Am Abend legte er sich ins Bett.
Als er am anderen Morgen aufwachte, hörte er, wie seine Mutter im Bett sagte: „Was war das nur heute nacht? Dieses merkwürdige Sausen ums Haus!“
„Und dieses Zittern!“ sagte der Vater: „Erst dachte ich an ein Erdbeben. Und dann war mit einem Schlag alles vorüber.“
Fridolin setzte sich auf und rieb sich die Augen.
Plötzlich war er hellwach. Ihm war etwas eingefallen. Er sprang aus dem Bett und rannte ans Fenster.
„Gemsen!“ rief er. „Draußen stehen Gemsen!“
„Du scheinst noch zu träumen“, meinte die Mutter.
„Ehrenwort! – Sieben Stück!“ rief Fridolin.
„Du hast dich im Kalender geirrt“, erklärte der Vater. „Wir schreiben jetzt Juli. Nicht den ersten April.“
Er stand aber doch auf und trat ans Fenster.
„Tatsächlich“, sagte er. „Im Garten stehen Gemsen.“
Die Mutter eilte auch herbei. „Wahrhaftig, Gemsen! Gemsen in unserem Garten! Und wie neugierig sie dreinschauen. So richtig erstaunt.“
„Sie scheinen sich über unser Haus zu wundern“, sagte der Vater.
„Was ist an unserem Haus so verwunderlich? Ich denke, eher hätten wir Grund, uns über sie zu wundern!“
Da tat die Mutter einen Schrei: „Mein Salat! Sie haben meinen Salat abgeweidet! Und die Rosen! Und die Nelken! – Aber was ist das? Dort wächst ja Enzian! Und da Almenrausch! Und dort am Felsen blüht sogar Edelweiß! Aber wo kommt denn der Felsen her? Seit wann haben wir ein Alpinum[1] im Garten?“
„Ja, ist das denn überhaupt noch unser Garten?“ rief der Vater.
„Schauen wir mal zur anderen Seite hinaus!“
Die drei wanderten im Nachtgewand zum Wohnzimmer. Sie traten ein – und riefen ein entzücktes „Ah!“
Tief unter ihnen breitete sich das weite Land im Schein der Morgensonne. Klein und zierlich lagen Dörfer und Städte zwischen Wiesen, Feldern und Wäldern. Silberne Flüsse verloren sich in der Ferne ...

---

[1] Alpinum: Anlage mit Gebirgspflanzen

Josef Guggenmos
wurde 1922 in Irsee bei Kaufbeuren geboren. Er ist als Schöpfer von Geschichten, Scherzgedichten, Sprachspielen und Rätseln bekannt geworden. Für seine erste größere Sammlung „Was denkt die Maus am Donnerstag“ erhielt er den Deutschen Jugendbuchpreis.

„Herrlich! – Diese Aussicht! – Einzigartig!"

Es dauerte lange, bis sich die drei gefaßt hatten.

Schließlich sagte der Vater: „Schön ist es hier oben, da gibt es keinen Zweifel. Aber interessieren würde es mich doch, wie wir plötzlich hier heraufgekommen sind."

„Es gibt nur eine Möglichkeit", meinte die Mutter. „Der Riese Häuserlupf muß heute nacht unser Haus genommen und auf diesen hohen Berg gestellt haben."

„Ja, der Häuserlupf", sagte der Vater. „Dem wäre das wohl zuzutrauen. Aber wie kommt er ausgerechnet auf unser Haus? Und warum hat er sich die Mühe gemacht, es so weit zu transportieren?"

„Das ist mir auch ein Rätsel", sagte die Mutter. „Aber eins muß man dem Häuserlupf lassen: Er hat beim Tragen gut achtgegeben! Nicht eine Vase ist umgefallen!"

Fridolin stand neben seinen Eltern und gab keinen Pieps von sich. Der Vater holte das Fernrohr. In weiter, weiter Ferne war der Garten zu erkennen, in dem bis gestern abend das Haus gestanden hatte. Und nicht weit davon stand die Schule – ein winziges weißes Kästchen.

„Da brauche ich heute natürlich nicht zur Schule", sagte Fridolin.

„Nein, das kann niemand von dir verlangen", erklärte der Vater. „Es ist ohnehin ein Ding der Unmöglichkeit, von diesem hohen Berg ins Tal zu kommen. Übrigens, du scheinst nicht sehr traurig darüber zu sein."

„Ach, war das in den letzten Tagen eine Plage mit diesem Jungen", erzählte die Mutter. „Er wollte nicht mehr in die Schule, er wollte keine Aufgaben mehr machen. Fridolin konnte einfach die Ferien nicht mehr erwarten. Aber jetzt ist er ja erlöst. – Bleibt nur die Frage, ob wir überhaupt je wieder von diesem Felsen kommen. Für einige Zeit sind wir zwar mit Vorräten versorgt, aber wir können doch nicht ewig oben bleiben. Ach, jetzt fällt mir ein, am ersten Ferientag wollte ja Tante Beate mit ihrer Familie zu uns kommen.

Die werden traurig sein, wenn sie unser Haus nicht mehr im Garten finden! Wir hatten uns doch alle so aufeinander gefreut! Und nun können wir ihnen nicht einmal mehr Nachricht geben ..."

„Kommt Zeit, kommt Rat", sagte Fridolin.

Der Vater sah seinen Sohn verwundert an. „Seit wann wirfst du mit Sprichwörtern um dich?" fragte er.

Die Familie verbrachte eine herrliche Woche im Hochgebirge. Nur die Frage, wie das alles weitergehen würde, machte ihnen hin und wieder Sorge. –

In der Nacht vor dem ersten Ferientag war wieder dieses feine Zittern und dieses seltsame Sausen zu spüren. Und am Morgen des ersten Ferientages stand das Haus wieder auf seinem alten Platz im Garten.

Am Nachmittag kam Tante Beate mit Onkel Georg, dem neunjährigen Willibald und der siebenjährigen Susanne.

Einige Tage später machten alle einen gemeinsamen Spaziergang. Wer kam ihnen da entgegen, so großmächtig, daß sein Schatten über sieben Felder reichte? – der Riese Häuserlupf!

Als der Riese vorübergegangen war, blieb der Vater stehen. Er sah seinen Sohn scharf an und sprach: „Du, sag einmal! Mir war eben, als hättet ihr beide euch zugezwinkert, der Häuserlupf und du!"

Gemeinsam groß sein

Es war einmal das Wort begegnet

Es war einmal das Wort begegnet, das sich sehr einsam fühlte. Sein Leben war allein so sinnlos. Deshalb machte es sich auf die Wanderschaft durch die große weite Welt und kam schließlich in das Reich der Riesen. Das Wort begegnet fürchtete sich überhaupt nicht vor den Riesen, obwohl alle den Eindringling grimmig anschauten. „Was willst du bei uns?“ fragten sie. Das Wort begegnet erwiderte: „Ich suche die richtigen Freunde, die zu mir passen. Wer will mit mir gehen, damit mein Leben nicht mehr so sinnlos ist?“

Da erhob sich der großherzige Riese Waldemar. Auch er fühlte sich einsam, und so gesellte er sich zu dem Wort begegnet. Beide waren glücklich, einander gefunden zu haben. Doch bald merkten sie, daß ihnen noch immer etwas fehlte. Miteinander machten sie sich auf die Wanderschaft und bereisten das Reich der Zauberer, der Hexen und der Feen. Und wem begegneten sie dort? Einsam saß auf einem Zauberstein die reizende Fee Kunitraud.

- Um welche Satzglieder handelt es sich bei begegnet und der großherzige Riese Waldemar?
- Weshalb waren die beiden Satzglieder allein noch nicht glücklich miteinander?

Objekte sind notwendige Satzglieder

Beispiel:

Die kleine Hexe | schenkt | (wem?) der verwunschenen Fee | (was?) einen Besenstiel.

Objekte sind notwendige Satzglieder, die das Verb fordert. Das Verb legt fest, wie die Objekte erfragt werden können.

Wem bringt *die kleine Hexe den Besenstiel?* – Dativobjekt
Was bringt *die kleine Hexe der verwunschenen Fee?* – Akkusativobjekt
Wem bringt *die kleine Hexe* ***was****?* – Dativ- und Akkusativobjekt

Ganz wenige Verben erfordern Genitivobjekte, die mit ***Wessen****?* erfragt werden:
Die alte Hexe ***entsinnt sich ihrer Untaten.***
Wessen entsinnt sich *die alte Hexe?*

Sie weinte bitterlich. Trotz ihrer Zauberkräfte hatte sie keinen Anschluß gefunden. Voller Freude sagte sie „ja", als der großherzige Riese Waldemar und das Wort begegnet ihr anboten, sich ihnen anzuschließen. Doch die reizende Fee Kunitraud konnte sich nicht ohne Veränderung zu ihnen gesellen. Denn wem ist der großherzige Riese Waldemar begegnet? Der großherzige Riese Waldemar ist der reizenden Fee Kunitraud begegnet. Kurz entschlossen, nahm die Fee die kleine Verwandlung vor, und alle waren glücklich, denn jetzt hatte ihr Zusammensein einen Sinn. Niemand war allein, alles gehörte zusammen:

Der großherzige Riese Waldemar | begegnet | der reizenden Fee Kunitraud.

So lebten sie viele Jahre glücklich und zufrieden. Doch eines Tages wurde es ihnen langweilig. Und sie kamen auf die Idee, ihre Plätze zu tauschen. Dabei veränderten sie sich ein klein wenig. Die Frage ist, ob ihre Verbindung noch den gleichen Sinn hat.

? | ? | ?

Auch die folgenden Satzglieder sind einsam und suchen passende Freunde. Welche Verbindungen sind möglich? Versuche auch einen Satz mit zwei Objekten zu bilden.

- die reizende Fee Kunitraud
- ein Zauberring
- der Zwerg Karfunkel
- trifft
- rettet
- die lustige Hexe Miranda
- gibt
- die Schatztruhe

Auf den Bildern siehst du, wer wem begegnet, wer wem was bringt, wer sich wessen erinnert und wer wen umarmt. Drücke das, was das einzelne Bild dir an Informationen gibt, in einem Satz aus.

Ein Leser deines Satzes erfährt, wer wem begegnet, wer wem was bringt, wer sich wessen erinnert, und wer wen umarmt. Verwende die Fragewörter, und erfrage die Satzglieder.

Aufzählung von Satzgliedern – Komma

Ein Satzglied kann aus mehreren Teilen bestehen: *Und miteinander machten sie sich auf die Wanderschaft und bereisten* ***das Reich der Zauberer, der Hexen und der Feen.*** Die einzelnen Satzglieder werden durch ein Komma oder durch *und* markiert und zusammengehalten.

Groß oder klein?

spotten oder Spotten?

Zuerst **jubeln** die Leute dem Schneider zu.

Kein Jubeln war zu hören.

Die Leute **spotten** über den Schneider von Ulm.

Der Schneider von Ulm hört **das Spotten** der Leute.

- Auf den ersten Blick scheint nicht einsichtig zu sein, warum „spotten“ und „jubeln“ einmal groß und einmal klein geschrieben werden. Begründet!
- Wenn ihr untersucht, welches Satzglied diese Wörter bilden, kommt ihr hinter die Groß- und Kleinschreibung.

Großschreibung

Substantive und alle Wörter, die in einem Satz als Substantiv gebraucht werden, werden groß geschrieben. In dem Satz:
Kein Jubeln war zu hören.
ist *Jubeln* Substantiv, da es das Artikelwort *kein* bei sich hat.

Satzglieder

Klaus' Traum vom Fliegen

das Flugzeug

die Piloten

der Kapitän

Klaus

sein
träumen
besitzen
beenden
besteigen

das Rasseln

die Luft

der Traumberuf

er

der Wecker

das Modellflugzeug

das Fliegen

ein Motor

1. Mit den Wörtern kannst du Sätze bilden. Die folgenden Hinweise helfen dir dabei.
   - Die Verben bilden das Prädikat.
   - Die anderen Wörter ergeben das Subjekt oder die Objekte des Satzes.
   - Die Wörter können mehrmals verwendet werden.
2. Bestimme vom Prädikat aus, welche Wörter bei dir Subjekt oder Objekt geworden sind. Bei dieser Aufgabe kann dir die Frageprobe helfen.

Ein Märchen schreiben

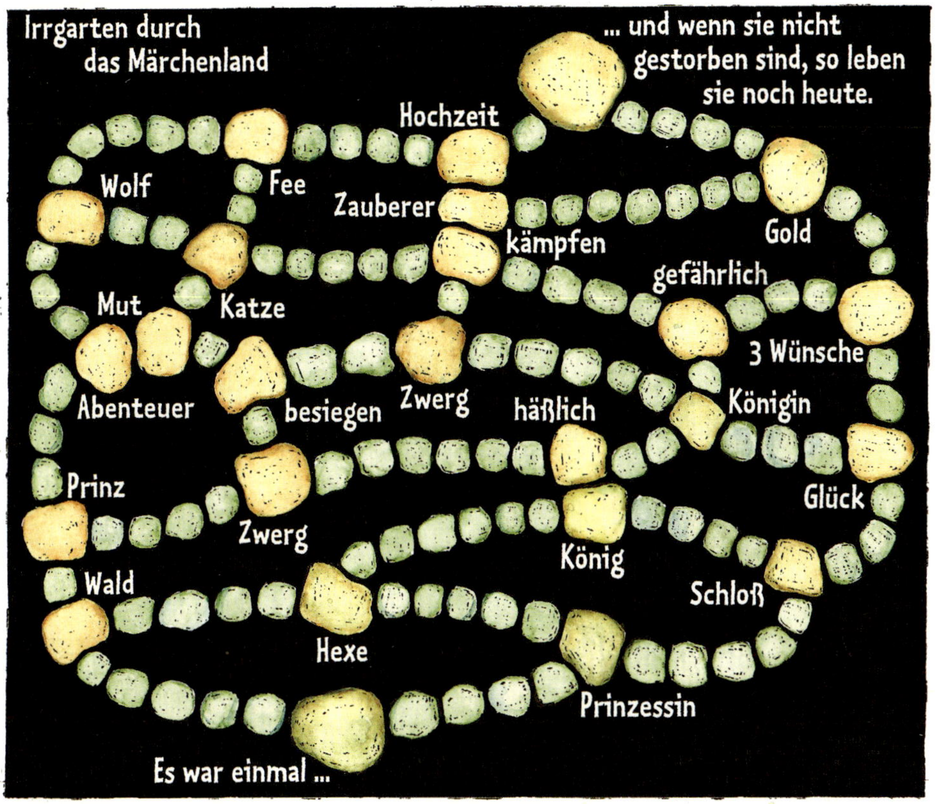

3. Schreibe dein eigenes Märchen.
- Suche dir zuerst einen Weg durch den Irrgarten. Beachte dabei die Merkmale eines Märchens.
- Verwende die Angaben an den Wegkreuzungen für dein Märchen.
- Alles, was dir auf dem Weg begegnet, sollte der Leser in deiner Geschichte wiederfinden.

Klein oder groß schreiben?

In ganz Ulm war das Jubeln der Leute zu hören.	In ganz Ulm hörte man die Leute jubeln.
Das Sammeln von Märchen war eine Leidenschaft der Brüder Grimm.	
	Unsere Hausaufgabe war, Märchenbücher mitzubringen.
Ich spürte wieder ein Tätscheln.	Ich spürte wieder, wie ...
Der Transport des Hauses durch den Riesen geschah leise und vorsichtig.	Der Riese ...
	Gemeinsam Märchen zu erzählen bereitet viel Spaß.

4. Suche oder vervollständige die Sätze, und schreibe sie in dein Heft.

5. Unterstreiche bei der Großschreibung immer das Substantiv und den dazugehörigen Artikel mit derselben Farbe.

6. Vergleiche die Satzpaare miteinander. Welche Formulierung gefällt dir besser?

Richtig schreiben

Was ich bin, wirst du leicht erraten. Ich blieb an einer Treppe hängen, die mit Pech bestrichen war. Verschiedene Füße mußte ich ertragen, bis mir endlich der richtige Fuß paßte. Er gehörte einer schönen, armen Frau. Aber wirst du auch erraten, wie diese Frau heißt? Vielleicht fällt es dir schneller ein, wenn du dich daran erinnerst, daß diese Frau schwere Küchenarbeiten verrichten mußte. Wie heißt die Märchengestalt? (68 Wörter)

7. Lies den Text aufmerksam durch, und merke dir schwierige Wörter: ‚vielleicht' mit *ie* und *ll*... Sprich den Text auf Kassette, und schreibe ihn dann auf. Kontrolliere am Schluß deinen Text. (Wenn du keine Kassette zur Hand hast, mußt du dir den Text diktieren lassen.)

Die Schreibung von Wörtern sichern und Fehlerschwerpunkte bearbeiten

8. Wie schreibt man?

Schreibung	Seite	Problem	Erklärung und Hinweise
Linnen	187	Unbekanntes Wort	*Linnen* bedeutet *Leinen.* Auch wenn du die Bedeutung des Wortes nicht kennst, kannst du es richtig schreiben. Da das *i* kurz und betont ist, muß das *n,* das vor einem weiteren Vokal steht, verdoppelt werden; in Silben: *Lin-nen.*
erschrak	193	Kommt das nicht von *erschrecken*?	Richtig! *Erschrecken* wird mit *ck* geschrieben, da es zwischen Vokalen steht und das *e* davor kurz und betont ist; in Silben *er-schrek-ken.* Bei *erschraken* ist aber das *a* betont und lang, so daß sich als Silben ergeben: *er-schra-ken.* Nach einem langen Vokal kann nie ein Buchstabe für einen Konsonanten verdoppelt werden! Das bedeutet, daß du ein Wort immer zuerst in Silben zerlegen solltest, bevor du die Wortfamilie bildest.
Säle	195	Das kommt doch von *Saal*!	Richtig! Aber es gibt niemals *ää;* also schreibt man *Säle, Härchen, Pärchen, säen ...*
dieses merkwürdige Sausen	198	*sausen* ist doch ein Verb!	In dieser Einheit hast du erklärt bekommen, warum hier *sausen* groß geschrieben wird. Erkläre die Schreibung, indem du dir vergegenwärtigst, woran man ein Substantiv erkennt.

Knifflige Probleme lösen

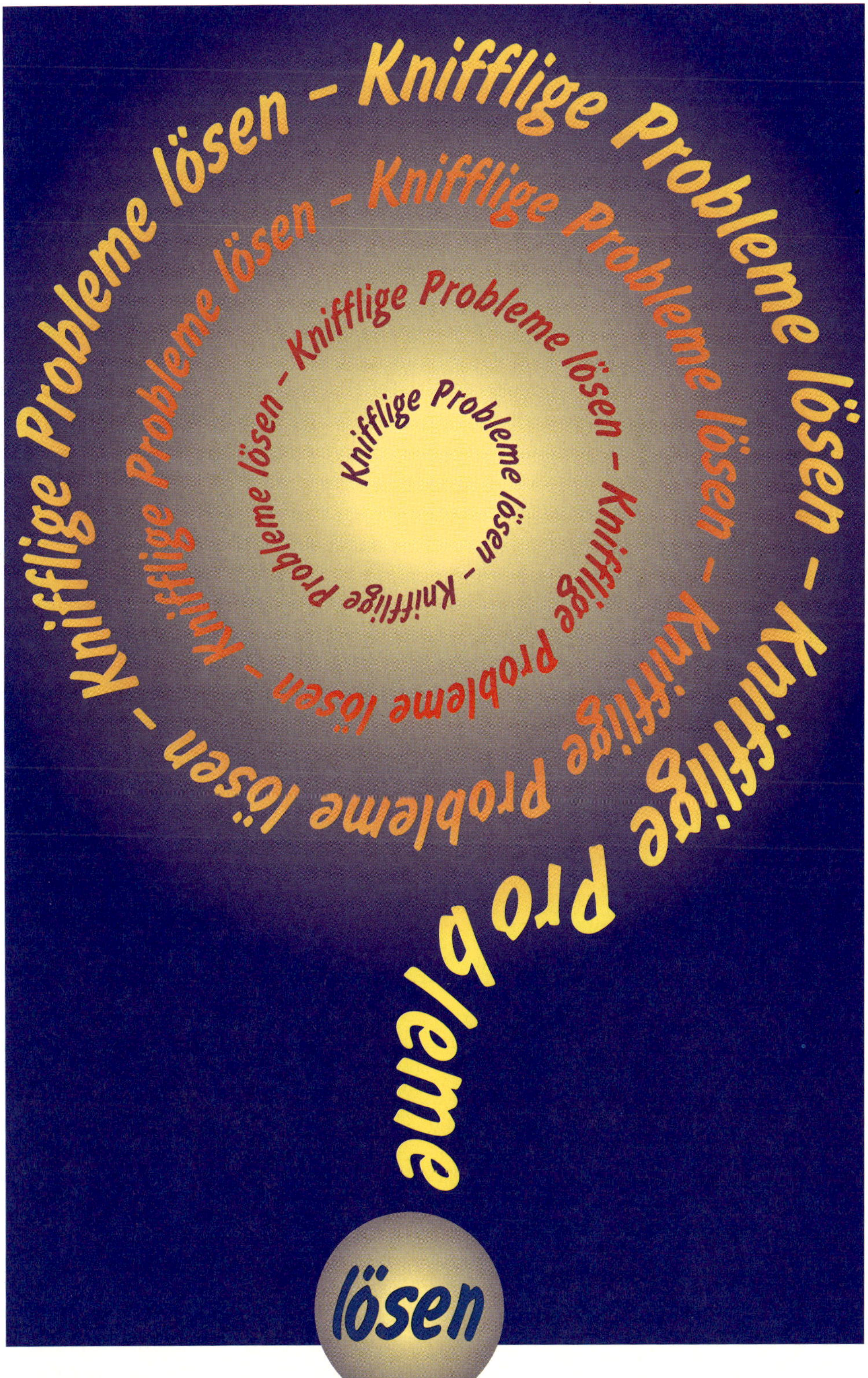

Knifflige Probleme lösen – aber wie?

... jetzt weiß ich nicht mehr, wo ich bin!

Sabine war gespannt auf den Nachmittag. Sie konnte es kaum erwarten, aus der Schule nach Hause zu kommen, das Essen im wahrsten Sinne des Wortes hinunterzuschlingen – es gab Spaghetti – und schnellstens die Hausaufgaben zu machen.
Was war mit Sabine los? Ja, Sabine war froh, endlich in ihrer neuen Schule eine Freundin gefunden zu haben. Die ersten Wochen waren schwer; es ist immer furchtbar, in eine neue Stadt umziehen zu müssen, alte Freundinnen zurückzulassen und sich alleine in der neuen Umgebung zurechtzufinden. Doch jetzt kannte sie sich immer besser aus.
„Also, dann nimmst du die Straßenbahn, ich glaub' die Linie 8 ist es. Am Lindenplatz mußt du aussteigen, da ist dann das Gasthaus ‚Zum Bären'. Wenn du davor stehst, ist es nicht mehr weit zum Fliederweg, einfach um die Ecke – Fliederweg 12. Da wohnen wir!" hatte Petra noch in der großen Pause zu ihr gesagt.
„Also, ganz einfach", dachte Sabine, als sie das Haus verließ. Die Straßenbahn war nachmittags richtig leer. Ganz anders ist es morgens, da ist man eingepfercht wie in eine Sardinenbüchse. Sabine mußte lachen, als sie an eine Sardinenbüchse dachte. „Ob die Sardinen das wissen, daß es in einer Straßenbahn mittags mehr Platz gibt ...? Schluß jetzt mit diesen Quatschgedanken, ich muß doch jetzt raus."
Mit einem Satz war Sabine aus der Straßenbahn gesprungen.
– Lindenplatz! – Lindenplatz? –
Sabine schaute sich unsicher um. Wo ist jetzt das „Gasthaus zum Bären"? Weit und breit kein Gasthaus zu sehen.
„Oh je, jetzt weiß ich nicht mehr, wo ich bin ...!"

- Es ist schwierig, sich in einer fremden Stadt zurechtzufinden. Helft Sabine bei der Lösung des Problems.
- Hast du dich schon einmal verlaufen oder verirrt?
- Vergleicht eure Lösungsvorschläge mit den Bildern.

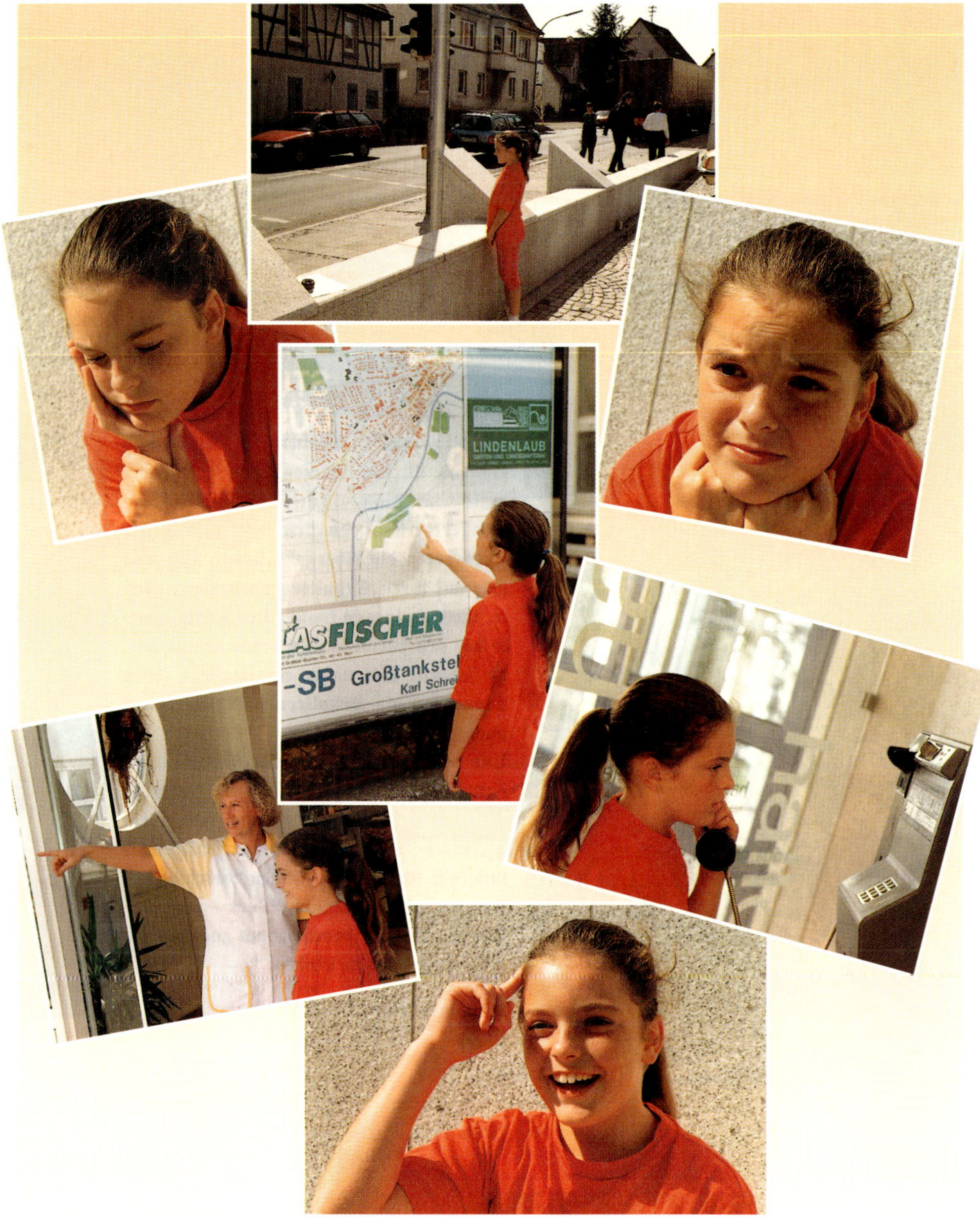

Probleme erfordern Lösungen:

- Mathematikaufgaben lösen
- Rätsel lösen
- Streit mit Freunden beilegen
- ...

Die folgenden Geschichten erzählen von Menschen, die vor schwierigen Problemen stehen und ganz verschiedene Lösungen finden. Fünf Lösungsmöglichkeiten, die durch die Bilder angedeutet werden, findet ihr in den nachfolgenden Texten.

Einen Plan entwickeln

Das Trojanische Pferd

nacherzählt von Walter Jens

Helena, die Gattin des Königs von Sparta, galt als die schönste Frau der Welt. Der Kampf um Troja begann damit, daß der trojanische Prinz Paris sie aus Sparta entführte. Natürlich wollte Menelaos, ihr Gemahl, sie zurückholen, aber die Trojaner weigerten sich, Helena freizulassen. Da beschlossen die Griechen, die Stadt Troja zu belagern. Der Kampf dauerte schon zehn Jahre, und ein Ende war nicht abzusehen.

So schrecklich erging es den griechischen Helden, ehe Odysseus endlich den Plan fand, mit dessen Hilfe im zehnten Jahr das heilige Troja versank.
Eilig zogen die Griechen sich nach Tenedos, einer benachbarten Insel, zurück.
Nur ein riesiges hölzernes Pferd – das hatte der kundige Tischler Epeios gezimmert – und ein tapferer Mann namens Simon blieben vor Troja zurück. Dieser Simon, so war es geplant, sollte den Troern erzählen, das Pferd sei ein Weihnachtsgeschenk für die erzürnte Athene[1]; er selbst aber, Simon, wäre ein griechischer Flüchtling, ein grimmiger Feind des Odysseus.
Und so geschah es. Die Griechen verbrannten das Lager und zogen davon. Die Troer jubelten laut, öffneten dann die Tore der Stadt und zogen das Pferd

[1] Athene: griechische Göttin

Das Trojanische Pferd. Nach der Sage führte eine Idee des listenreichen Odysseus zur Eroberung von Troja (Vasenrelief um 670 v. Chr., Museum auf der Insel Mykonos).

Auch Walter Jens hat eine alte Sage neu erzählt. Er nahm als Vorlage die Verserzählungen des berühmten griechischen Dichters Homer.

Homer

lebte wahrscheinlich zwischen 750 und 650 vor Christus in Griechenland. Er gilt als der älteste Dichter des Abendlandes und bereiste als fahrender Sänger die griechischen Fürstenhöfe. Unter seinem Namen wurden die *Ilias* und die *Odyssee* überliefert. Beides sind Erzählungen in Versen; die *Ilias* berichtet von den Ereignissen des Troyanischen Krieges, die *Odyssee* von den späteren Irrfahrten des Odysseus.

Zehn Jahre lang wurde Troja von den Griechen belagert, ohne erobert zu werden. Für die Griechen war die Lage fast hoffnungslos. Da verrät Odysseus den Gefährten seinen Plan ...

hinauf zu dem großen Platz vor dem Königspalast auf der Burg. Hirten brachten inzwischen den flüchtigen Simon, der seine Geschichte erzählte und jedermann rührte, als er mit heuchlerischer Gebärde um Schutz und Aufnahme bat. Nur die Priesterin Kassandra und Laokoon, ein frommer Mann, durchschauten den Trug; doch keiner war bereit, den Klugen zu glauben; und als Laokoon später, beim Opfer am Meer, mit seinen Söhnen von einer Schlange erdrosselt wurde und elendig starb, sahen die Troer darin ein Zeichen der Götter und feierten weiter den Sieg. Niemand aber bemerkte, daß sich im Bauch des Pferdes zwölf Männer versteckt hielten, die darauf warteten, daß Simon ihnen das vereinbarte Zeichen gab.
Später, als die Troer in festlichen Reigen die Befreiung ihrer Stadt bejubelten, als sie tanzten und tranken und endlich erschöpft in einen traumlosen Schlaf fielen, öffnete Simon die Tore, entzündete eine lodernde Fackel – das Signal für die auf Tenedos versammelten Griechen – und pochte gegen den Holzbauch des Pferdes. Dann schob er den Riegel zurück, und während das Heer wieder in die Ebene strömte, verließen die zwölf das dunkle Gefängnis, und das Gemetzel begann. In einer einzigen Nacht verbrannte das mächtige Troja zu Asche und Rauch, die Griechen durchlärmten plündernd die Straßen; Altäre und Tempel wurden zerstört, Kinder und Frauen starben den gräßlichen Tod. Doch als die Götter das sahen, wurden sie zornig; denn sie haßten Frevel und Mord an wehrlosen Menschen. Während Menelaos und Helena sich miteinander versöhnten, brannten die Häuser noch immer; aber bald schon, so war es beschlossen, würden die allzu gewaltigen Sieger das troische Leid am eigenen Leib erfahren. Agamemnon[1] war keine glückliche Heimkehr vergönnt; im Bade erschlug ihn die eigene Frau. Zehn Jahre lang irrte Odysseus umher, ehe sein Fuß die Erde Ithakas[2] wieder berührte.

Odysseus hat sich am Mast festbinden lassen und lauscht dem Gesang der Sirenen. (Griechisches Vasenbild)

[1] Agamemnon: Führer der Griechen gegen Troja
[2] Ithaka: Heimat des Odysseus

Sagen

Sagen sind Erzählungen, die von den Heldentaten mutiger Krieger, vom überlegten Handeln listiger Frauen oder von den rettenden Taten eines Riesen handeln. Sie sind in früheren Zeiten entstanden und wurden weitererzählt, bis man sie aufschrieb. Dabei hat sich die ursprüngliche Geschichte oft so verändert, daß sie uns manchmal unglaubwürdig erscheint.

Spielt, wie Simon den listigen Plan des Odysseus in die Tat umsetzt.

Eine Idee verwirklichen

Heinz Spronsel

Der Traum eines Knaben

[...]
Heinrich aber war wie im Traum. Er blickte zum Vater auf und fragte: „Und die Geschichte von Troja ist kein Märchen? Es gab wirklich diese riesige Stadt und die Helden dieses Krieges, die Odysseus und Achilles und Priamus hießen? Und es ist wahr, daß die Griechen zehn Jahre lang die Festung zu erobern suchten? Und haben sie nach zehn Jahren wirklich ein riesiges hölzernes Pferd gebaut, in dessen hohlem Bauch sich Griechen versteckten und dann mit List durch das gewaltige Tor der Festung gebracht wurden?"
„Es ist alles wahr, mein Junge, auch wenn es dreitausend Jahre her ist."
„Dreitausend Jahre? Aber woher weiß man denn, daß das wahr ist, daß es das alles gegeben hat?"

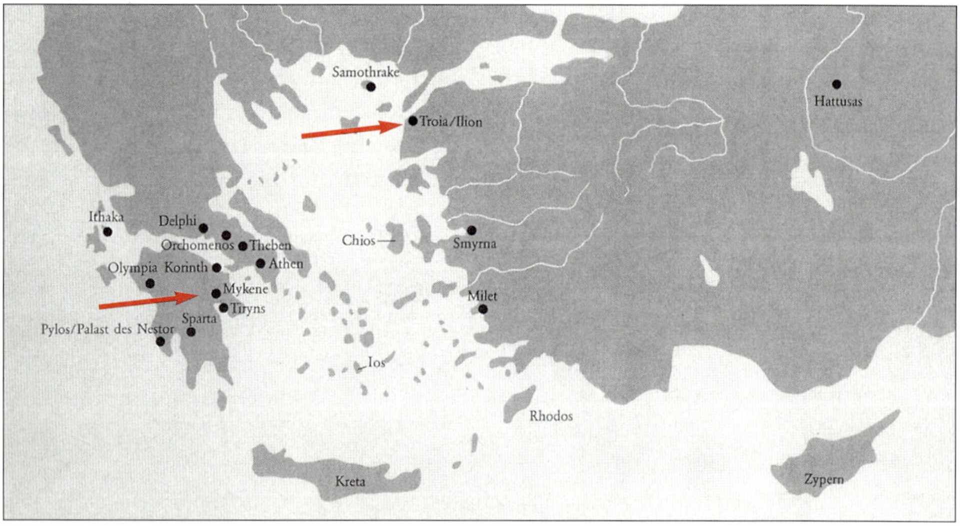

Heinrich Schliemann (1822–1890)
war schon als Junge von den Geschichten Homers so begeistert, daß sein Kindheitstraum, Troja zu entdecken, ihn nicht mehr losließ. Während seiner Lehrzeit in Amsterdam lernte er rasch mehrere Sprachen. Schließlich beherrschte er 22 Sprachen und hatte als Kaufmann großen Erfolg. Natürlich konnte er die Sprache Homers, Altgriechisch, lesen und verstehen. Er glaubte, was andere nur für eine Geschichte hielten. Mit 46 Jahren änderte er sein Leben. Abgesichert durch ein riesiges Vermögen begann er 1870 in Hissarlik zu graben. In tieferen Schichten stieß er auf wuchtige Mauern. Er hatte Troja entdeckt.

„Es gab einen griechischen Dichter mit Namen Homer, der über den Kampf um Troja ein dickes Buch in Versen geschrieben hat. Es heißt Ilias. Wenn du einmal in die höhere Schule gehst, dann wirst du Altgriechisch lernen und wirst Homers Ilias selbst lesen können.“ Heinrich blickte den Vater mit großen Augen an. Er verstand nicht alles. Aber er wußte, es war wunderbar. Und es war viel schöner als die Märchen vom Raubritter und der goldenen Wiege und der Jungfrau mit der silbernen Schale. Er klappte das Buch zu und klemmte es fest unter den Arm, als sei es sein kostbarster Besitz.

„Und das mächtige Troja ist zerstört? Und niemand weiß, wo es einmal stand?“

„Es ist alles zerstört. Keine Spur blieb von Troja zurück. Und niemand weiß, wo die Stadt einmal lag.“

Eine Weile blickte der Junge vor sich hin, dann schüttelte er ganz energisch den Kopf.

„Ich glaube es nicht, Vater. Wenn ich einmal groß bin, werde ich Troja suchen, und ich werde es finden, irgendwo. Und dann werde ich Troja ausgraben.“ Laut mußte der Vater lachen. Er gab seinem Jungen einen leichten Klaps auf die Schulter und meinte: „Na, dann viel Glück, du kleiner Ausgräber. Aber es ist genauso schwer, als wolltest du einen Stern vom Himmel herunterholen.“

„Ich werde es trotzdem finden“, beharrte trotzig der Junge und trottete in sein kleines Schlafzimmer. [...]

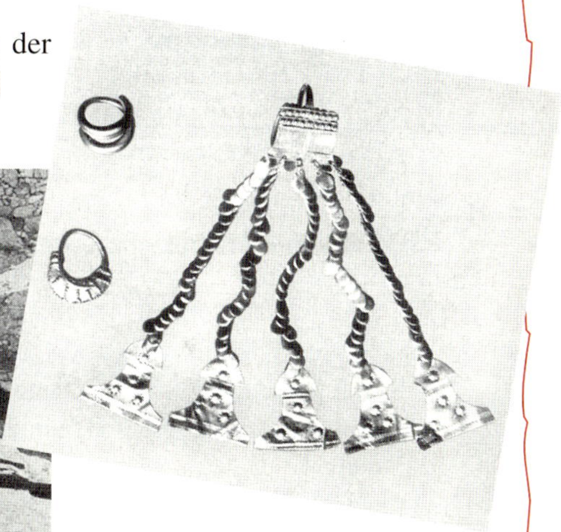

Sagen – nicht nur erdacht

Heinrich Schliemanns Entdeckung des sagenhaften Troja beweist, daß in einer Sage ein Stück Wirklichkeit steckt. Nicht immer kann man davon ausgehen, daß man durch eine Sage auf eine große Entdeckung stößt. Aber oft ist der Ort, an dem die Geschichte spielt, eine bedeutende Stadt, ein Berg oder auch eine „unheimliche“ Gegend, wo „sagenhafte“ Gestalten leben.

- Erzählt Sagen, die ihr kennt.
- Stellt fest, welchen wahren Kern die Sagen haben.

Trick mit trojanischem Pferd:

Arbeiter versteckten sich im Bauch

Auf eine ganz besondere Idee kamen Arbeiter einer Firma für Spezialtransporte in der australischen Stadt Sydney. Da die Firma wegen finanzieller Probleme Streitigkeiten mit ihrer Bank hatte, wurde das gesamte Firmengelände auf Anweisung der Bank abgesperrt und durch Wachen abgesichert, so daß keine Arbeiter mehr in die Fabrik gehen konnten.

Doch damit gaben sich die Arbeiter nicht zufrieden. Sie hatten noch einen Auftrag, ein aus Blechfässern gebautes, vier Meter langes Pferd auf einem Tieflader von Canberra nach Sydney zu transportieren. In Sydney angekommen, ließen die Wachen das Blechungetüm arglos passieren. Doch da sprangen plötzlich 20 Arbeiter aus dem hohlen Koloß und vertrieben die Wachen.

Der Geschäftsführer der Firma sagte dazu, man wolle jetzt auf ganz normale Weise die Auseinandersetzung mit der Bank über die Miete für das Gelände lösen.

Der Zeitungsbericht zeigt, daß einige Leute die Idee des Odysseus auch heute noch anwenden, um andere zu überraschen und zu überrumpeln.

- Warum versteckst du dich manchmal? Welche Folgen hat dies?
- Erfinde listige Versteckgeschichten.

Hinsehen – eine Weile nachdenken

Astrid Lindgren

Wie Michel wieder zu seinem Pferd kam

Du kennst bestimmt den Michel von Lönneberga. Das ist er, ein richtiger Lausbube, der immer wieder auf neue Ideen kommt, dem es nie langweilig wird, weil er immer etwas „anstellen" muß. Und Köpfchen hat er, das beweist die nachfolgende Geschichte ...

Wie er so durch eine kleine Gasse ging, hörte er einen wilden Lärm, der aus einem dunklen Hof zu ihm drang. Er hörte Männer, die fluchten und schimpften, und ein Pferd, das wieherte. Rasch huschte Michel durch das Tor hinein, um zu erfahren, was da los war. Was er sah, war keine Freude für ihn. In diesem Hof war eine alte Hufschmiede, und im Schein des Feuers sah er mitten in einem Haufen aufgeregter wütender Männer sein Pferd, sein braunes kleines Pferd. Kannst du erraten, warum sie wütend waren? Nur, weil das kleine braune Pferd sich keine Hufeisen aufnageln lassen wollte. Immer, wenn der Hufschmied ein Bein des Pferdes hochzuheben versuchte, legte es los mit dem wildesten Springen und Ausschlagen und Bocken, daß die Männer nur so auseinanderstoben. Der Schmied raufte sich die Haare und wußte nicht, was er machen sollte.

„In meinem Leben habe ich schon viele Pferde beschlagen", sagte er, „aber so etwas ist mir noch nie vorgekommen."

Astrid Lindgren
wurde 1907 in Südschweden geboren. Sie ist wohl die bekannteste Kinderbuchautorin der Welt. Ihr berühmtestes Buch handelt von einem außergewöhnlichen Mädchen namens *Pippi Langstrumpf*. Viele Kinder kennen die Abenteuer der *Ronja Räubertochter*, die Erlebnisse von *Kalle Blomquist* oder die Streiche aus *Immer dieser Michel*. Für ihre Bücher erhielt Astrid Lindgren zahlreiche Auszeichnungen.

Du weißt vielleicht nicht, was ein Hufschmied ist? Das ist ein Mann, der den Pferden Schuhe anpaßt. Ja, Pferde brauchen, genau wie du, Schuhe, sie würden sonst ihre Hufe aufreiben und rutschen und auf abschüssigen Wegen sehr schlecht laufen können. Natürlich haben sie keine üblichen Schuhe an, sondern gebogene Eisen, die man auf den Hufen festnagelt: ganz einfach Hufeisen – falls du solche schon einmal gesehen hast.

Das kleine braune Pferd aber hatte sich offensichtlich entschlossen, keine Eisen zu dulden. Es stand so still und fromm, wie man es sich nur wünschen konnte, solange niemand eines der Hinterbeine anrührte; kam aber der Hufschmied mit seinen Händen an ein Bein, dann begann derselbe wilde Zirkus wie vorher, und das Pferd stieß sich frei, wenn auch ein halbes Dutzend Männer es zu halten versuchten. Der Pferdehändler, der das Pferd gekauft hatte, wurde von Mal zu Mal grimmiger.

„Jetzt werde ich einmal selbst ...“ sagte er schließlich und packte energisch ein Hinterbein des Pferdes. Da bekam er einen Tritt, daß er sich genau in eine Regenpfütze setzte.

„Jaja, das ist nicht anders“, sagte ein Bauer, der dastand und zusah. „Glaubt mir, es ist nicht möglich, dieses Pferd zu beschlagen, denn das haben die schon zu Hause in Tuna wenigstens zwanzigmal versucht.“

Da begriff der Pferdehändler, daß er bei seinem Pferdekauf betrogen worden war, und er tobte noch mehr.

„Nehme sich diesen Schandgaul, wer will!“ schrie er. „Wenn ich ihn nur los bin!“

Und wer trat jetzt vor? Natürlich Michel.

„Ich kann ihn nehmen“, sagte er.

Da lachte der Pferdehändler.

„Du kleiner Dreikäsehoch?“

Er hatte es selbstverständlich nicht ernst gemeint, als er sagte, er wolle das Pferd weggeben, aber weil nun so viele umherstanden und zuhörten, mußte er versuchen, auf pfiffige Art aus der Klemme zu kommen, und deshalb sagte er: „Natürlich, du sollst das Pferd haben, wenn du es so festhalten kannst, daß wir es beschlagen können!“

Darüber lachten alle, die dort standen, denn sie hatten es ja selbst versucht und wußten, daß dies ein Pferd war, das niemand halten konnte.

Erkläre, was der Pferdehändler mit *Schandgaul* und *Dreikäsehoch* ausdrücken will.

Aber Michel war nicht dumm. Er wußte mehr über Pferde als irgendeiner in ganz Lönneberga und in ganz Smaland, und als das kleine braune Pferd am wildesten ausschlug und umhersprang und wieherte, da dachte Michel: Es stellt sich ebenso an wie Lina daheim, wenn man sie kitzelt!

Genauso war es, und Michel war der einzige, der das begriff. Das kleine Pferd war ganz einfach kitzlig. Deshalb schnaubte es und stieß und schlug aus wie Lina, und wenn es so laute wieherte, dann nur, weil es sich, ebensowie Lina, totlachen wollte, sobald ihm jemand an die Hinterbeine kam. Du weißt doch selbst, wie das ist, wenn man gekitzelt wird.

Michel ging also zu dem Pferd und nahm dessen Kopf zwischen seine kleinen starken Hände.

„Hör mal, du", sagte er, „mach jetzt keinen Ärger. Du sollst Hufeisen bekommen. Ich verspreche dir auch, dich nicht zu kitzeln."

Rate, was Michel dann machte! Er ging hinter das Pferd und nahm mit einem schnellen Griff einen Hinterhuf und hob ihn hoch. Das Pferd drehte nur den Kopf und blickte freundlich zu Michel hin, als wollte es sehen, was Michel eigentlich vorhatte. Denn, siehst du, in den Hufen hat ein Pferd nicht mehr Gefühl, als du in deinen Nägeln hast, und nun verstehst du sicher, daß es dort nicht ein bißchen kitzlig ist.

„Bitte sehr", sagte Michel zum Schmied, „kommen Sie mit dem Hufeisen! Ich halte."

Da ging ein Raunen durch die Reihe der Männer, und es raunte weiter, während Michel dem Hufschmied half, unter alle vier Hufe des Pferdes Eisen zu nageln.

Als es erledigt war, begann der Pferdehändler sich zu winden. Er wußte zwar, was er versprochen hatte, aber er wollte dieses Versprechen nicht halten. Statt dessen nahm er einen Fünf-Kronen-Schein aus seiner Brieftasche und wollte ihn Michel geben.

„Es reicht wohl hiermit", sagte er.

Da wurden die Bauern aber böse. Sie waren alle, wie sie dort standen, ehrenwert, und sie waren gewohnt, ihr Wort zu halten.

„Versuch das gar nicht erst", sagten sie. „Der Junge bekommt das Pferd!"

Und dabei blieb es. Der Pferdehändler war reich, das wußten alle, und wenn er nicht für wortbrüchig gelten wollte, mußte er zu seinem Wort stehen.

- *Du weißt doch selbst, wie das ist, wenn man gekitzelt wird.* Dazu kannst du bestimmt etwas erzählen.

- *Da ging ein Raunen durch die Reihe der Männer ...* – Was ist geschehen? Michel hat Köpfchen, anders als Odysseus, anders als die Frauen von Weinsberg.

- Konrad III.: *... daß eine jede auf ihren Schultern mitnehmen dürfte, was sie tragen könne.*

  Pferdehändler: *... Nehme sich diesen Schandgaul, wer will.*

  Michel und die Frauen von Weinsberg haben auch etwas gemeinsam.

Der jüngste „Kavalier der Straße“

Ungenannter Verfasser

Mit seinen elf Jahren ist der Schüler Norbert Fülling aus Dortmund der jüngste „Kavalier der Straße“. Etliche Autofahrer verdanken ihm, daß sie an einem Wintertag wieder heil nach Hause kamen.
Auf dem Wege zur Schule hatte der kleine Norbert auf der Märkischen Straße in Dortmund ein Loch entdeckt, das – über einen Meter breit – in der Fahrbahndecke klaffte. Der tiefe Riß war durch einen Erdrutsch entstanden. Arbeiter waren bereits dabei, das Loch wieder zuzuschaufeln. Daß diese Mühe umsonst gewesen war, bemerkte Norbert zuerst, als er am Nachmittag noch einmal nach dem Loch guckte: Der Boden war wieder nachgesackt und hatte die alte Einbruchstelle freigelegt. Norberts erster Gedanke war, sofort die Autofahrer vor dieser Gefahr zu warnen.
Im nächsten Augenblick stand der Junge auf der Fahrbahn und leitete die Autos mit solcher Umsicht an dem Loch vorbei, als habe er gerade die Polizeischule absolviert. Er verließ erst seinen Posten, als nach einer Dreiviertelstunde die Polizei eintraf und den kleinen Schutzmann ablöste.
Für sein überlegtes Verhalten zeichnete die „Westfälische Rundschau“ Norbert Fülling mit der Plakette „Kavalier der Straße“ aus.

Umsichtiges Handeln ist vor allem im Straßenverkehr immer wieder gefordert. Schreibe dazu die beiden Erzählanfänge weiter:

- Endlich klingelte die Schulglocke. Ich packte schnell die Sachen in meinen Ranzen und machte mich auf den Heimweg. Plötzlich sauste Peter auf seinem Fahrrad an mir vorbei. „Der hat's heute aber eilig“, dachte ich mir, als ich in die Birkenstraße einbog. Da krachte es! Ich sah Peter vom Fahrrad stürzen. Jetzt mußte ich handeln ...

- „Hol mir doch noch eine Flasche Milch vom Supermarkt“, rief Frau Wagner nach oben. Sandra öffnete die Tür ihres Zimmers. Mürrisch murmelte sie etwas von „Muß das sein“, doch sie schwang sich auf ihr Fahrrad und fuhr los. Am Supermarkt angekommen, fiel ihr gleich eine ältere Frau auf, die vergeblich versuchte, über die vielbefahrene Straße zu gelangen ...

Knifflige Probleme lösen – wie von Geisterhand

Der unheimliche Holzhacker

Mit dem dicken vergaunerten Bäckermeister Stumpe in Aupa wollten die Leute, die ihn kannten, nicht gerne etwas zu tun haben. Wehe dem, der in der Not Geld von ihm borgte! Die Wucherzinsen, die Stumpe verlangte und unbarmherzig eintrieb, machten den Schuldner vollends zum armen Manne. Auch wer sonst irgendeinen Handel mit ihm abschloß, wurde von dem reichen Geizhals schmählich übers Ohr gehauen.
Das mußte einmal ein Bauer aus dem Gebirge erfahren, der dem Bäcker für eine entliehene Summe Geldes eine hochbeladene Fuhre gutes Brennholz anbot. Stumpe besah sich die Fracht, knurrte etwas Unfreundliches, ließ aber den Bauern ruhig das Holz abladen. Dann begann er mit dem armen Manne wegen der Verrechnung unverschämt zu feilschen.

Geistersage
In vielen Sagen begegnen uns unheimliche Geister und Spukgestalten. Diese erschrecken die Menschen, jagen ihnen Angst ein, tauchen plötzlich auf und verschwinden schnell wieder. Aber manchmal helfen sie auch Menschen, vor allem dann, wenn sie merken, daß Unrecht geschehen ist. Ein solcher Berggeist ist Rübezahl, der im Riesengebirge lebt und der sich in viele Gestalten verwandeln kann.

„Was denkst du dir eigentlich?“ räsonierte[1] er. „Das bißchen faules Holz, das du mir da bringst, soll ich gegen deine Schuld aufrechnen? Nein, Joseph, du mußt nicht glauben, daß ich mein Eigentum verschenke. Wie du siehst, liegt mein Schuppen auch schon voll bis obenhin. Wenn ich dir deine Ladung überhaupt abnehme, so tue ich es nur dir zum Gefallen. Bedenke auch, allein für das Kleinmachen der großen Kloben brauche ich vier oder fünf Leute, die bezahlt sein wollen. Umsonst ist doch nichts auf der Welt“.

„Nu ja ja, nu nee nee, das mag schon alles sein, wie du sagst“, meinte der Bauer schüchtern. „Aber wenn ich die Fuhre nach Schmiedeberg hinunter gebracht hätte, wäre mir gut das Zehnfache von dem dafür geboten worden, was du mir berechnen willst; das kannst du mir glauben. Und ich habe mir noch Pferd und Wagen vom Erlbacher ausleihen müssen, daß ich dir das Holz bis vor die Tür fahren konnte. Ganz umsonst kann ich das auch nicht verlangen.“

„Unkosten hat ein jeder, Joseph. Aber wenn du denkst, daß du woanders mehr bekommst, deinen Schaden will ich nicht. Da lad halt dein Holz wieder auf und zieh ab damit.“

Und er wandte sich schon zur Tür, als habe er sein letztes Wort in der Sache gesprochen. In diesem Augenblick trat die Bäckermeisterin heraus, die das Gespräch der beiden vom Fenster aus mit angehört hatte.

„Du sollst nicht so hart sein, Mann“, sagte sie. „Dem armen Kerl stehen ja die Tränen in den Augen. Du versündigst dich. Wer weiß, ob du nicht einmal dafür büßen mußt!“

„Red nicht solchen Unsinn daher, Weib!“ erwiderte der Bäcker. „Was verstehst du schon von Männergeschäften! Scher dich und tische mir lieber etwas Ordentliches auf. Ich habe gewaltigen Hunger. Hier bist du überflüssig.“

Danach wandte er sich wieder an den Bauern.

„Also Joseph, wie steht's? Hast du dir's überlegt?“

Der Joseph drehte seinen Hut verlegen in den Händen. Wohl oder übel mußte er sich mit dem bösen Handel einverstanden erklären. Bitter enttäuscht zog er heim. Was nützte es ihm, wenn er den ganzen langen Weg vor sich hinschimpfte und den Bäcker einen Betrüger, Erpresser und gemeinen Halunken nannte.

Dabei hörte er nicht, daß neben dem Gefährt her schon eine ganze Weile ein Schritt tappte und im Laube raschelte.

Rübezahl hatte die verdrießlichen Selbstgespräche des Bauern gehört und begleitete ihn ungesehen eine Strecke weit, bis er herausbekommen hatte, um was und wen es sich handelte.

Schon am nächsten Tage klotzte der Berggeist als Holzhacker mit Axt und Säge durch Aupa und blieb beim Stumpe-Bäcker stehen, der gerade am Gartenzaun lehnte und seine Pfeife rauchte.

„Mir scheint“, sagte er freundlich zu ihm, „das viele Holz, das Ihr da im Hofe liegen habt, hat gerade auf mich gewartet. Ich tät's Euch gern auf der Stelle kleinmachen, wenn es Euch recht wäre.“

„Ich wollte mich eigentlich selber daran machen“, erwiderte Stumpe heuchlerisch. „Holzhacken ist eine gesunde Arbeit. Doch da Ihr eben hier seid, meinetwegen, so hackt das bißchen Zeug. Es ist ja nicht viel. Was verlangt Ihr für die Arbeit?“

1 räsonieren: einwenden

„Ich will kein Geld von Euch", erwiderte Rübezahl. „Wenn Ihr mir nur soviel Holz abgebt, wie ich auf meinem Rücken davontragen kann, so bin ich gern damit zufrieden."

Das ist ein rechter Dämlack, dachte der Bäcker. So billig komme ich nicht mehr dazu. Und er ließ den vermeintlichen Holzhacker in den Hof treten, damit er sich sogleich an die Arbeit mache.

„Aber ja recht klein hacken, das bitt' ich mir aus, lieber Freund"! rief er ihm noch nach.

„Schon gut, Meister Stumpe. Ihr sollt Kleinholz von mir haben, wie es Euch nottut; verlaßt Euch drauf!"

Der Bäcker ging in die Stube. Wieder einmal recht zufrieden mit sich selbst, setzte er sich zu seinem reichlichen Mahl nieder und begann in sich hineinzustopfen, was er konnte. Doch er hatte kaum die ersten Bissen hinuntergeschlungen, da brach im Hofe plötzlich ein ungeheures Geknatter und Getöse los. Erschrocken fuhr er vom Stuhle auf und lief hinaus.

Was er sah, ließ ihn die Haare zu Berge stehen. Da stand der Holzhacker, den er gedungen hatte, auf nur einem Bein. Das andere hatte er sich ausgerissen, und mit diesem, anstatt mit der Axt, schlug er mit solcher Wildheit und Geschwindigkeit auf das Holz ein, daß die Scheite wie Hagel in der Luft herumflogen.

„Halt! Halt!" rief der Bäcker entsetzt. „Bist du verrückt geworden? So war der Handel nicht gemeint!"

Doch der gespenstische Holzhacker tat, als ob er nichts höre, und schlug nur umso grimmiger auf das Holz ein. Die Stücke sausten dem Bäcker um den Kopf, prasselten ihm auf Schultern und Rücken und verabreichten ihm eine regelrechte fürchterliche Tracht Prügel, die er freilich verdient hatte. Er rannte hierhin und dorthin, um dem hölzernen Hagel zu entkommen, und erreichte endlich mit Mühe und gründlich durchgewalkt die rettende Haustür.

In demselben Augenblick hatte der tolle[2] Holzhacker auch schon die ganze Arbeit erledigt und ging daran, sich die ausbedungene Hucke aufzuladen. Hinter einem Fenster schaute ihm der Bäcker dabei zu. Heraus wagte er sich nicht mehr. Da packte ihn neues Entsetzen.

Er sah, wie Rübezahl den gesamten Holzvorrat auf seinen Rücken lud und auch nicht den kleinsten Splitter liegen ließ. Er stand jetzt wieder fest auf seinen zwei Beinen, grüßte höflich nach dem Fenster, als er fertig war, und stapfte mit seiner turmhohen Bürde so leicht davon, als habe er Flaumfedern geladen.

Jetzt erst erkannte Stumpe, wer ihm da auf die Finger gesehen hatte, und gab sich aus Furcht vor dem Berggeist künftig die größte Mühe, recht mildtätig und menschlich zu sein, wenn es dem alten Halsabschneider auch schwer genug fiel.

Das arme Bäuerlein aber, dem von dem habsüchtigen Bäcker so arg mitgespielt worden war, hatte bald einen guten Tag; denn Rübezahl lud den ganzen Holzvorrat vor seiner Hütte ab.

Die Menge reichte nicht nur für den Hausbedarf. Der Bauer konnte noch viel davon günstig verkaufen und war somit für den erlittenen Verdruß reichhaltig entschädigt.

[2] toll: verrückt

Knifflige Probleme lösen – Rätselwörter

Es hängt an der Wand ...

Witzig (1)

Ein Waschmaschinenverkäufer bei einer Vorführung: „Nun, ist es nicht fantastisch weiß?" – „Schon, aber bunt war es schöner!"

Rätsel (4)

Sie brauchen ihn. Jeder einen besonderen.

Rätsel (2)

Du jagst mich,
ich jage dich.
Du kriegst mich nicht,
ich krieg dich nicht.
Unmöglich kann es geschehen,
daß wir, Schwester und Brüder, uns sehen.

Noch ein Rätsel ...

Er Er Er

Rätsel (3)

Wir sind eins und doch zwei –
und wenn wir uns zusammenfügen,
entzweien wir alles, was wir kriegen.

Was ist das? (5)

„Es hat giftig grün aussehende Augen, lange schwarze Beine, und es hinterläßt eine Schleimspur?" – „Keine Ahnung. Was ist es denn?" – „Ich weiß es auch nicht! Jedenfalls krabbelt es über deine weiße Hose!"

In diesen Rätseln und Witzen kommen Wörter vor, deren Inhalt geknackt werden muß.

Ordne sie in einer Tabelle.

		Lösungswort, Pointe
1	es	

Personalpronomen

Mit den Pronomen *ich* und *wir* kann man auf sich selbst, mit *du* und *ihr* auf den oder die Gesprächspartner verweisen. Mit den Fürwörtern *er, sie, es* verweisen wir im Text auf vorher erwähnte Satzglieder oder ganze Sätze. In Rätseln oder Witzen sind diese Personalpronomen deshalb wichtig, weil dadurch das Lösungswort oder die Pointe nicht verraten werden muß.

Wer? Was? Welcher?

1. Wer war Heinrich Schliemann?

a. ehemaliger Rektor deiner Schule ....[4]
b. Quizmaster in einer Fernsehshow ....[5]
c. bekannter Archäologe ....[1]

2. Was „belastete" die Frauen von Weinsberg?

a. die neue Herbstmode ....[5]
b. die Männer ....[1]
c. die Steuerlast ....[4]

3. Ein Berggeist treibt sein Unwesen im Riesengebirge. Welcher ist es?

a. der Weingeist ....[4]
b. Rübezahl ....[1]
c. das Hutzelmännlein ......[5]

4. Was wurde vor Trojas Mauern zurückgelassen?

a. ein Pferd ....[1]
b. ein Leopard ....[4]
c. eine Schildkröte .....[5]

5. Menelaos ... Was war das nochmal?

a. ein beliebtes, schnell bereitetes Nudelgericht ....[5]
b. der König von Sparta ....[4]
c. ein gern benutztes Schimpfwort ....[3]

6. Welches Verhalten zeichnet einen Kavalier der Straße aus?

a. angestrengtes Weggucken in gefährlichen Situationen ....[5]
b. nachdenkliches Nasepopeln an Fußgängerampeln ....[2]
c. überlegtes Verhalten im Straßenverkehr ....[0]

Entscheide dich jeweils für eine Antwort und zähle die entsprechenden Punkte zusammen. Hier ist die Auswertung:

[100 Punkte]:	Du hast gemogelt!
[15–80 Punkte]:	Au weia!
[9–14 Punkte]:	Versuch's nochmal!
[0–8 Punkte]:	Gut aufgepaßt!

Fragepronomen
Wer? was? welcher? welches? sind Fragepronomen. Man benötigt sie, um Informationen einzuholen. Z.B. kann man mit ihnen Satzteile genau erfragen.

Probleme der deutschen Rechtschreibung

I. Verdoppelung von Mitlautbuchstaben

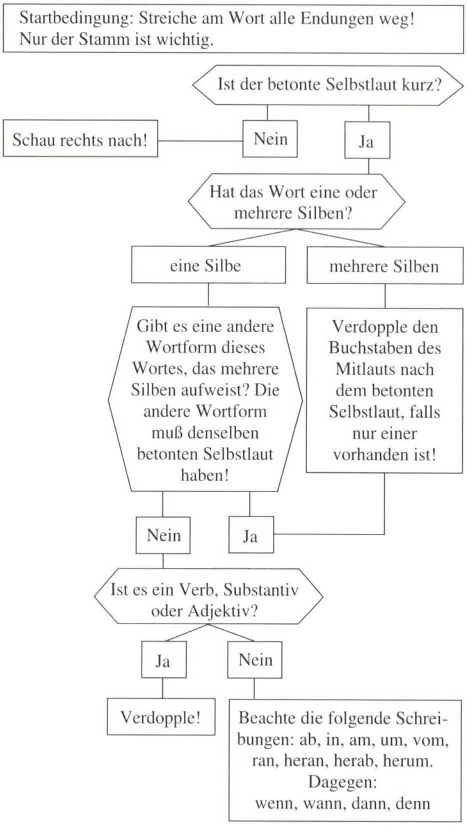

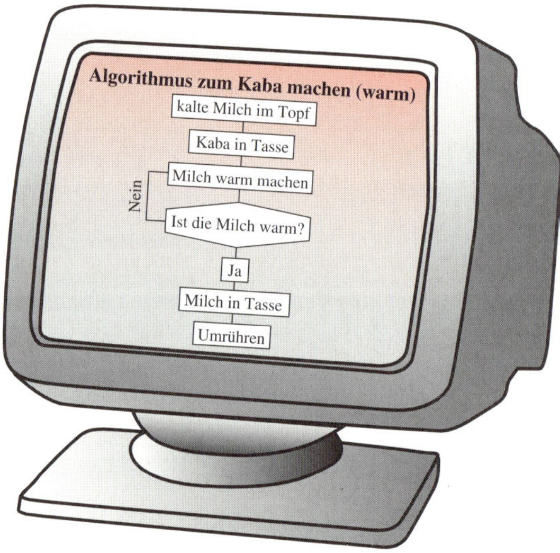

Ein Algorithmus: Schritt für Schritt

Viele Probleme kann man dadurch lösen, daß man sich aufschreibt, was man alles beachten muß, und sich dann einen Weg überlegt, um Schritt für Schritt zu einer Lösung zu kommen. Nach dem arabischen Mathematiker Al Chwarismi nennt man eine solche Schrittfolge auch *Algorithmus.* Computerprogramme funktionieren so.

Auf dieser Seite findet ihr einen Lösungsweg für die sogenannte „Schärfung", also für das Problem, wann man im Deutschen einen Buchstaben für einen Mitlaut (Konsonanten) verdoppelt.

- Probiert den Algorithmus an folgenden Wörtern aus:
  Kamm, kommt, nimmt, Ball, Schiff, Wasser, denn

Schritt für Schritt – fast – gelöst

II. Kennzeichnung eines langen Selbstlautes

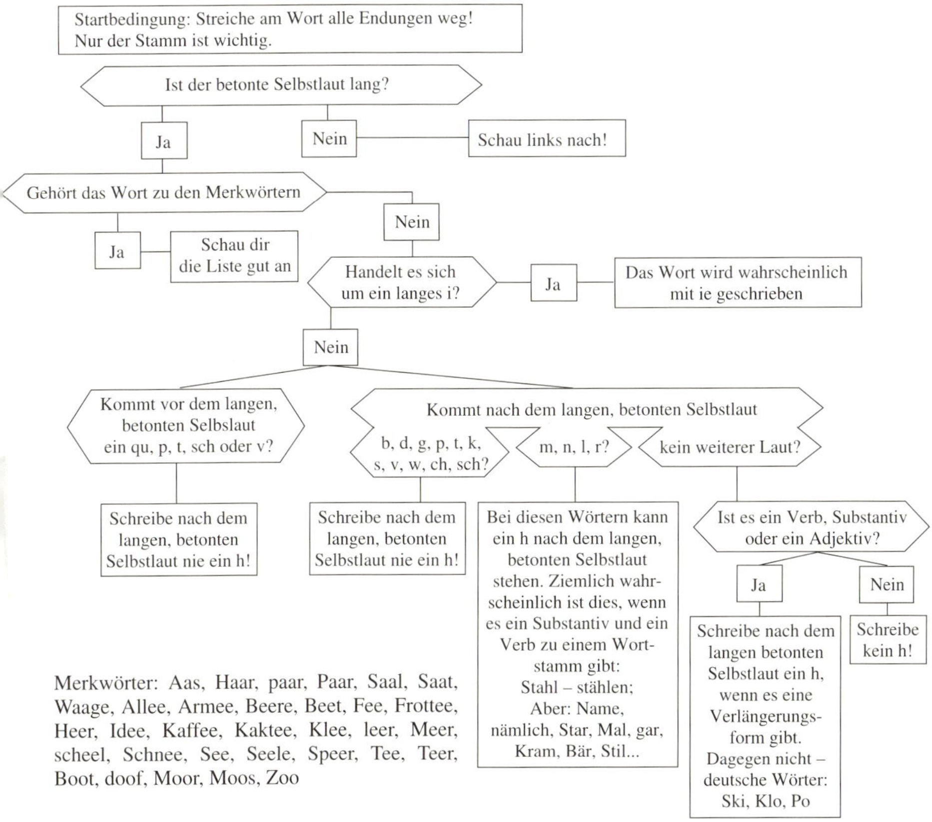

Merkwörter: Aas, Haar, paar, Paar, Saal, Saat, Waage, Allee, Armee, Beere, Beet, Fee, Frottee, Heer, Idee, Kaffee, Kaktee, Klee, leer, Meer, scheel, Schnee, See, Seele, Speer, Tee, Teer, Boot, doof, Moor, Moos, Zoo

---

Auf dieser Seite findet ihr einen Lösungsweg für die sogenannte „Dehnung“, also für das Problem, wann man einen langen betonten Selbstlaut (Vokal) in der Schreibung anzeigt.

Ihr seht sofort, daß die „Dehnung“ komplizierter als die „Schärfung“ ist.

- Probiert die folgenden Wörter: *erschrak, Schnee, wohnen, Los, Lohn, Rad, Reh*
- Ihr findet „Dehnung“ und „Schärfung“ immer in Anführungszeichen. Was wird eigentlich gedehnt und geschärft? Der Laut oder der Buchstabe?
- Warum ist die Schreibung von *Paket* und *Päckchen* überhaupt kein Problem? Schaut euch genau an, wann überhaupt der Mitlaut verdoppelt wird bzw. ein langer Vokal gekennzeichnet wird!

Ein Algorithmus verbessert nicht automatisch eure Rechtschreibung. Er sagt euch vielmehr, an was ihr denken müßt, wenn ein Wort einen langen bzw. kurzen Selbstlaut hat. Die Rechtschreibung wird nur durch Übung verbessert! Tragt die Wörter, die nicht über eine Regel erklärt werden können, in die Rechtschreibkartei ein!

Eine Sage umschreiben

Königin Adelheid

Als die Königin Adelheid, Lothars Gemahlin, von König Berengar hart in der Burg Canusium belagert wurde und schon auf Mittel und Wege dachte zu entfliehen, fragte Arduin: „Wie viele Scheffel[1] Weizen habt ihr noch auf der Burg?“ „Nicht mehr“, sagte Atto, „als fünf Scheffel Roggen und drei Sechter[1] Weizen.“ – „So folgt meinem Rate, nehmt ein Wildschwein, füttert es mit dem Weizen und laßt es zum Tore hinauslaufen.“
Dies geschah. Als nun das Schwein unten im Heer gefangen und getötet wurde, fand man in dessen Magen die viele Frucht. Man schloß daraus, daß es vergebens sein würde, diese Festung auszuhungern, und hob die Belagerung auf.

[1] Scheffel, Sechter: alte Hohlmaße

1. Schreibe die Sage in unsere heutige Sprache um. Benutze die Tips zur Sage *Die Weiber von Weinsberg* (S. 211).

2. Schildere den Kampf um Troja aus der Sicht eines Kämpfers, der im Holzpferd auf den Angriff wartete.
Was werden wohl die nichtsahnenden Trojaner nach der Schlacht erzählen?

Merkmale der Sage erkennen – Ein Laufdiktat

Die Kinder zu Hameln

Im Jahre 1284 ließ sich zu Hameln ein wunderlicher Mann sehen. Er hatte einen Rock von vielfarbigem, buntem Tuch an, weshalb er Buntding[2] soll geheißen haben, und gab sich für einen Rattenfänger aus, indem er versprach, gegen ein gewisses Geld die Stadt von allen Mäusen und Ratten zu befreien. Die Bürger wurden mit ihm einig und sicherten ihm einen bestimmten Lohn zu. Der Rattenfänger zog danach ein Pfeifchen heraus und pfiff, da kamen alsbald die Ratten und Mäuse aus allen Häusern hervorgekrochen und sammelten sich um ihn herum. Als er nun meinte, es sei keine zurück, ging er hinaus, und der ganz Haufen folgte ihm, und so führte er sie an die Weser, worauf ihm alle Tiere folgten und hineinstürzend ertranken.

[2] Buntding: buntes Ding

3. Dies ist der Beginn einer bekannten Sage. Du kennst die Geschichte bestimmt. Warum ist das eine Sage?

4. Schreibe den Text sorgfältig ab. Hänge ihn etwas weiter entfernt vom Schreibtisch auf. Sieh dir den Text an, merke dir einen Textteil, und schreibe ihn auf. Übertrage auf diese Weise den gesamten Text in dein Heft.

Rechtschreibprobleme lösen

Leider wieder ein paar Fehler im Diktat! Wie gewöhnlich hat Jan wenig Ideen, wie er die richtige Schreibweise herausfinden soll. Ein Anruf bei Sonja könnte weiterhelfen:

Jan: „Hör mal, Sonja, wie schreibt man denn: Alle?, Se?le, Me?r, Bo?tsman?schaft, Ja?r, Gefa?r, reagie?ren, Na?hrung, Mi?te, li?ber, wo?hnen, Hö?le?"

Sonja: „Hast du so viele Fehler? Also, ich höre immer lange betonte Vokale! Probier doch mal die Rechtschreibmaschine aus!"

5. Probiere die Wörter für Jan aus! Bilde damit möglichst lustige Sätze, und diktiere sie deinem Nachbarn.

6. Prüfe am Algorithmus nach:
- Steht vor m, l, n, r immer ein h?
- Wann schreibt man nach langem, betontem Selbstlaut *nie* ein h?

7. Suche im „Rübezahl"-Text Wörter mit langem, betontem Selbstlaut, und ordne sie nach den Selbstlauten in einer Tabelle.

8. Ergänze! Der Algorithmus von S. 226/227 kann dir dabei behilflich sein.

f oder ***ff***: *schla _ en; scha _ en; Mannscha _ t; Scha _ ner; Begri _ ; vortre _ lich*
l oder ***ll***: *a _ mählich; Kami _ entee; Fa _ te; Meta _ ; sel _ ten;*
m oder **mm**: *insgesa _ t; bekö _ lich; Telegra _ ; Versa _ lung; entfla _ en; Nu _ er*
n oder **nn**: *Spa _ ; Pa _ e; de _ och; Eri _ erung; Gespa _ ; Gespe _ st*
p oder **pp**: *A _ rikose; ti _ en; schla _ ; Schna _ schuß; stol _ ern; Ri _ e*
r oder **rr**: *Ka _ en; He ; Wo te; Spe ling; schnu en;*
t oder **tt**: *Ra _ e; Karo _ en; Sa _ el; Kompo _ ; Tri _ bre _ ; Lo _ erie; ra _ en; Bale _*

9. Übertrage die Tabelle in dein Heft, und vervollständige sie.

befehlen	ich befehle	du befiehlst	befiehl!	befehlt!
sehen				
ziehen				
fliehen				

10. Ergänze die Reihen mit Wörtern aus der jeweiligen Wortfamilie.
a) zu **leeren** gehören: leer, ...
zu **lehren** gehören: Lehrling, ...
b) zu **malen** gehören: das Gemälde, ...
zu **mahlen** gehören: die Kaffeemühle ....

Pronomen verwenden

Die Schlange und das Kind

Ein Weingärtner aus Rottenburg mußte oftmals sein Kind allein zu Hause lassen, wenn er frühmorgens in den Weinberg ging. ? stellte dann einen Napf mit Milch neben das Bettchen und legte ein Stück Brot dazu. Erwachte ? , so stand ? auf und ließ sich das Frühstück schmecken.
Eines Morgens nun kam eine Schlange zum offenen Fenster herein, kroch zu der Schüssel hin und aß mit. ? ließ ? geschehen und hatte seine Freude an ? . ? erschien daraufhin regelmäßig, doch niemand wußte von dem seltsamen Gast.
Eines Tages aber hörte eine Frau, die draußen vorbeiging, daß ? mit jemandem sprach. Neugierig schaute ? in die Stube und sah, wie ? ? auf den Kopf schlug. Dabei sagte vorwurfsvoll: „Iß et no Ilk, iß ao Ickla!“[1]
Schnell holte ? den Polizeidiener. Der schoß das Tier tot. ? aber brach in Tränen aus, als man ihm die Schlange nahm, und klagte noch lange darüber.

---

[1] Kindersprache

11. a) Vervollständige den Text sinnvoll durch Pronomina oder Satzteile so, daß er gut lesbar wird. Besprich deine Fassung mit deinem Nachbarn.
b) „Das Kind ließ ? geschehen.“ Erkläre die Bedeutung des einzusetzenden Wortes genau.

12. Ersetze die Subjekte aus diesem Reim durch Fragepronomina, und laß deine Freundin oder deinen Freund das so entstandene Rätsel lösen.

Das Tintenfaß hat keinen Spund.
Das Kartenhaus hat keinen Grund.
Das Steckenpferd hat keinen Huf.
Der Wetterhahn hat keinen Ruf.
Die Milchstraße ist ohne Staub.
Der Tannenbaum hat kein Laub.
Das Weberschiffchen hat keinen Mast.
Der Stammbaum hat keinen Ast.
Das Schneckenhaus hat kein Dach.
Die Kaffeemühle hat keinen Bach.

Welches Faß hat keinen Spund?
...

Die Schreibung von Wörtern sichern und Fehlerschwerpunkte bearbeiten

13. Wie schreibt man?
In dieser Einheit hast du einen ganzen Bereich der deutschen Rechtschreibung zusammenhängend gelernt: Warum man Mitlautbuchstaben verdoppelt und manchmal den Buchstaben h schreibt, ohne daß er gehört werden kann. Die Merkwörter, die in dieser Einheit genannt werden – und die auch schon früher öfters auftauchten – , solltest du dir alle einmal aufschreiben. Sieh dazu die Rechtschreibkartei auf S. 281 nach.

Mut

Mutig reden – mutig handeln

Lisa Tetzner

Von einem, der mutig werden wollte, und von einem, der alles besser wußte.

Es gibt wahre und unwahre Geschichten. Diese Geschichte ist so wahr, wie ich sie geschrieben habe.

Es waren einmal zwei Buben. Der eine hieß Paul, und der andere hieß Pankraz. Paul hieß überall der Mutige. Pankraz hieß einfach nur Pankraz, nichts weiter. Sie nannten Paul den Mutigen, weil er alle Tage etwas zu erzählen wußte, und immer trat er am Schluß seiner Geschichte als Held auf. Pankraz wußte nichts zu erzählen. Was sollte er auch erzählen? Er erlebte nichts weiter als das, was ein Mensch alle Tage erlebt.

Eines Tages sagte Paul zu ihm: „Das muß anders werden. Du mußt auch einen Namen bekommen, und wenn sie dich nicht gleich den Mutigen nennen, vielleicht nennen sie dich den Tapferen."

Pankraz hatte nichts dagegen. „Aber wie soll ich das machen?" fragte er.

„Gehen wir einfach einmal in die Welt", antwortete Paul.

„Ja, gehen wir", sagte Pankraz, und am nächsten Tag gingen sie. Pankraz nahm einen Stecken, einen Knochen und einen Schirm mit.

Paul lachte. „Was nimmst du denn alles mit? Wenn ich in die Welt gehe, nehme ich nur meine Hand, meinen Kopf und einen Stein mit."

„Ach", sagte Pankraz, „warum sollte ich das nicht mitnehmen? Es stand gerade so herum."

Als sie eine Weile gegangen waren, kamen sie an ein Feld. Auf dem Feld war eine große Hammelherde, und an der Spitze der Hammelherde lief ein großer Bock. Als der Bock die beiden Knaben sah, kam er über das Feld und rannte auf sie zu.

Paul schrie: „Ein Bock, ein Bock!" lief davon und versteckte sich hinter einem Busch. Pankraz wollte auch davonlaufen; aber der Bock stand schon vor ihm und wollte ihn spießen. Da nahm er seinen Stecken und schlug dem Bock einmal über den Kopf und einmal über den Rücken. Teufel, dachte der Bock, das ist ein Kerl. Und weil der Stock ihm weh tat, drehte er sich um und lief wieder zu seiner Herde zurück. Als der Bock bei seiner Herde war, kam Paul wieder.

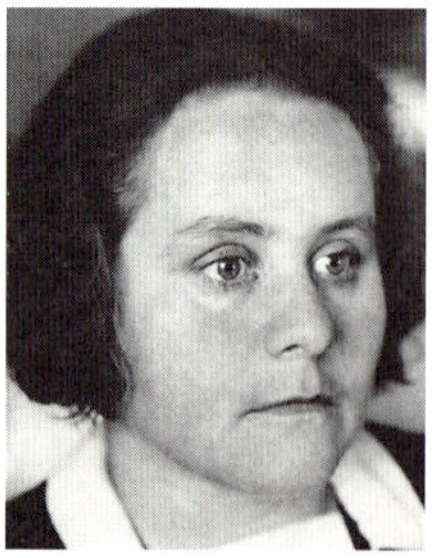

Lisa Tetzner (1894–1963)
wanderte zuerst als Märchenerzählerin durch die Dörfer Mittel- und Süddeutschlands. 1924 heiratete sie den Schriftsteller Kurt Held *(Die rote Zora)* und begann für Kinder und Jugendliche zu schreiben. Ihr bekanntestes Werk ist die umfangreiche Erzählung *Die Kinder aus Nr. 67*, eine beeindruckende Schilderung von Erlebnissen einer Gruppe von Kindern in der Zeit vor und während des Zweiten Weltkrieges.

„Nun", sagte er, „was hast du denn mit dem Bock gemacht?"

„Ach, nichts weiter", antwortete Pankraz. „Ich hab' ihn nur mit meinem Stock geschlagen, da ist er wieder davongelaufen."

„Ich hätte das anders gemacht", sagt Paul. „Ich hätte ihn mit meiner Hand beim Hals genommen und einfach erwürgt. Siehst du, so", und er machte es ihm vor.

„Ja", sagte Pankraz, „du bist ja auch mutiger als ich."

„Natürlich", antwortete Paul, „das wird wohl so sein." Und sie gingen weiter.

Sie kamen über einen Bach, durch ein paar Gärten und dann in ein Dorf. Wie sie so gerade um eine Ecke bogen, kam plötzlich ein großer Hund auf sie zu und bellte sie an. Paul sprang schnell in ein Haustor, schlug es zu und war gerettet. Pankraz war nicht so schnell, und der Hund schnappte nach ihm. Da fiel ihm sein Knochen ein. Er zog ihn aus der Tasche und warf ihn dem Hund zu. Sobald der Hund den Knochen sah, stellte er sein Bellen ein, wedelte mit dem Schwanz, nahm sich den Knochen und trollte sich davon.

Kaum war der Hund davon, kam Paul wieder aus der Tür heraus.

„Ist er fort, der Hund?" fragte er.

„Ja, er ist fort", sagte Pankraz.

„Wie hast du denn das gemacht, daß er fortgegangen ist?" fragte Paul.

„Ach", sagte Pankraz, „ich hab' ihm meinen Knochen gegeben, da ist er von allein fortgelaufen."

„Ich hätte das nicht so gemacht", sagte Paul. „Ich hätte einfach meinen Stein genommen und hätte ihn erschlagen."

„Ja, du bist ja auch mutiger als ich", antwortete Pankraz.

„Natürlich, das wird wohl so sein", sagte Paul. Und sie gingen weiter.

Sie liefen durch ein Dorf, stiegen einen kleinen Hang hinauf und standen plötzlich vor einem Viehgatter. Da kam ein Stier angelaufen. Er schnaubte und stampfte mit den Füßen. Paul war im Nu auf einem Baum. Pankraz konnte aber nicht so schnell klettern, und weil er nicht wußte, was er tun sollte, spannte er seinen Schirm auf und stellte sich

dahinter. Sobald der Stier den Schirm sah und nichts mehr von Pankraz erblickte, hörte er mit dem Schnauben auf, drehte sich um und trollte sich wieder zu der Herde zurück. Als er weit genug weg war, kam auch Paul wieder von seinem Baum herunter. „Na, wie bist du mit dem Stier fertig geworden?“ fragte er.

„Ach“, sagte Pankraz, „es war eine schlimme Sache. Ich wollte schon schreien, da fiel mir plötzlich mein Schirm ein. Ich habe ihn aufgespannt, und da ist der Stier wieder davongegangen.“

„Na, ich hätte es anders gemacht“, sagte Paul.

„Wie denn?“ fragte Pankraz.

„Ich hätte mich einfach hingestellt und hätte den Stier unverwandt angesehen. Wenn man einen Stier immer ansieht und sich nicht von der Stelle rührt, dann läuft er von alleine davon.“

„Ja“, antwortete Pankraz, „du bist ja auch mutiger als ich.“

„Natürlich“, sagte Paul, „das wird wohl so sein“, und sie gingen weiter.

Als sie wieder eine Weile gegangen waren, kamen sie an einen Bach. In dem Bach schwammen ein Gänserich und eine Gans. Sobald Paul sie gesehen hatte, nahm er einen Stein und warf nach ihnen. Die Gans schwamm davon. Der Gänserich war mutiger. Er kam aus dem Wasser heraus und flog auf die Mauer. Paul wollte auch dahin, aber er rutschte aus, und der Gänserich packte ihn an der Hose. Was sollte er machen? Zuerst schrie er nur. Dann sprang er auf und lief davon. Pankraz hörte seinen Freund schreien. Er wollte ihm zu Hilfe kommen und rannte hinter den beiden her. Er erwischte den Gänserich an seinen Flügeln und schleuderte ihn ein paarmal herum, bis der Gänserich schreiend und kreischend wieder zu seinem Wasser lief. Paul war unterdessen auch umgekehrt. Er blutete, und die Tränen liefen ihm über die Backen.

Pankraz versuchte ihn zu trösten. „Aber warum hat du ihn denn nicht einfach beim Hals genommen, so wie du den Bock beim Hals nehmen wolltest?“ fragte er.

„Ach“, sagte Paul, „ich hatte doch meine beiden Hände gerade in der Tasche.“

„Und warum hast du ihn dann nicht mit dem Stein erschlagen, wie du den Hund erschlagen wolltest?“

„Ach“, sagte Paul, „ich wußte gar nicht mehr, daß ich einen Stein in der Tasche hatte.“

„Und warum hast du ihn dann nicht einfach angesehen, wie du den Stier ansehen wolltest?“ fragte Pankraz.

„Ach“, sagte Paul, „das konnt’ ich doch nicht! Er hatte mich ja hinten an der Hose.“

„Richtig“, antwortete Pankraz, „das hatte ich ganz vergessen.“

Damit ist die Geschichte zu Ende. Wenn ihr aber denkt, es hätte sich etwas geändert, so irrt ihr euch. Paul heißt noch immer „der Mutige“. Und Pankraz heißt weiter nur Pankraz, sein ganzes Leben lang.

- Hättet ihr mit dem Schluß der Geschichte gerechnet?
- „... du bist ja viel mutiger als ich.“ Wie beurteilt ihr diese Aussage, die Pankraz mehrmals wiederholt?
- Schreibt das Wort *Mut* an die Tafel. Findet weitere Begriffe, die zu *Mut* passen.

Mut beweisen

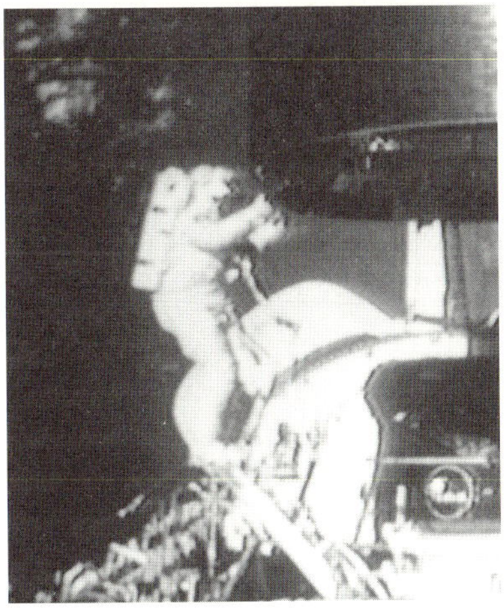

Ein himmlischer Beruf

Über 200 Menschen sind schon in den Weltraum gereist. Die ersten Astronauten flogen allein und hielten sich nur wenige Stunden im Weltraum auf. Bei längerem Aufenthalt im All ist ausreichende Bewegung äußerst wichtig für die Astronauten. In der Schwerelosigkeit des Weltalls und der räumlichen Enge eines kleinen Raumschiffs reicht eine normale Arbeitsaktivität zur Erhaltung der körperlichen Leistungsfähigkeit nicht aus. Zwei Stunden strenger Turnübungen sind täglich vonnöten, sonst würden die Knochen der Astronauten spröde und die Muskeln erschlaffen, so daß sie bei der Rückkehr in die Schwerkraft der Erde sterben könnten.

In den ersten dreißig Tagen im Weltraum fühlen sich viele Astronauten benommen oder krank, weil der Gleichgewichtssinn im menschlichen Ohr durch die Schwerelosigkeit beeinträchtigt wird. Man fühlt sich dann etwa so wie bei der Seekrankheit. Ohne die Schwerkraft, die die Muskeln strafft, wird die Haltung des Körpers eher krumm. Nur durch gymnastische Übungen bleiben die Muskeln elastisch.

Um außerhalb des Raumschiffs arbeiten zu können, benötigt der Astronaut sein „eigenes Raumschiff“, den Raumanzug. Er beschützt den Träger im luftleeren Raum, der jedoch voller Strahlung und winziger Meteore ist. Der Anzug schirmt den Astronauten vor großen Temperaturunterschieden ab und versorgt ihn mit Luft zum Atmen. Ein kleiner Raketenrucksack ermöglicht es ihm, sich ohne Halteleine im Weltraum zu bewegen.

Astronaut – ein ungewöhnlicher Beruf, aber doch wie jeder andere ...

- Passen *Astronaut* und *Mut* zusammen?
- Möchtest du einmal als Astronaut oder Astronautin ins Weltall fliegen? Überlege dir, welche Eigenschaften du dafür brauchst.
- Es gibt auch andere Berufe, die Mut verlangen ...

Und wenn es einmal brennt ...

Jeder kennt das Geräusch der Feuerwehrsirenen, das die roten Einsatzfahrzeuge auf ihrem Weg ertönen lassen.

Einsatzorte der Feuerwehr sind nicht nur Brände, sondern auch Verkehrsunfälle oder Notsituationen, bei denen die Feuerwehrleute Hilfe leisten.

In Großstädten mit mehr als 100.000 Einwohnern gibt es eine Berufsfeuerwehr. In anderen Gemeinden müssen die freiwilligen Feuerwehrleute nach dem Alarm erst von ihrem Arbeitsort oder ihrer Wohnung an das Feuerwehrgerätehaus kommen und von dort mit der nötigen Ausrüstung zum Einsatzort fahren.
Das Vorgehen an einem Brandort ist viele tausend Mal geübt und trainiert worden. Jeder Handgriff muß sitzen, das Ausrollen der Schläuche genauso wie das Beseitigen von Hindernissen oder das Ausfahren der Drehleiter.

Trotz all dieser Routine riskieren die Männer bei jedem Einsatz erneut ihre Gesundheit – für andere.

Der berühmteste Feuerwehrmann der Welt

Ein besonders berühmter Feuerwehrmann ist der Amerikaner Red Adair. Er hat sich mit seinen Leuten auf die Bekämpfung von Großfeuern spezialisiert und reist um die ganze Welt, um brennende Ölquellen oder Bohrinseln zu löschen.
Eine Sensation war es 1962, als es ihm gelang, eine brennende Ölquelle zu löschen, deren Flamme so groß war, daß sie von einer Weltraumkapsel aus beobachtet werden konnte.
1991 löschten Red Adair und seine Leute die brennenden Ölfelder Kuwaits, die im Golfkrieg angezündet oder in die Luft gesprengt wurden. Sie verhinderten so eine riesige Umweltkatastrophe.

Urs Karpf

SOS – Kurs Menschen retten

... –– ... SOS ... –– ... Kurs Menschen retten! So heißt es fast täglich für die Seenotretter der Deutschen Gesellschaft zur Rettung Schiffbrüchiger (DGzRS). Auf ihren 37 Booten auf Nord- und Ostsee sind die Retter zu jeder Zeit, bei jedem Wetter einsatzbereit.

Ein Freitagabend, Mitte März. Im Schutzhafen der ostfriesischen Insel Borkum liegt der Seenotkreuzer „Georg Breusing" an seinem Platz. „Draußen" weht es aus West mit Windstärken um fünf Beaufort[1]. „Seegang 4" heißt es im Bordtagebuch, also „mäßig bewegte See". Kurz vor 23 Uhr knackt es im Funkgerät. Über Kanal 16 läuft eine Notmeldung: „Hier ist die ‚Castor'. Wir liegen bei Tonne 14 mit Motorschaden." Die Antwort des Rettungsmannes am Funkgerät kommt knapp und präzise: „‚Castor', ‚Castor', hier ist der Seenotkreuzer ‚Georg Breusing'. Wir kommen!"

Eine Stunde vor Mitternacht „dampft" die „Georg Breusing" aus dem Hafen. Keine fünf Minuten hat es gedauert vom Aufnehmen des Hilferufes bis zum Auslaufen von der Station.

Gerade als das Tochterboot ausgesetzt wird, hat die „Castor" Grundberührung. „Verdammt, wir sind auf die Buhne[2] aufgelaufen", entfährt es dem Skipper[3]. Die sechs Personen an Bord und ein Hund haben sich sicherheitshalber auf dem Vorschiff zusammengedrängelt. Da! Ein Krachen, Splittern – Wassereinbruch!" Die „Engelke", das Tochterboot des Seenotkreuzers, hatte schon „angetaut", den Kutter schon „auf dem Haken". Jetzt wird aus Sicherheitsgründen das Schleppmanöver abgebrochen – das Heck der „Castor" ist bereits unter Wasser.

Schon umspült die See das Ruderhaus. Die Schiffbrüchigen springen ins Wasser. Voller Angst – und dennoch voller Zuversicht, denn die Retter sind ja da. Den Männern werden Rettungswesten und Festmacherleinen zugeworfen, mit denen sie zum geöffneten Klappheck des Seenotkreuzers gezogen werden. Triefendnaß klettern sie über die Rollen in die Wanne für das Tochterboot an Bord des Seenotkreuzers – der Hund hinterher. Sie werden sofort von den Rettungsmänners mit trockener Kleidung, Kaffee und Tee versorgt. Aufatmen in der Messe – alle sind wohlbehalten und haben unverletzt das nasse Erlebnis überstanden. Und auch der Schäferhund fühlt sich jetzt – inzwischen trockengerubbelt – im wahrsten Sinne des Wortes „pudelwohl".

---

[1] Beaufort: Maßeinheit für Windstärke, [2] Buhne: künstlicher Damm zum Uferschutz; [3] Skipper: Kapitän

Mutig sein – sich wehren

Michael Höhn

Arne

Er stand vor mir in der Schlange der Wartenden. „Arne“, tippte ihn einer der Größeren an. „Du spinnst ja, Arne!“ Der Junge mit der Pilotenbrille auf der unauffällig kleinen Nase drehte den Kopf knapp zur Seite und zog sich seine Mütze über die Ohren herunter. Eine Pudelmütze, rot mit einer weißen Wolltroddel, wie man sie auch zum Skifahren braucht. Arne sagte kein Wort. Ich wunderte mich über ihn, weil ich andere Zwölfjährige kenne, die sofort Antwort geben auf eine derartige Unverschämtheit. Arne tat es nicht. Die beiden anderen Burschen, vielleicht siebzehn Jahre alt, hänselten ihn weiter.
„Du bist eine miese Type, Arne.“ Der das sagte, war seinem roten Gesicht nach und den ersten sprießenden Barthaaren über der Oberlippe höchstens fünfzehn. Ich entdeckte, daß da eine ganze Gruppe vor mir und hinter mir in der Reihe stand und auf die Seilbahn zum Gletscher wartete. Die Skier dicht an den Körper gepreßt. Zum Vorwärtsdrängen bereit, wenn sich die Tür zur Rampe nach oben öffnete. Ich begriff nicht, warum der lange Bursche mit dem dicken Pickel unter dem rechten Auge Arne plötzlich die Mütze herunterriß und einige Meter nach rechts in die Menge warf. Ein großes Gejohle begleitete diese mutige Tat. Arne sah sich um, suchte den, der die Mütze aufgefangen haben mochte. Er war einen Kopf zu klein. Arne hatte keine Chance gegen die Überzahl der Großen. „Gib mir die Mütze wieder“, sagte Arne leise. Ich konnte es hören, weil er unmittelbar vor mir stand und der dauernde Lärm gerade in dem Moment abebbte. Der Durchgang zur Gletscherbahn öffnete sich. Ungestüm drängte die Menschentraube weiter vor. Skischuhe schlugen hart auf den steinernen Boden, der schmutzignaß war von dem vielen Getrappel. Skier und Stöcke trafen dann und wann unvorbereitet den Vordermann. Wie eine Herde Schafe zwängten wir uns durch die schmalen Gatter weiter zur Tür hin. Immer fünfunddreißig in eine Gondel.
Ich berührte Arne leicht am Arm. Er drehte sich zu mir. Ich lächelte ihm zu. Er wußte wohl nicht warum. Arne rückte seine Pilotenbrille zurecht und blickte nach vorn. In dem Augenblick schlug ihn einer mit dem Handschuh ans Ohr. Es klatschte trocken. Arne verzog das Gesicht. Dann schluckte er tapfer, und trotzig hob er den Kopf. Seine Peiniger ließen nicht von ihm ab. Seit zehn Minuten dauerte die Qual an. Nicht nur für Arne. Ich litt mit ihm. Doch ich sagte kein Wort. Dachte mir meinen Teil und ballte in

---

„Arne sagte kein Wort.“
Hättest du an seiner Stelle auch geschwiegen?

Gedanken die Faust in der Tasche. In dem Gedränge hatte ich dafür keine Hand frei. Einer müßte Arne helfen, dachte ich. Einer, der ihn kennt. Der auch die anderen kennt, die ihn quälen. So einer müßte jetzt das Wort ergreifen für Arne. Da trat ihn einer mit der Schuhspitze in die Kniekehle. Arne knickte ein, fing sich wieder und starrte geradeaus.

Ich wandte mich zum Fenster hinaus. Sah die Schattenspiele der Sonne auf der Wand des Fahrkartenhäuschens gegenüber und versuchte, an den Schnee oben auf dem Gletscher zu denken. Ob viel Betrieb am Lift sein würde? Wie der Schnee wohl um Mittag herum sein wird?

„Macht Spaß, was Arne?“ Die fette Stimme stammte von dem Pickeligen, der Arne die Mütze heruntergerissen hatte. Ich kam von Arne nicht los. An meinem rechten Ohr vorbei schob sich eine Hand auf Arnes Hinterkopf zu. Da ließ ich meine Skier los und griff nach der Hand. Ein Schrei zeigte mir, daß ich sehr fest zugepackt hatte. „Schluß damit!“ brach es aus mir heraus, und ich kannte meine Stimme nicht wieder. Die Angst von eben war nicht mehr da. „Ihr Feiglinge habt ihn genug gequält. Was hat er euch denn getan?“ Ich ließ die Hand wieder los. Betreten sahen die Angesprochenen zu Boden oder zum Fenster hinaus. Keiner antwortete mir. Zwei tuschelten miteinander.

„Meine Mütze“, sagte Arne und schaute mich an. Einer reichte ihm die Mütze herüber.

In der Gondel kam ich neben ihm zu stehen. „Was hast du ihnen getan, Arne?“ fragte ich. Er zuckte mit den Schultern.

„Ich weiß nicht genau. Sie haben gesagt, ich sollte ihnen die Schuhe putzen im Ferienheim. Ich bin der Jüngste aus der Gruppe, haben sie gesagt. Ich wollte das nicht. Ich habe mich gewehrt und ‚Nein‘ gesagt.“ Arne sah mich an, und ich bemerkte, daß er stahlblaue Augen hatte. Die Brille hatte er abgezogen. Ich kam mir neben ihm vor wie ein Kind. „Du warst sehr mutig, Arne!“ sagte ich voller Bewunderung.

„Du warst sehr mutig, Arne!“ sagte ich in voller Bewunderung.

Stimmt ihr mit diesem Urteil des Erzählers überein?
Ist nicht vielmehr der Erzähler mutig?

Am Abend bespricht der Leiter der Feriengruppe den Vorfall mit den beteiligten Jungen. Arne und die beiden älteren Jungen erklären ihr Verhalten vor der Gruppe.

Übernehmt die Rollen der beiden Jungen.
Achtet darauf, wie die Jungen ihr Verhalten begründen.

Mit der Sprache herausrücken

Achim Bröger

Sag ich's? Oder sag ich's nicht?

Vorsicht! Ich klingele wie wild. Mensch, was macht denn dieser Doofmann in seinem Auto? Schläft der? Beinahe hätte er mich beim Überholen umgestoßen. Wahrscheinlich hat er was gegen Radfahrer. Das ist gerade noch mal gutgegangen. Puuh.
Gleich bin ich zu Hause. Warum beeil ich mich eigentlich so? Ich sollte langsamer fahren. Zu Hause muß ich meiner Mutter nämlich was beichten. Und das tue ich gar nicht gerne.
Sag ich ihr das wirklich? ... Ach, ich weiß noch nicht. Diese Mist-Mathearbeit. Da hinten in meiner Tasche liegt sie. Auf eine Vier habe ich gehofft. Eine Fünf ist es geworden. Zum Wimmern finde ich das.
Erzähl ich die Fünf? Oder lasse ich's?
Wenn ich's lasse, werden die Eltern über meine Mathezensur im Zeugnis staunen. Das ist nämlich schon die zweite Mathe-Fünf in diesem Jahr, und die erste habe ich ihnen nicht gesagt.
Eines ist klar: Ins Gymnasium komme ich sowieso nicht mehr. Meine Zensuren sehen nämlich alle nicht gerade toll aus. Und so sicher ist das mit der Realschule auch nicht.
Ich habe mir immer vorgestellt, daß ich mit meinem Bruder zusammen ins Gymnasium gehe. Richtig gefreut habe ich mich darauf. Er geht auch wirklich hin, schon seit fast zwei Jahren. Seine kleine doofe Schwester schafft's nicht.
Oh, wenn ich daran denke, tut mir das richtig weh im Bauch.
Ein blödes Gefühl, so nach Hause zu fahren. Sehr blöd. Es müßte irgendwas passieren, damit meine Eltern die Arbeit nicht mehr wichtig finden, ein Unfall zum Beispiel. Den schaffe ich auch noch, wenn ich weiter so wenig auf den Verkehr achte.
Da ist unser Haus. Am liebsten würde ich jetzt immer weiterfahren. Vielleicht höre ich dann eines Tages im Radio, daß sie mich suchen und unbedingt wollen, ich soll zurückkommen.
Mit jeder Note. Egal.
Diese Mist-Zensuren, die versauen einem alles! Ob sie mich eigentlich mit den schlechten Noten genauso gern mögen wie meinen Bruder?
Das Rad stelle ich vor dem Haus ab und geh die Treppe hoch. Die Tasche mit der Fünf habe ich in der Hand.
Oben bin ich, und jetzt wird geklingelt. Dabei überlege ich: Sag ich's? Oder sag ich's nicht? In meinem Kopf geht alles durcheinander.
Mutter öffnet die Tür. „Wie war's?" fragt sie. Ich brumme: „Na ja, wie's in der Schule eben ist."
Aus der Küche höre ich Musik, mein großer Bruder sitzt am Tisch. Das Essen kocht, und es riecht prima. Sonst bin ich eigentlich immer gern mit in der Küche. Aber heute nicht.
Die beiden haben sich was erzählt. Mächtig gut gelaunt wirkt alles. Oh, die Laune könnte ich ihnen verderben, vor allem meiner Mutter. Ich müßte nur die Fünf beichten.

„Komm bald zum Essen", sagt sie.

„Ja", sage ich und verschwinde erst mal in meinem Zimmer. Die Tasche mit der Fünf drin schmeiße ich unter den Tisch und setze mich aufs Sofa.

Ich sag's ihr, nehme ich mir vor. Aber erst nach dem Essen.

Schimpfen wird sie gar nicht viel, meine Mutter. Ob ich nicht genug geübt habe, fragt sie garantiert. Und mein Bruder sagt: Mensch, das ist alles ganz leicht. Ich hab's dir doch erklärt.

Das hat er auch, wirklich. Sie geben sich Mühe mit mir. Und ich war sicher, daß die Arbeit dieses Mal nicht schiefgeht. Einen Punkt mehr hätte ich gebraucht. Einen einzigen. Dann wär's eine Vier geworden.

Bei mir fehlt oft ein Punkt. Mein Bruder hat diesen Punkt immer ... na ja ... und noch etliche dazu.

Einige in meiner Klasse sagen: Mit einer Fünf darf ich mich zu Hause nicht sehen lassen. Die haben richtig Angst, daß sie bestraft werden. Davor muß ich keine Angst haben. Aber natürlich ist meine Mutter enttäuscht. Und schlechte Laune hat sie, wenn ich eine Fünf mitbringe.

Abends erfährt Papa von meiner Glanzleistung. Vielleicht sagt der: Nimm dir ein Beispiel an Klaus.

Wenn der wenigstens ein richtiger Streber-Heini wäre, der Klaus. Dann könnte ich mir denken: Ne, an dem nehm' ich mir kein Beispiel. Leider ist er kein Streber. Er schafft das einfach so. Dabei tu ich mehr als er.

Eben höre ich meine Mutter aus der Küche: „Komm zum Essen!" Und ich weiß immer noch nicht: Sag ich's? Oder sag ich's nicht? Am liebsten würde ich hier in meinem Zimmer sitzen bleiben.

„Hast du nicht gehört?" fragt meine Mutter.

„Komme schon", sage ich und trotte in die Küche.

Kartoffeln, Rotkohl und Rindfleisch gibt es.

„Hm, das riecht gut", sagt Klaus. „Hab ich einen Hunger." Und dann sagt er zu mir: „Deck schon mal den Tisch."

„Blödmann! Mach doch selber!" donnere ich.

„Mensch, sei nicht so unfreundlich", sagt Mutter. „Natürlich hilft der Klaus beim Tischdecken."

Natürlich. Klar. Dieser Musterjunge. Und der tut in letzter Zeit wie ein Pascha. Der hat mir gar nichts zu sagen.

Ich hole die Teller. „Stell dir vor", sagt Mama, „Klaus hat seine Deutscharbeit wiederbekommen. Rate mal, was es für 'ne Zensur geworden ist?"

„Na, was meinst du?" fragt Klaus lässig. Dieser Angeber, wie der dasteht und am Kühlschrank lehnt.

„Weiß ich nicht", sage ich. Dabei weiß ich's genau. Wenn sie so gucken und aus der Note ein Rätsel machen, gibt's keine große Auswahl. Entweder hat er eine Zwei oder eine Eins.

„Eine Zwei hat er", sagt Mutter. „Um einen Punkt. Beinahe wär's eine Eins geworden."

Prima finde ich, daß er auch mal einen Punkt zuwenig hat. Aber das behalte ich für mich. Mensch, ich wünschte mir einen Bruder, der schlechter in der Schule wäre als ich.

„Na, ist das nicht toll?“ fragt Mutter.

„Hm“, murmle ich.

„Richtig stoffelig bist du heute“, beschwert sie sich. „Was ist dir denn für 'ne Laus über die Leber gelaufen?“

Zum Glück erwartet sie keine Antwort. Sie stellt das Gemüse, das Fleisch und die Kartoffeln auf den Tisch. Gleich nimmt sich Klaus wieder das größte Fleischstück, jede Wette. Das kann ich besonders leiden.

Wir sitzen hinter den Tellern. Plötzlich guckt mich Klaus an und fragt: „Habt ihr eigentlich die Mathearbeit wieder?“

Mir schießt nochmal durch den Kopf: Sag ich's? Oder sag ich's nicht? Und ich sage: „Wir haben sie zurückbekommen.“

„Und?“ fragt Mutter.

„Ne ... Vier“, sage ich.

Im nächsten Augenblick denke ich schon: Verdammt, warum habe ich bloß nicht die richtige Zensur gesagt?

„Na ja“, seufzt Mutter und klingt unzufrieden. Wenn die wüßte.

„Ist ja nicht das Gelbe vom Ei“, sagt mein Bruder.

„Ich hab eine schlechte Vier. So gerade noch. Um einen Punkt“, sage ich hastig, damit es nicht zu sehr gelogen ist.

„Schade“, sagt Mutter und fragt dann: „Hast du nicht genug geübt?“

Ich wußte, das das kommt. „Keine Ahnung“, sage ich. „Vor der Arbeit konnte ich alles.“

„Jedenfalls so einigermaßen“, sagt mein Bruder.

„Das reicht eben nicht“, meint Mutter.

Jetzt muß ich in der nächsten Arbeit unbedingt eine Drei schreiben, damit aus den zwei Fünfern im Zeugnis noch eine Vier wird. Schon heute nachmittag übe ich. Ganz bestimmt. Hoffentlich hilft mir der Klaus.

„Na ja“ sagt Mutter. „Zieh nicht so ein Gesicht. Eine Vier ist immerhin besser als eine Fünf.“

Das tröstet mich wirklich sehr, was sie da sagt.

„Zeig mir nachher mal die Arbeit“, verlangt sie plötzlich. Auch das noch!

„Hm“, mache ich und hoffe, daß sie das später vergessen wird. Wenn sie's nicht vergißt, sage ich: Wir sollten die Hefte in der Schule lassen, weil der Lehrer die Verbesserung der letzten Arbeit nachsehen will.

Ach, ist das alles doof. Da zieht eines das andere hinterher.

„So, wir essen“, sagt Mutter. Aber mir ist der Appetit eigentlich schon längst vergangen.

- Welche Textstellen weisen darauf hin, daß die Hauptperson ein Mädchen ist?
- *„Ein blödes Gefühl, so nach Hause zu fahren. Sehr blöd.“* Kannst du dieses „blöde Gefühl“ beschreiben?
- *„Aber mir ist der Appetit eigentlich schon vergangen.“* Schreibe die Geschichte so um, daß Klaus' Schwester das Mittagessen wieder schmeckt.

Angst überwinden

Ursula Wölfel

Der Nachtvogel

Ein Junge hatte immer große Angst, wenn er nachts allein in der Wohnung sein mußte. Seine Eltern gingen oft am Abend fort.
Dann konnte der Junge vor Angst nicht einschlafen. Er hörte etwas rauschen, und das war, als ob jemand im Zimmer atmete.
Er hörte ein Rascheln und ein Knacken, und das war, als ob sich etwas unter seinem Bett bewegte.
Aber viel schlimmer war der Nachtvogel.
Der Junge sah ihn immer ganz still draußen auf der Fensterbank sitzen, und wenn unten ein Auto vorüberfuhr, schlug der Vogel mit den Flügeln, und der Junge sah den riesigen Schatten von den Flügeln an der Zimmerdecke. Der Junge erzählte seinen Eltern von der Angst.
Aber sie sagten nur: „Stell dich doch nicht an! Du bildest dir das alles nur ein."
Und sie gingen immer wieder am Abend fort, weil sie den Vogel nicht sehen konnten, weil sie das alles nicht glaubten.
Einmal war der Junge wieder allein, und es schellte an der Wohnungstür.
Der Junge wurde steif vor Angst.
Wieder schellte es.
Es schellte und schellte.
Dann war es still, lange Zeit war es ganz still. Dann kratzte etwas an der Hauswand. Das war der Vogel! Jetzt kletterte er mit seinen Krallen an der Mauer hoch. Jetzt war er an der Fensterbank. Und jetzt schlug er mit seinem Schnabel an die Scheibe! Einmal, zweimal, immer wieder, immer lauter, und gleich würde das Glas zerbrechen, gleich würde der Vogel ins Zimmer springen!
Der Junge packte die Blumenvase vom Tisch neben dem Bett. Er schleuderte sie zum Fenster.
Das Glas zersplitterte. Wind fuhr ins Zimmer, daß der Vorhang hoch an die Wand schlug, und der Vogel war fort. Auf der Straße unten hörte der Junge seine Eltern rufen. Er rannte auf den Flur, er fand im Dunkeln sofort den Lichtschalter und den Knopf vom Türöffner. Er riß die Wohnungstür auf und lief den Eltern entgegen.
Er lachte, so froh war er, daß sie da waren.

Ursula Wölfel
geb. 1922, schrieb schon sehr früh kleine Geschichten. Nachdem sie als Sonderschullehrerin tätig war, arbeitet sie seit 1959 als freie Schriftstellerin. Sie ist eine der erfolgreichsten deutschen Kinder- und Jugendbuchautorinnen der Nachkriegszeit. Die Erzählung *Der Nachtvogel* stammt aus ihrem bekannten Buch *Die grauen und die grünen Felder*.

Aber sie schimpften. Ihre schönen Ausgehkleider waren naß vom Blumenwasser.
„Was soll denn das wieder heißen?“ fragte der Vater. „Jetzt ist die Scheibe kaputt!“
„Und mein Mantel! Sieh dir das an!“ rief die Mutter. „Der Nachtvogel hat mit seinem Schnabel ans Fenster gepickt.“ – „Unsinn!“ sagte der Vater. „Wir hatten den Schlüssel vergessen, und du hast das Schellen nicht gehört. Darum haben wir mit einer Stange vom Bauplatz an dein Fenster geklopft.“
„Es war der Nachtvogel, wirklich!“ sagte der Junge.
„Der Nachtvogel war es!“
Aber die Eltern verstanden das nicht. Sie gingen immer wieder am Abend fort und ließen den Jungen allein.
Er hatte immer noch Angst, er hörte immer noch das Rauschen und Rascheln und Knacken. Aber das war nicht so schlimm.
Denn der Nachtvogel kam nie mehr wieder, den hatte er vertrieben. Er selbst hatte ihn vertrieben, er ganz allein.

Eduard Mörike

In der Frühe

Kein Schlaf noch kühlt das Auge mir,
Dort gehet schon der Tag herfür
An meinem Kammerfenster.
Es wühlet mein verstörter Sinn
Noch zwischen Zweifeln hin und her
Und schaffet Nachtgespenster.
– Ängste, quäle
Dich nicht länger, meine Seele!
Freu’ dich! schon sind da und dorten
Morgenglocken wach geworden.

Eduard Mörike
wurde 1804 in Ludwigsburg geboren. In Tübingen wurde er zum evangelischen Pfarrer ausgebildet. 1834 übernahm er die Pfarrstelle in Cleversulzbach. Schon damals war er schriftstellerisch tätig. Bekannt sind sein Märchen *Das Stuttgarter Hutzelmännchen* und die kleine Erzählung *Mozart auf der Reise nach Prag*. Meisterhaft beherrschte er das Schreiben von Gedichten. 1875 starb er in Stuttgart.

Franz Hohler

Der Vogel Angst

Der Vogel Angst
hat sich ein Nest gebaut
in meinem Innern

und sitzt nun manchmal da
und manchmal
ist er lange weg

oft kommt er nur
für einen Augenblick
und fliegt gleich wieder weiter

dann aber gibt es Zeiten
da hockt er tagelang
da drin
mit seinem spitzen Schnabel
und rührt sich nicht
und brütet
seine Eier aus.

Judith Haas

Du bist eine Insel!

Wenn ich an Dich eine Bitte habe,
dann diese:
Such Dir eine Insel in Dir,
einen Halt Deiner selbst.
Du bist so einzigartig,
so unauswechselbar,
und mein größter Wunsch für Dich
bleibt,
daß Du Dich selbst nicht verläßt,
daß Du zu Dir stehst
mit Deinen Größen und Schwächen.
Und wenn Du Dir selber Insel bist,
Dich richtig gern hast,
kann es auch für den einen oder anderen
von draußen
ganz gemütlich bei Dir werden.

Und das wünsche ich Dir.

Mut – die richtigen Worte finden

Evelyne Stein

Andrea vom vierten Stock

Vor einem Monat ist Andrea mit ihren Eltern in die neue Wohnung übersiedelt. Jetzt hat sie sogar ein eigenes Zimmer. Aber keine Freunde, die mit ihr spielen. Im alten Haus war alles anders. Dort hatte sie die Kinder gekannt: Brigitte, Anni und Daniel. Auch ein Garten war da mit einem großen, weitausladenden Zwetschkenbaum[1]. Auf den konnte man klettern und die blaugrünen Früchte in sich hineinstopfen, bis man Bauchweh hatte.

Hier, in dem neuen Haus, gibt es nur einen Hof mit einer kleinen Birke. Die Birke ist dünn wie ein Besenstiel.

Jeden Tag steht Andrea an ihrem Fenster im vierten Stock und schaut in den Hof hinunter. Sie sieht die Kinder spielen. Manchmal sind es sechs, manchmal acht oder neun.

Sie hört sie lachen und möchte mitlachen.

Sie sieht sie laufen und möchte mitlaufen.

„Geh doch auch hinunter", sagt Andreas Mutter.

Aber Andrea traut sich nicht. Sie hat Angst, daß die Kinder sie auslachen oder mit Papierknäueln nach ihr werfen. So wie damals, als sie in der Schule die Neue war. Neu und groß und dünn. Größer als die anderen und dünn wie ein Ofenrohr. „Dünne Nudel – Giraffenbaby –", hatten die Kinder gerufen. Erst als die schnelle Hanni ihre Freundin wurde, hörten sie mit dem Spotten auf. Wer mit der schnellen Hanni befreundet war, war in Ordnung.

Aber jetzt fängt alles von vorne an. Die Kinder da unten sehen nicht so aus, als würden sie ein fremdes, großes, dünnes Mädchen mitspielen lassen. Zumindest glaubt das Andrea.

Wenn ich wenigstens ein Kind kennen würde, denkt sie. Und wenn ich die Hanni mitnehm'? Nein. Dann wird die Hanni mit den anderen spielen, und mit mir wird vielleicht niemand spielen wollen.

Abends, wenn Andrea im Bett ist, betet sie. Ganz leise, so daß nur sie es hören kann: „Bitte lieber Gott, mach, daß ich Mut habe, mit den Kindern zu reden, und daß die Kinder mich mitspielen lassen."

Aber am nächsten Tag ist es wieder genauso. Andrea kommt von der Schule und rennt durch den Hintereingang ins Haus. So muß sie nicht durch den Hof, vorbei an den Kindern.

Eines Tages beobachtet Andrea von ihrem Fenster aus, wie Ronald, der kleinste Bub, der Tina einen Kaugummi mitten auf die Nase pickt. Jetzt sieht Tina wie ein Clown aus. „Pfuii!" schreit Tina. Sie versucht, den Kaugummi wegzuziehen. Tinas Nase wird immer länger, immer dünner. Eine lange, dünne, rosa Gumminase. Alle lachen. Auch Andrea muß lachen. Andrea hat vergessen, daß sie nicht entdeckt werden will, und sich aus dem halbgeöffneten Fenster gebeugt. Aber Georg, der größte und stärkste Bub in der Gruppe, hat sie schon gesehen.

---

[1] Zwetschkenbaum: österreichische Schreibweise für Zwetschgenbaum

Jetzt schauen auch die anderen zu ihr hinauf.
Sie hören auf zu lachen. Sie rücken näher aneinander. Sie wachsen zusammen wie ein riesiges Tier mit vielen Köpfen und vielen Augen.
Andrea schlägt das Fenster zu, macht einen Sprung zurück. Da knallt etwas gegen die Scheibe. Georgs Fußball. Fast wäre die Scheibe zerbrochen.
„Was war das?" ruft Andreas Mutter aus der Küche. Schon ist sie im Zimmer.
„Mir ist der Ball gegen das Fenster geflogen", stottert Andrea. Lieber soll die Mutter mit ihr schimpfen. Andrea will nicht sagen, daß sie wieder von ihrem Fenster hinuntergeschaut hat.
„Du weißt doch, daß du nicht im Zimmer Ballspielen sollst! Warum gehst du nicht endlich in den Hof! Alle Kinder sind unten, nur du nicht!"
„Ich mag nicht", antwortete Andrea trotzig. Sie wirft sich auf ihr Bett. Sie nimmt ein Buch und hält es sich vor das Gesicht. Sie merkt nicht, daß sie das Buch verkehrt herum hält. Die Buchstaben tanzen auf und nieder, verschwimmen zu schwarzen, zittrigen Flecken. Erst als die Mutter aus dem Zimmer geht, heult Andrea richtig los.
Eine Stunde später sagt die Mutter: „Andrea, bring bitte diese Liste hinunter, zur Hausbesorgerin[2], der Frau Petrisch."
Die Frau Petrisch ... das ist doch die Mutter von Georg! Und wenn er zu Hause ist? Andrea überlegt. Dann sagt sie: „Ich muß aufs Klo." Aber ewig kann sie nicht am Klo sitzen. Sie nimmt die Liste und kriecht wie eine Schnecke die Treppe hinunter. Andrea drückt auf den roten Klingelknopf. Es hört sich wie Vogelpiepsen an. Trotzdem hat Frau Petrisch sie gehört und öffnet die Tür. „Ahh! Du bist doch die Andrea!" sagt sie freundlich. „Komm nur herein."
Andrea hat Pudding in den Knien und heiße Hände, als hätte sie frisch gegrillte Bratwürste aus dem Ofen genommen.
Am Fenster sitzt Georg, mit dem Rücken zu ihr. Er dreht sich um. Er schaut Andrea an. Hoffentlich sagt sie nichts wegen dem Ball, denkt er.
Wenn der Georg sitzt, sieht er gar nicht so groß aus, denkt Andrea.
Andrea versucht zu lächeln. Weil sie fühlt, wie sie dabei rot wird, wird sie noch mehr rot.
„Ihr kennt euch doch?" fragt Frau Petrisch. Plötzlich läutet das Telefon, und Georgs Mutter eilt ins Nebenzimmer.
„Du bringst die Haushaltsliste, oder?"
„Ja", sagt Andrea und rührt sich nicht vom Fleck.
„Kannst mir die Liste geben, ich leg' sie meiner Mutter hin." Andrea reicht ihm steif die bedruckten Blätter. „Wie lang wohnt ihr schon hier?" fragt Georg, weil Andrea immer noch dasteht und es so still ist im Zimmer.
„Einen Monat."
Andrea wird wieder rot. Georg findet das lustig, wie das fremde Mädchen einmal weiß und einmal rot wird. Andrea kratzt sich am Knie. Georg malt mit seinem Kugelschreiber Striche auf seinen Radiergummi. Von dem Ball sagt er nichts. Er sagt aber auch nicht, daß Andrea doch einmal herunterkommen soll, spielen.
Gut, denkt Andrea, daß er nichts von dem Ball sagt und davon, daß ich immer am Fenster stehe und runterschau.

[2] Hausbesorgerin: österreichisch für Hausmeisterin

Jetzt, jetzt könnt' ich eigentlich fragen, ob ich mitspielen darf. Sie macht den Mund auf, aber es kommt nichts aus dem Mund heraus, weil sie vor Aufregung schlucken und sprechen zugleich will.

„Ist was?" fragt Georg.

Andrea schüttelt heftig den Kopf. „Wiedersehen", sagt sie schnell.

„Auf Wiedersehen", ruft sie zu Frau Petrisch hinein.

Andrea hat eine riesige Wut auf sich. Warum hat sie sich wieder nicht getraut?

„Aber morgen", sagt sie laut zu sich selbst. „Morgen geh' ich nach der Schule durch den Haupteingang ins Stiegenhaus. Mitten durch den Hof. Und wenn die Kinder da sind, sag ich: Ich bin die Andrea vom vierten Stock. So!"

Am nächsten Tag stehen Tina und noch ein Mädchen aus dem Haus neben der kleinen Birke. Sie tuscheln. Tina hält einen jungen Hund im Arm. Er sieht fast wie eine Katze aus. Mit schrägen großen Augen und aufgestellten spitzen Ohren. Das Mädchen hat einen knallroten durchsichtigen Schal um den Hals. Er flattert leuchtend im Wind. Die beiden Mädchen schielen zu Andrea hin. Sie schauen sie an, als hätte sie Tintenflecke im Gesicht. Andrea zieht den Kopf ein. Und ihre langen Haare würde sie am liebsten wie einen Vorhang vors Gesicht hängen. Schnell geht sie über den Hof, verschwindet im Stiegenhaus[3]. So schnell, daß sie gar nicht sieht, wie dem Mädchen der rote Schal fortfliegt. Hinauf auf die Birke. Jetzt hängt er über einem Ast, den die beiden Kinder nicht erreichen.

„Du!" hört Andrea hinter sich rufen. „Du!"

Das Mädchen, dem der Schal gehört, hat sie eingeholt.

„Du bist größer als wir. Könntest du mir bitte den Schal runter holen. Dort im Baum hängt er. Wir reichen nicht hinauf."

---

[3] Stiegenhaus: Treppenhaus

„Jetzt, jetzt könnt' ich eigentlich fragen, ob ich mitspielen darf. Sie macht den Mund auf, aber es kommt nichts aus dem Mund heraus ..."

Dabei hätte Andrea so viele Möglichkeiten ...

Darf ich mitspielen?	Ich möchte mitspielen.	Laßt mich mitspielen.
Darf ich bitte mitspielen?	Ich möchte gerne mitspielen.	Bitte, darf ich mitspielen?
	Ich möchte bitte mitspielen.	Laßt mich bitte mitspielen.
	Ich würde so gerne mitspielen.	
Laßt ihr mich bitte mitspielen?	Ich möchte gerne bei euch mitspielen.	
	Ich darf doch mitspielen?	

Vergleicht die Wirkung der einzelnen Sätze.

Andrea greift weit hinauf. Nicht weit genug. Sie springt, erwischt einen Schalzipfel, reißt den Schal vom Ast. Und reißt ein Loch in den Schal. Entsetzt starrt Andrea auf das ausgefranste Loch in dem schönen roten Stoff.
„Bist du blöd!“ sagt Tina. „Das mußt du der Petra ersetzen!“
Petra sagt gar nichts. Sie schiebt die Unterlippe vor. Sie macht ganz kleine Augen. Winzige Schlitze.
Gleich wird sie mich anschreien, denkt Andrea. Oder mir eine runterhauen. Aber ich kann doch nichts dafür! Gar nichts kann ich dafür!
Andrea streckt sich. Und reckt sich. Macht sich ganz groß. Hebt den Kopf, so hoch sie kann. Schaut von ganz oben auf Petra hinunter. Hält den Atem an vor lauter Zorn.
Aber Petra schreit Andrea nicht an. Sie haut ihr auch keine herunter. Sie sagt nur leise: „Kann man nichts machen. Hätt’ mir auch passieren können.“ Dann nimmt sie den kaputten Schal und legt ihn um den kleinen Hund. „Den bekommt jetzt der Mucki. Als Decke.“
Andrea atmet hörbar die Luft aus. Sie kramt in ihrer Rocktasche. „Hier“, sagt sie und reicht Petra einen grünschillernden Stein. „Hab’ ich selbst bemalt und lackiert. Ich schenk’ ihn dir.“
„Danke.“ Petra nimmt den Stein. „Du bist die Andrea vom vierten Stock, gell? Der Georg hat uns gesagt, wie du heißt.“
„Stimmt“, sagt Andrea. „Wir wohnen seit einem Monat hier.“
Die Kinder streicheln den kleinen Hund. Alle drei fahren sie über das strubbelige Fell, so daß man nur noch die Schnauze vom Mucki sieht. Das Streicheln tut gut. Und daß sie alle drei so eng beeinander stehen, mit Andrea in der Mitte.
„Kann ich mit euch spielen?“ fragt sie.
„Klar“, sagt Petra. „Du wohnst doch hier.“

Formulieren ist nicht schwer!

- Eine Formulierung durch eine andere ersetzen:
  Ist eine Frage besser als eine Aufforderung oder eine Aussage?
- Eine Formulierung erweitern (das Zauberwort *bitte*).
- Den richtigen Ton finden!
- Ein Wort an eine andere Stelle setzen.

Formulieren: mit Sprache experimentieren

Formulieren heißt ausprobieren:
Ersatzprobe: Ein Wort, mehrere Wörter oder den ganzen Satz ersetzen.
Erweiterungsprobe und Weglaßprobe: Neue Teile hinzufügen oder weglassen.
Klangprobe: Einen Satz kann man sehr verschieden aussprechen: **freundlich, bittend, bettelnd ...**
Umstellprobe: Ein Wort oder ein Satzteil an einer anderen Stelle im Satz hat manchmal eine andere Wirkung.

Den Mut nicht verlieren

Mut brauchen wir auch, wenn wir schlechte Nachrichten erfahren. So hat Sabine erfahren, daß sie an einer schweren Krankheit leidet ...

Sabine Mock

Wie ich ins Krankenhaus kam!

Ich heiße Sabine und bin jetzt schon ein gutes Jahr Patient in Tübingen! Ich möchte euch nur berichten wie alles begann:

Angefangen hat alles im August '86. Es war Hochsommer und sehr heiß. In dieser Zeit ging's mir am schlechtesten. Ich war immer müde, hatte starke Kopfschmerzen, starke Knochenschmerzen und bekam riesige blaue Flecken. Und weil es mir so schlecht ging, gingen wir auch gleich zum Arzt. Der Arzt untersuchte mich genau. Er horchte mein Herz ab, schaute meinen ganzen Körper an, untersuchte mein Urin. Aber fand nicht's! Er sagte uns, wir sollen am nächsten Tag wiederkommen, da wollen wir eine Blutentnahme machen.

An diesem Tag war auch die Beerdigung meiner Oma. Also ging ich morgens mit meiner Mutter wieder zum Doktor und der nahm mir das Blut ab. Am Mittag waren wir dann auf der Beerdigung meiner Oma. Wir kamen spät abends nach Hause, weil wir noch bei Verwandten waren. Und daher wußten wir auch nicht, daß der Doktor wie verrückt nach uns gesucht hat. Er hatte einen Zettel an den Briefkasten gehängt, daß wir morgen sofort bei ihm anrufen sollen. In dieser Nacht konnte ich nicht gut schlafen, weil ich immer daran denken mußte, was ich habe!

Am nächsten Morgen rief meine Mutter gleich dem Doktor an. Er sagte auch gleich, was los war. Die Krankheit wußte er nicht, aber im Blut würde etwas nicht stimmen. Ich müsse gleich ins Krankenhaus! Für mich war das ganz neu, denn ich war noch nie im Krankenhaus, und jetzt alles so plötzlich!
Wir packten gleich die Koffer und fuhren ins Kinderkrankenhaus nach Waiblingen. (Das kennt ihr sicher nicht, aber aus dieser Gegend komme ich her.) Dort mußte ich zuerst zum Doktor. Dann nahmen sie mir wieder Blut ab und dann ging der Doktor mit meinen Eltern ins Nebenzimmer. Nach etwa einer halben Stunde kamen sie wieder heraus. Meine Mutter muß geweint haben, weil sie sich die Nase putzte! Der Doktor kam auf mich zu, und sagte zu mir, daß ich nach Tübingen müßte, weil man nur dort diese Krankheit behandeln könnte. Aber was ich hatte, sagte er mir nicht.

Also mußten wir gleich nach Tübingen fahren! Meine Eltern sagten nur etwas von einer Blutkrankheit, aber daß ich Leukämie hatte, sagten sie mir nicht. Nach einstündiger Fahrt kamen wir endlich zur Kinderklinik. Dort wurde ich auch schon erwartet!

Ich erschrak schon geschwind, als ich die vielen Kinder ohne Haare und den Infusionen sah. Ich selbst bekam auch einen Tropf und wurde dann ins Zimmer gebracht. Dort lag auch ein Mädchen ohne Haare.

Und dann kam der Prof. Niethammer, und der sagte zu mir, daß ich die gleiche Krankheit wie meine Oma hätte. Er sagte mir aber auch, daß es bei mir besser zu heilen wäre, als wie bei meiner Oma. Meine Oma wäre viel zu alt und schwach gewesen. Für meine Eltern war es auch ganz schön schlimm. Erst stirbt Oma, dann komm ich selber ins Krankenhaus mit der selben Krankheit

Die ersten Nächte konnte ich gar nicht schlafen. Aber dann gewöhnte ich mich daran. Die anderen Kinder erzählten, was mit ihnen gemacht worden ist. Daß ich auch sowas mitmachen mußte, war mir auch klar. Und das habe ich auch. Mir wurde Knochenmark übertragen und ich habe es auch gut angenommen. Jetzt weiß ich nur nicht wie es weitergehen soll. Ich hoffe jedenfalls, daß ich diese Krankheit nicht noch ein 2. Mal kriege – diese schreckliche Krankheit!

Mutig sein – erzählen

1. a) Schaue die Bilder genau an:
   b) Versetze dich in die einzelnen Personen.
   Was erlebst du? Das ist doch riskant!
   c) Das Leben in einer Weltraumstation – Erfinde eine Geschichte.

Mutig sein – die richtigen Worte finden

2. *„Sag ich's oder sag ich's nicht?"* (S. 240–242)
   Finde für Klaus' Schwester verschiedene Möglichkeiten, mit ihrer Mutter zu reden.

3. *„Andrea vom vierten Stock"* (S. 246–249)
   Erfinde ein Streitgespräch zwischen Andrea und Tina.
   „Das mußt du aber bezahlen!"

   „Ich traue mich einfach nicht, vom Dreimeterbrett zu springen."
   „Du bist vielleicht ein Angsthase! Das ist doch ganz einfach!

   „Nein, den Fahrradhelm setze ich doch nicht auf! Ich bin doch kein Baby!"
   „Bist du verrückt? Weißt du, was du da riskierst?"

   „Nein, zu Tanja kann ich nicht mitkommen. Da müßte ich mich ja entschuldigen!"
   „Fällt dir das so schwer? Du könntest dich ruhig einmal überwinden."

4. Wie könntest du den anderen am besten überzeugen?

Proben und probieren

Eine Weltumseglerin erzählt I

Auf dem Atlantik hatten wir plötzlich schweren Sturm. Wir mußten ganz schön schuften, um unser Boot auf Kurs zu halten. Die Wellen brachen meterhoch über uns herein. Bis auf die Haut waren wir durchnäßt. Aber so schnell gaben wir nicht auf. Mit lauten Zurufen machten wir uns Mut, auch wenn man mehrmals aufgeben wollte. Fest packten wir zu, nahmen die Seile in die Hand, zogen daran, bis unsere Hände schmerzten. Doch in dieser Situation konnten wir darauf keine Rücksicht nehmen. Es ging ums Überleben.

5. Versuche die unterstrichenen Wörter durch andere zu ersetzen:
Auf dem Atlantik hatten wir plötzlich einen fürchterlichen ...

Eine Weltumseglerin erzählt II

Es war ein herrlicher Tag. Ein tiefblaues Meer blickte uns an. Leicht kräuselten sich die Wellen in einer Schaumkrone. Nach diesem fürchterlichen Sturm herrschte absolute Windstille. So zahm, so freundlich konnte der Atlantik sein. Wir waren erschöpft. Fast regungslos lagen wir in den Kojen und erholten uns von den Strapazen des Vortages. Ob uns dieser Tag dafür entschädigen konnte? Wir trauten dem Frieden nicht, dafür kannten wir unser Meer zu gut.

6. a) Lies zuerst den ganzen Text durch.
b) Schreibe in dein Heft die folgende Tabelle:

	Ersetzen	Umstellen	Erweitern
Es war ein herrlicher Tag	Es war ein wunderschöner Tag	Der Tag war herrlich	Es war ein herrlicher, strahlendblauer Tag

c) Suche dir zwei weitere Sätze aus, die du so veränderst.

7. Versuche nun auch einzelne Sätze neu und anders zu formulieren, z.B.:
Der neue Tag war herrlich ...

Die Schreibung von Wörtern sichern und Fehlerschwerpunkte bearbeiten

8. Wie schreibt man?

Schreibung	Seite	Problem	Erklärung und Hinweise
Maßeinheit	237	ß-Schreibung	Wenn du eine Wortfamilie bildest, dann findest du das Wort *messen*; damit hast du eine sichere Hilfe für die ß-Schreibung.
am liebsten	240	Kleinschreibung	Die 2. Vergleichsform, der Superlativ, der mit *am* gebildet wird, wird immer klein geschrieben: *am besten, am schönsten, am schnellsten ...*
Kartoffel	241	schwieriges Wort	Beim Sprechen hört man das *r* oft nicht besonders. Daher wird das Wort an dieser Stelle häufig falsch geschrieben. Es hilft dir bei der Schreibung, wenn du das Wort deutlich in Silben zerlegst: *Kar-tof-fel*
mit dem Spotten	246	*Spotten* ist doch ein Verb!	Richtig! Aber hier wird es als Substantiv gebraucht. Lies nach auf den Seiten 203 und 123.
Schal	248	Muß hier nicht ein *h* vor dem *l* stehen?	Nein, niemals! Wenn ein Wort mit *sch, qu (Qual), t (Tor), p (pulen) oder v (Vene)* beginnt, steht nie ein stummes *h*. Schau nach auf Seite 227!

Früher – ... und heute?

Kaminfegen – eine schwere Arbeit

Lisa Tetzner

Giorgio wird Kaminfegerjunge

Vor gut 100 Jahren gab es im Kanton Tessin in der Schweiz arme Bergbauern. Ihre Kinder mußten bereits im Alter von 8 bis 15 Jahren als Kaminfegerjungen nach Mailand, um dort ihr Brot zu verdienen. Als „lebende Besen" krochen sie in Schornsteine und warfen den Ruß hinab. In dem Buch „Die Schwarzen Brüder" von Lisa Tetzner werden die Erlebnisse und Abenteuer des kleinen Tessiners Giorgio erzählt.

„Nun, was wünscht die Mamsell?" fragte der Meister, zwirbelte seinen Bart in die Höhe und sah das Mädchen übermütig an. Giorgio war erstaunt, wie freundlich der Meister das sagte und wie übermütig er dabei war. Aber das Mädchen antwortete ruhig und einfach: „Wir haben am Sonntag ein großes Essen. Schon das letztemal hatte der Kamin keinen rechten Zug. Seht also einmal nach, wo es fehlt."

„Da müssen wir einmal gründlich rußen", bemerkte er. Dann rief er Giorgio und befahl: „Mach dich fertig."

Giorgio hatte keine Ahnung, wozu er sich fertigmachen sollte, und sah den Meister fragend an.

„Na, krieche hinein!"

„In das Loch?"

„Ja, in das Loch!"

„Was soll ich darin?"

Der Meister sah die Jungfer mit einem Augenzwinkern an.

„Er ist neu. Es ist das erste Mal, daß er mitgeht."

„Hoffentlich macht er es dann auch gut", meinte die Jungfer.

„Nun", prahlte der Meister und schlug sich an die Brust, „dazu bin ich ja da, daß er es gut macht."

Der Meister wandte sich wieder an Giorgio. „So", bestimmte er. „Mach die Augen zu und steig in den Kamin hinein. Da ist ein Eisen." Er hob Giorgios Hand hoch. „Spürst du es? Daran ziehst du dich hinauf. Weiter oben ist ein zweites Eisen, daran kletterst du weiter. Dann kommt ein drittes, ein viertes, ein fünftes, bis du ganz oben bist und den Kopf aus dem Kamin hinausstrecken kannst."

„Was soll ich aber in dem Kamin machen?" fragte Giorgio noch einmal.

„Wenn du oben bist, streckst du deine Arme nach rechts und links und suchst, wo die anderen Kaminlöcher in den großen Kamin einmünden, und die stößt du mit den Händen frei. Den Ruß läßt du einfach nach unten fallen."

Giorgio faßte Mut, schloß die Augen, packte das erste Eisen und zog sich an ihm in die Höhe. Der Ruß stürzte wie ein Bach über ihn. Er rieselte seinen Rücken hinunter. Er stieg in seine Nase, daß er niesen mußte, in seine Ohren, in seinen Mund. Es war wirklich gut, daß er die Augen geschlossen hatte. Jetzt mußte er sie aber öffnen. Er hob die Hand, um nach dem zweiten Eisen zu fassen. Da fiel ein solcher Berg Ruß über ihn, daß der feine schwarze Staub auch in beide Augen kam. Am liebsten hätte er aufgeschrieen, biß aber die Zähne zusammen und zog sich zum dritten Eisen. Nun konnte er auf dem ersten Eisen stehen und mit beiden Armen nach links und rechts tasten. Da waren wohl die anderen Kaminlöcher. Jedenfalls fuhr seine rechte Hand in eine tiefe Öffnung hinein. Er zog den Ruß heraus und ließ ihn nach unten fallen, dann stieg er höher. Der Kamin verengte sich. Außerdem schmerzten seine Augen, die immer noch voll Ruß waren, schlimmer, und die Nase war bereits so verstopft, daß er nur noch durch den Mund atmen konnte. Aber auch das fiel ihm bald schwer. Ihm wurde auch schwindelig, und er kehrte wieder um.

„He!“ hörte er die Stimme seines Meisters, der ihn gleichzeitig an den Füßen packte, „was willst du denn schon wieder?“

„Ich kann nicht mehr“, klagte Giorgio weinerlich. „Meine Augen brennen, und ich bekomme keine Luft.“

„Die Augen brennen, dann hast du sie aufgemacht, an die schlechte Luft gewöhnst du dich schon noch. Na, aber schnauf dich ruhig aus. Dann mußt du noch einmal hinauf.“

Giorgio rieb sich verzweifelt die schmerzenden Augen.

Das Mädchen lachte. „Jetzt siehst du wenigstens wie ein richtiger Kaminfeger aus. Willst du es einmal sehen?“ Sie brachte einen Spiegel.

Giorgio erschrak. In seinem kleinen Gesicht waren nur noch die Zähne weiß, das andere war alles schwarz, auch sein Hemd, sein Hals, seine Brust und die Arme. Er schüttelte sich.

„Höh!“ rief das Mädchen. „Du wirst mir die ganze Küche dreckig machen.“

Auch der Meister lachte. Dann wurde er wieder ernst. „So, Bub“, ermahnte er Giorgio. „Nun beiß die Zähne zusammen. Diesmal mußt du bis oben hinauf.“

Giorgio versuchte es. Er hielt tapfer die Augen geschlossen und atmete wieder durch den Mund. Aber als er an der vorletzten Eisensprosse war, wurde ihm erneut übel. Es war nur gut, daß jetzt von oben ein leichter Wind in das Kaminloch wehte. Erleichtert atmete er die frische Luft ein. Hier oben war es auch mit dem Ruß nicht mehr so schlimm. Er wagte es aber doch nicht, noch die letzte Stiege hinaufzusteigen. Er kehrte wieder um.

Der Meister und die Magd kehrten schon den Ruß in einen Eimer. Dann gab das Mädchen dem Meister eine halbe Lira. „Da“, sagte sie, „und hoffentlich brennt es nun.“

„Wie mein Herz“, witzelte der Meister, „und wenn es doch wieder rußt, rufen sie uns einfach noch einmal herauf. Wir kommen ja jeden Tag vorbei.“

Das Mädchen bedankte sich auch bei Giorgio.

„War es schlimm?“ fragte sie.

„Es ging“, stammelte Giorgio und schneuzte die Nase.

„Du sollst auch etwas haben“, sagte sie.

Sie nahm aus einem großen Korb, der voll Trauben, Feigen, Orangen und Äpfel auf einem großen Tische stand, eine Orange: „Hier.“

Giorgio lächelte verlegen, nahm die Orange, und einen Augenblick später polterte er hinter seinem Meister wieder die Treppe hinunter auf die Straße.

Bücher herstellen früher

Schrift noch aus dem Jahre 1285 und früher...

Friedrich Feld

„Es gibt Leute, die es lieben, sorgfältig Buchstaben auf ein Blatt Pergament zu malen und den Anfang eines jeden Kapitels mit farbigen Zeichnungen zu verzieren – Blumen, Vögeln, Ornamenten. Viele Mönche sitzen in Klöstern ihr ganzes Leben lang über Schreibpulte gebückt, und es gibt Schreiber, die für Könige und Fürsten kostbare Abschriften herstellen, deren Einbände mit Gold und Edelsteinen geschmückt werden. Oft braucht es ein Jahr und mehr, bis so ein Buch fertig ist."

Der Junge denkt nach. „Aber den Donatus[1] abschreiben, das dauert doch nicht solange?".

„Nein, Martin. Die Donaten werden zumeist in Schreibstuben hergestellt. Da sitzen dreißig oder vierzig Schreiber in einem Raum, und ein Mann, der einen Donatus vor sich hat, liest die Wörter vor, langsam, Buchstaben um Buchstaben, und die anderen schreiben mit. Am Ende sind also dreißig oder vierzig Donaten auf einmal fertig. Die Blätter werden dann geheftet oder gebunden und wandern auf die Märkte."

Mittelalterlicher Schreiber an seinem Pult.

„Und wenn ein Schreiber nicht gut achtgibt, setzt er einen falschen Buchstaben hin oder vergißt, einen Punkt zu machen, und man weiß nicht, wo ein Satz aufhört und der nächste beginnt", sagt Martin fröhlich. „Vater hat ein Buch zu Hause, das ist voller Fehler."

„Es muß aus einer Schreibstube stammen, in der man sich nicht viel Mühe gibt", meint der hagere Mann. „Die guten Buchhändler in Frankfurt, Florenz und Paris lassen jede Abschrift durchsehen, ehe sie sie in die Welt hinausschicken."

„Und Vater hat ein Buch, das ist nicht geschrieben, sondern gedruckt", sagt der Junge. „Aber manche Buchstaben sind dunkel und manche sind grau; man kann sie kaum lesen."

„Da hat der Drucker die Farbe nicht regelmäßig aufgetragen", erklärt sein Begleiter. „Die Buchstaben sind in Holzplatten geschnitten wie die Bilder in deinem Geschichtenbuch. Sie werden mit Druckerschwärze bestrichen, die man aus Ruß und Öl herstellt. Dann wird ein Blatt Papier daraufgelegt und das Ganze unter eine Presse geschoben, die das Papier fest auf die Holzplatte drückt. Da kann man viele Abdrucke hintereinander machen; es geht viel schneller als das Schreiben!"

„So viele wie man nur will?" fragt Martin.

„Nein, mein Junge, das wieder nicht. Die Holzplatte nutzt sich leicht ab, ein Buchstabe mag unter dem Druck zersplittern, ein anderer ist bald so abgewetzt, daß er sich auf dem Papier überhaupt nicht mehr abzeichnet. Da bleibt nichts übrig, als die Platte wegzuwerfen und eine neue zu schneiden, und das kostet Geld und Zeit. Und ist dem Holzschneider ein Fehler unterlaufen, dann muß man ihn in jedem einzelnen Abzug mit der Hand verbessern.

[1] Donatus: Lehrbuch der lateinischen Sprache

Gutenbergs Erfindungen

nach Hans Ebeling

Buchdruckerei um 1580

Gutenberg wußte, wie man seit vielen Jahren mit Holztafeln Muster und Bilder druckte. Aber die Holztafeln hatten Nachteile. Mißlang ein Buchstabe, war die ganze Tafel kaputt. Brach ein Buchstabe aus, so mußte man die Lücke nachschreiben. Gutenberg dachte daran, den Text in einzelne Wörter, ja Buchstaben aufzulösen. Dann könnte man jede Tafel aus einzelnen Buchstaben zusammensetzen, das Ganze zusammenbinden und abdrucken. Danach könnte man die Tafel wieder aufbinden und mit den Buchstaben neue Texte zusammensetzen.

Jahr um Jahr probierte Gutenberg, aber es wollte ihm nicht gelingen. Die kleinen Holzbuchstaben waren zu schwer zu schnitzen, und sie splitterten und quollen mit der Farbe auf.

Aber Gutenberg war ja Goldschmied, ein Metallarbeiter. Schließlich fing er an, Buchstaben aus Metall zu formen. Metall splittert und quillt nicht. So entstanden Buchstaben aus Blei. Es war ein mühsames Werk, die vielen Buchstaben herzustellen, die für einen Text nötig waren.

1445 druckte Gutenberg das erste Buch mit Bleilettern (Buchstaben, aus Blei hergestellt). Es war ein Schulbuch, eine lateinische Sprachlehre von 14 Seiten Umfang.

Aber Gutenberg wollte ein größeres Werk schaffen. Er wollte das Beste, das Schönste drucken: die Bibel. Aber dazu brauchte er neue Lettern, eine größere Presse, einen guten Schmelzofen, Gußmaterial und viele große Bogen Papier. Der reiche Mainzer Kaufmann Fust lieh ihm Geld.

Fünf Jahre arbeitete Gutenberg an dem großen Werk, da gab ihm Fust kein Geld mehr. Der Kaufmann übernahm die Werkstatt und machte mit den in kurzer Zeit fertig gedruckten Bibeln das große Geschäft.

Gutenberg starb enttäuscht, erblindet und damals unbekannt im Jahre 1468.

Schrift – früher und heute

Der Buchdrucker

Ich bin geſchicket mit der Preß
So ich auftrag den Firniß reß/
So bald mein dienr den bengl zuckt/
So iſt ein bogn papyrſ gedruckt.
Da durch kombt manche Kunſt an tag/
Die man leichtlich bekommen mag.
Vor zeiten hat man die bücher geſchribn/
Zu Meintz die Kunſt ward erſtlich triebn.

- Vergleiche die drei Texte miteinander. Achte dabei vor allem auf Schrift und Rechtschreibung.
- Erkläre, warum wir den Buchstaben „ß" ‚Eszet' nennen. Schau dir den älteren Druck an.
- Der s-Laut wird in drei verschiedenen Schreibweisen wiedergegeben: s– ss– ß

  Beispiele: reisen – gerissen – reißen
  geflossen – fließen
  Hasen – hassen – Haß
- Um zu entscheiden, welches „s" geschrieben wird, mußt du eine Wortfamilie bilden. Suche zu den folgenden Wörtern andere Wörter der Wortfamilie, die mit ss geschrieben werden: *gießen, beißen, schießen, genießen*

Ich bin geschicket mit der Preß
So ich auftrag den Firniß[1] reß/
So bald mein dienr den bengl zuckt/
So ist ein bogn papyrs gedruckt.
Da durch kombt manche Kunst an tag/
Die man leichtlich bekommen mag.
Vor zeiten hat man die bücher geschribn/
Zu Meintz die Kunst ward erstlich triebn.

Ich bin mit der Presse geschickt.
Wenn ich die Druckfarbe auftrage
und mein Gehilfe die Schraubspindel bedient,
ist ein Bogen Papier bedruckt.
Dadurch wird die Druckkunst sichtbar,
die ohne große Mühe funktioniert.
Früher hat man die Bücher von Hand geschrieben.
Die Druckkunst wurde in Mainz erfunden.

[1] Firnis: Lack, selbsttrocknender Schutzanstrich

ss oder ß?

Nach einem kurzen, betonten Vokal steht „ss“, wenn darauf noch ein Vokal folgt.
Kissen – Wasser – essen – müssen – wissen – passen – vergessen

Statt „ss“ steht „ß“ vor Konsonant und am Wortende.
müssen ➪ mußt ➪ muß   essen ➪ ißt ➪ iß

In nur wenigen Wörtern steht „ß“ nach langem Vokal. Diese Wörter mußt du dir einprägen:
süß – bloß – Maß – Grieß – Fuß – Gefäß – Spaß – Straße – Spieß – Fluß – Gruß – groß – Ruß – Kloß – Buße – Schoß – Muße – müßig – Stoß – Soße

Trage diese Wörter in dein Heft ein, oder übertrage sie in deine Rechtschreibkartei!

Gold machen – Gold zaubern?

Frieder Stöckle

Ein Goldrezept

Der Augsburger Drucker und Verleger Heinrich Steiner brachte 1553 ein Büchlein heraus, in dem man folgendes Rezept zur Goldherstellung findet:

„Zwei Pfund gefeilten Messing und ein Quart[1] Gaismilch. Nimm einen Hafen[2], der unten weit und oben eng ist, und ein Deckel darüber, der oben ein Loch hat.
Jetzt nimm neun Molche[3] und tu sie in den Hafen mit der Milch und dem Deckel darüber. Grab ihn mit der Milch in die Erde, die da feucht sei, und sieh zu, daß der Deckel mit dem Loch ob der Erde sei, daß die Molche Luft haben mögen, daß sie ja nicht sterben. Laß sie stehen bis an den siebenten Tag – nach Mitternacht. Dann nimm den Hafen mit den Molchen heraus. Sie haben das Messing vor Hunger aufgefressen, und ihr groß Gift zwingt das Messing, daß es sich muß wandeln zu Gold!"

1 Quart: ein Viertel Liter
2 Hafen: Topf
3 Molche: Tiere, die zu den Lurchen gehören, wie Frösche, Kröten und Feuersalamander. Manche Menschen haben Angst vor diesen Tieren. Früher meinte man sogar, sie seien giftig.

Gibt es auch heute noch Menschen, deren Arbeit voller Geheimnisse ist?

Unbekannter Verfasser

Doktor Faustus[1]

Ihr Leute, Alt und Jung, hört an:
Es war einmal ein Wundermann,
der war im Schwabenland behaust
und nannte sich Herr Doktor Faust.
Er war gefeit vor Stich und Hieb,
weil er dem Teufel sich verschrieb.

Er ging den schwarzen Künsten nach,
und wenn es ihm an Geld gebrach,
so sprach er nur die Formel aus,
und schon fand sich das Gold ins Haus.
Er rief die Toten aus der Gruft
und fuhr auf Flügeln durch die Luft.

Der tat sich leichter als Der dort;
doch nahm der Teufel ihn beim Wort
und führt', als seine Stunde schlug,
ihn mit sich fort bei Nacht und trug
ihn auf den höchsten Turm weitab
und stürzte ihn von dort hinab.

So geht es Dem, der Schwarzkunst treibt
und sich dem bösen Feind verschreibt.

[1] Doktor Faustus: wahrscheinlich der Schwarzkünstler Georg Faust aus Knittlingen in Württemberg, der um 1480 lebte.

Solche Texte wurden früher auf Jahrmärkten vorgetragen. Um die Leute zu begeistern, kam es auf eine gute Betonung an. Schreibe dieses Gedicht ab, unterstreiche dann die Wörter, die du für wichtig hältst und die du bei deinem Vortrag besonders betonen möchtest.

Vergleicht in der Klasse eure unterschiedlichen Vortragsarten.

Brüder Grimm

Rumpelstilzchen

Es war einmal ein Müller, der war arm, aber er hatte eine schöne Tochter. Nun traf es sich, daß er mit dem König zu sprechen kam, und um sich ein Ansehen zu geben, sagte er zu ihm: „Ich habe eine Tochter, die kann Stroh zu Gold spinnen." Der König sprach zum Müller: „Das ist eine Kunst, die mir wohlgefällt! Wenn deine Tochter so geschickt ist, wie du sagst, so bring sie mir morgen in mein Schloß, da will ich sie auf die Probe stellen." Als nun das Mädchen zu ihm gebracht ward, führte er es in eine Kammer, die ganz voll Stroh lag, gab ihr Rad und Haspel und sprach: „Jetzt mache dich an die Arbeit, und wenn du diese Nacht durch bis morgen früh dieses Stroh nicht zu Gold versponnen hast, so mußt du sterben." Darauf schloß er die Kammer selbst zu, und sie blieb allein darin. Da saß nun die arme Müllerstochter und wußte um ihr Leben keinen Rat.
Sie verstand gar nichts davon, wie man Stroh zu Gold spinnen konnte, und ihre Angst ward immer größer, daß sie endlich zu weinen anfing. Da ging auf einmal die Tür auf, und ein kleines Männchen trat herein und sprach: „Guten Abend, Jungfer Müllerin, warum weint Sie so sehr?" – „Ach", antwortete das Mädchen, „ich soll Stroh zu Gold spinnen und verstehe das nicht." Sprach des Männchen: „Was gibst du mir, wenn ich dir's spinne?" – „Mein Halsband", sagte das Mädchen. Das Männchen nahm das Halsband, setzte sich vor das Rädchen, und schnurr, schnurr, schnurr, dreimal gezogen, war die Spule voll. Dann steckte es eine andere auf, und schnurr, schnurr, schnurr, dreimal gezogen, war auch die zweite voll. Und so ging's fort bis zum Morgen, da war alles Stroh versponnen, und alle Spulen waren voll Gold. Bei Sonnenaufgang kam schon der König, und als er das Gold erblickte, erstaunte er und freute sich, aber sein Herz ward nun noch goldgieriger. Er ließ die Müllerstochter in eine andere Kammer voll Stroh bringen, die noch viel größer war, und befahl ihr, das auch in einer Nacht zu spinnen, wenn ihr das Leben lieb wäre. Das Mädchen wußte sich nicht zu helfen und weinte; da ging abermals die Tür auf, und das kleine Männchen erschien und sprach: „Was gibst du mir, wenn ich dir das Stroh zu Gold spinne?" – „Meinen Ring von dem Finger", antwortete das Mädchen. Das Männchen nahm den Ring, fing wieder an zu schnurren mit dem Rade und hatte bis zum Morgen alles Stroh zu glänzendem Gold gesponnen. Der König freute sich über die Maßen bei dem Anblick, war aber noch immer nicht Goldes satt, sondern ließ die Müllerstochter in eine noch größere Kammer voll Stroh bringen und sprach: „Die mußt du noch in dieser Nacht verspinnen; gelingt dir's aber, so sollst du mei-

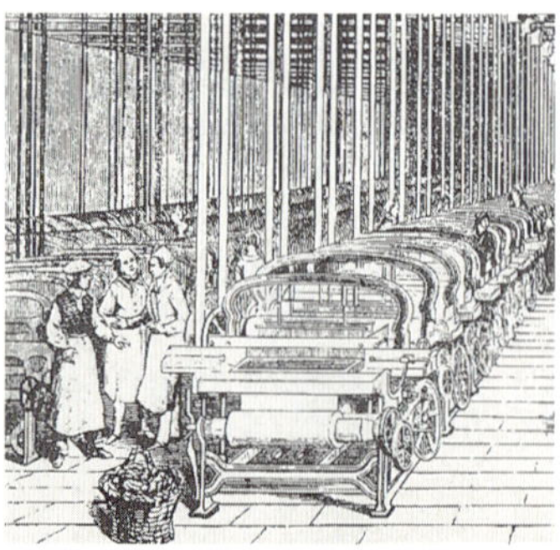

ne Gemahlin werden." „Wenn's auch eine Müllerstochter ist", dachte er, „eine reichere Frau finde ich in der ganzen Welt nicht."

Als das Mädchen allein war, kam das Männlein zum drittenmal wieder und sprach: „Was gibst du mir, wenn ich dir noch diesmal das Stroh spinne?" – „Ich hab nichts mehr, das ich dir geben könnte", antwortete das Mädchen. „So versprich mir, wenn du Königin wirst, dein erstes Kind." – „Wer weiß, wie das noch geht", dachte die Müllerstochter und wußte sich auch in der Not nicht anders zu helfen; sie versprach also dem Männchen, was es verlangte, und das Männchen spann dafür noch einmal das Stroh zu Gold. Und als am Morgen der König kam und alles fand, wie er gewünscht hatte, so hielt er Hochzeit mit ihr, und die Müllerstochter ward eine Königin.

Über ein Jahr brachte sie ein schönes Kind zur Welt und dachte gar nicht mehr an das Männchen. Da trat es plötzlich in ihre Kammer und sprach: „Nun gib mir, was du versprochen hast." Die Königin erschrak und bot dem Männchen alle Reichtümer des Königreichs an, wenn es ihr das Kind lassen wolle, aber das Männchen sprach: „Nein, etwas Lebendes ist mir lieber als alle Schätze der Welt." Da fing die Königin so an zu jammern und zu weinen, daß das Männchen Mitleid mit ihr hatte: „Drei Tage will ich dir Zeit lassen", sprach es, „wenn du bis dahin meinen Namen weißt, so sollst du dein Kind behalten."

Nun besann sich die Königin die ganze Nacht über auf alle Namen, die sie jemals gehört hatte, und schickte einen Boten über Land, der sollte sich erkundigen weit und breit, was es sonst noch für Namen gäbe. Als am anderen Tag das Männchen kam, fing sie an mit Kaspar, Melchior, Balzer und sagte alle Namen, die sie wußte, nach der Reihe her, aber bei jedem sprach das Männlein: „So heiß' ich nicht." Den zweiten Tag ließ sie in der Nachbarschaft herumfragen und sagte dem Männlein die ungewöhnlichsten und seltsamsten Namen vor: „Heißt du vielleicht Rippenbiest oder Hammelswade oder Schnürbein?" Aber es antwortete immer: „So heiß' ich nicht." Den dritten Tag kam der Bote wieder zurück und erzählte: „Neue Namen habe ich keinen einzigen finden können, aber wie ich an einem hohen Berg um die Waldecke kam, wo Fuchs und Has sich gute Nacht sagen, so sah ich da ein kleines Haus, und vor dem Haus brannte ein Feuer, und um das Feuer sprang ein gar zu lächerliches Männchen, hüpfte auf einem Bein und schrie:

„Heute back' ich, morgen brau' ich,
übermorgen hol' ich der Königin ihr Kind;
ach, wie gut, daß niemand weiß,
daß ich Rumpelstilzchen heiß'!"

Da könnt ihr denken, wie froh die Königin war, als sie den Namen hört und als bald hernach das Männlein hereintrat und fragte: „Nun, Frau Königin, wie heiß' ich?", fragte sie erst: „Heißest du Kunz?" – „Nein." – „Heißest du Heinz?" – „Nein." – „Heißt du etwa Rumpelstilzchen?"

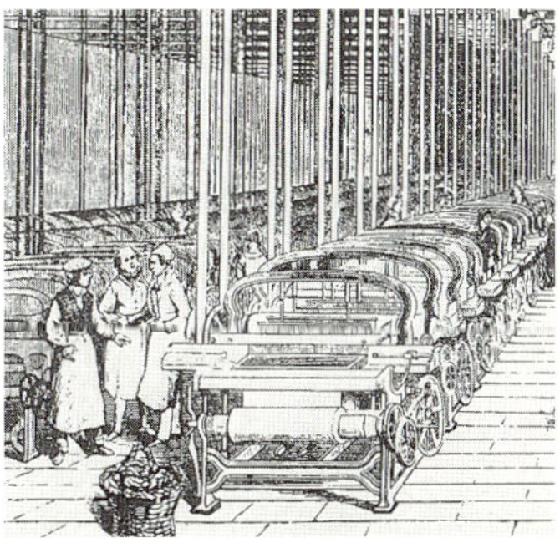

„Das hat dir der Teufel gesagt, das hat dir der Teufel gesagt", schrie das Männlein und stieß mit dem rechten Fuß vor Zorn so tief in die Erde, daß es bis an den Leib hineinfuhr, dann packte es in seiner Wut den linken Fuß mit beiden Händen und riß sich selbst mitten entzwei.

Verschiedene Sätze (Satzarten) bilden

Lasse *gehen* *schließen* *anrufen* *geben*

1. Finde zu diesen Wörtern Sätze. Bilde jeweils einen Aussagesatz, einen Fragesatz und einen Aufforderungssatz.

Mit ss oder ß schreiben?

groß – messen – lassen – Meßbecher – fassen – Wasser – naß – herauspressen – prasselnd

Nimm ein Bündel Stroh und ? es im Regen drei Stunden ? werden. Dann ? es an einem Ende an und ? 10 cm ? Stücke ab. Aus den Stückchen wird in einem Schraubstock das ? ? . Dieses ? wird in einem ? gesammelt und über ? Feuer zum Verdampfen gebracht. Du mußt viel Phantasie haben, dann entdeckst du auf dem Boden des ? pures Gold.

2. Schreibe den Text in dein Heft, und setze die richtigen Wörter in die richtige Lücke ein.

3. Zeichne die Abbildung in dein Heft. Setze zuerst die Infinitive in den rechten Teil ein. Vervollständige dann den linken Teil, indem du Formen findest, die ein *ß* enthalten.

zerfressen – vergessen – pressen – herablassen – anfassen – hassen – messen

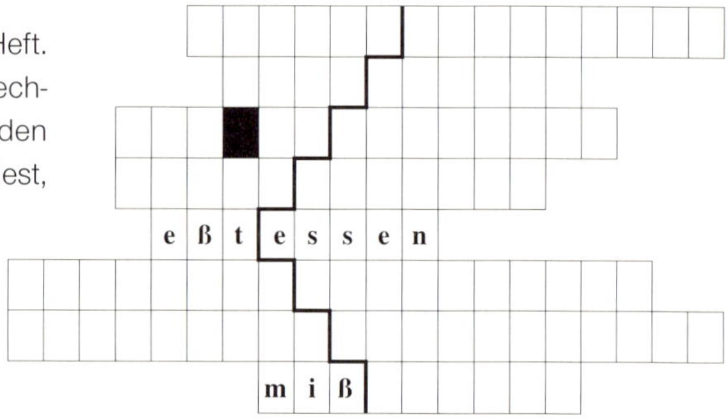

Ein Diktat schreiben

Josef Stahl besaß auf verschiedenen Gebieten ein großes Wissen. Er beschloß eines Tages, Goldmacher zu werden. Die Leute mußten ihm größere Mengen Gold zur Verfügung stellen. Dann versprach er, es wachsen zu lassen. Stahl schmolz einen Teil des Goldes ein und vermischte ihn mit wertlosen Metallen. So kam kein Mißtrauen auf. Mit dem größten Teil des Goldes verschwand er dann. (58 Wörter)

4. Diktiert euch diese Geschichte gegenseitig, und korrigiert sie dann gemeinsam.

Die Schreibung von Wörtern sichern und Fehlerschwerpunkte bearbeiten

5. Wie schreibt man?

Schreibung	Seite	Problem	Erklärung und Hinweise
Ruß	256	ß-Schreibung	Du mußt dir das Wort merken! Beachte die S. 267.
niesen	256	Warum nur *s*?	Du mußt dir das Wort merken! Beachte die S. 267.
lieh	265	*ieh*-Schreibung	*lieh* kommt von *leihen*: Im Präteritum heißt das Wort *lieh*, das *h* bleibt vom Präsens erhalten. Ähnliche Fälle sind: *siehst – sehen; fliehst – fliehen ...*

Zum Nachschlagen und Nachdenken

Über Sprache nachdenken

Warum denken wir überhaupt über unsere Muttersprache nach?
Wir können doch alle gut sprechen! Was hilft es, wenn wir darüber auch noch nachdenken? Die Antwort darauf ist einfach. Wenn wir etwas können, so können wir es noch lange nicht immer gut und professionell. Fast alle Menschen können laufen, aber um wirklich gut zu laufen, müssen wir trainieren. Genauso ist es bei der Sprache.

Was gehört alles zur Grammatik?
Die Auffassungen hierüber gehen weit auseinander. Einig sind sich alle, daß die Lehre vom Satzbau und vom Wort zu einer Grammatik gehören.
Lehre vom Satz: Satzarten, Satzglieder
Lehre vom Wort: Wortarten (Substantiv, Pronomen, Artikel, Verb, Adjektiv), Wortfamilie (Wörter mit einem gemeinsamen Stamm), Wortfelder (Wörter mit ähnlicher Bedeutung)

Lehre vom Satz

Was ist ein Satz? – Antwort: Eine Ansammlung von Wörtern.
Diese Antwort ist zwar nicht falsch, aber sie sagt gar nichts aus. Es ist so, als würde jemand sagen, ein Buch bestehe aus einzelnen Seiten. Vielleicht denkst du, eine bessere Antwort sei, wenn man sagt: Ein Satz besteht aus einer Reihe von Wörtern, die alle eine Information liefern. Diese Antwort ist aber nichtssagend, oder sie ist sogar falsch, weil man dann glaubt, daß jedes Wort genau dieselbe Information beisteuern würde. Eine richtige Antwort wäre: Ein Satz besteht aus mehreren Teilen. Jeder Teil kann aus mehreren Wörtern bestehen, und er hat eine bestimmte Aufgabe im Satz.
Normalerweise hat jeder Satz zwei Teile: das Subjekt und den Prädikatsverband.
Nehmen wir zum Beispiel den Satz

Unsere Lehrerin

Das Subjekt eines Satzes kannst du durch die Infinitivprobe (schau auf S. 277 nach!) ermitteln. Daneben gibt es die Frage *Wer oder Was?* Wenn du die beiden Proben anwendest, erhältst du als Subjekt *unsere Lehrerin*. Das Subjekt gibt im Satz also an, worum es überhaupt geht. Daher heißt es manchmal auch **Satzgegenstand** (auch wenn *die Lehrerin* kein Gegenstand ist).

erzählte uns eine witzige Geschichte.

Den Prädikatsverband erfragst du so: *Was wird vom Subjekt ausgesagt?* Aus der Grundschule kennst du sicherlich den Ausdruck **Satzaussage**. Der Prädikatsverband dieses Satzes ist also: *erzählt uns eine witzige Geschichte*.

Besteht jeder Satz aus Subjekt und Prädikatsverband? Aufforderungssätze werden doch häufig nur aus einem Wort gebildet, zum Beispiel *Geht!* Hier ist das Subjekt versteckt. Es wird sichtbar, wenn wir die Frage *Worum geht es in diesem Satz?* stellen; Antwort: *daß ihr gehen sollt.*

Der Prädikatsverband hat immer einen Kern, das **Prädikat**, ja, jeder Satz hat ein Prädikat! Daher heißt das Prädikat manchmal auch *Satzkern*. Vom Verb, das das Prädikat bildet, können weitere Satzglieder abhängen. Z.B. fordert das Verb *hören* ein Satzglied im Akkusativ: etwas hören. Das Verb *geben* fordert ein Satzglied im Dativ und eines im Akkusativ. *Der Lehrer gibt der Klasse die Arbeit zurück. Das Verb* **fordert** diese Satzglieder, ohne sie kommt kein richtiger Satz zustande. Satzglieder, die vom Verb gefordert werden und deren Form das Verb festlegt, heißen **Objekte**. Das Verb *geben* fordert also ein Dativ- und ein Akkusativobjekt. Im Prädikatsverband können weitere Satzglieder vorkommen, die sogenannten *Angaben* oder *adverbiellen Bestimmungen* (dies ist Stoff der 6. Klasse).

Wir können also folgendes sagen:

Subjekt	Prädikatsverband		
Subjekt	Prädikat	Objekt(e)	Angaben
	Geht!		
Die 5a	schläft.		
Die Klasse 5a	schreibt	einer anderen Klasse einen Brief.	
Die Klasse 5a	schreibt	einer anderen Klasse einen Brief	ins Schullandheim.

Die Satzglieder kannst du auch durch die Umstellprobe (schau auf S. 276 nach!) erhalten. Die Umstellprobe sagt dir aber nicht, wie die Satzglieder, die du dabei ermittelst, heißen.

Verschiedene Arten von Sätzen

Wie du aber auch umstellst, das Prädikat bleibt immer an der 2. Satzgliedstelle. Solche Sätze heißen Aussagesätze. Kann der Prädikatskern nie seinen Platz ändern? – Doch, aber dann verändert sich der Sinn des Satzes! Nach der Stellung des Prädikats kannst du die Satzarten unterscheiden:

Steht das Prädikat an der 2. *Satzgliedstelle*, so spricht man von einem **Aussagesatz**: *Bei Regen gehe ich nach Hause.*

Steht das Prädikat an der 1. *Satzgliedstelle* und das Subjekt an der 2. *Satzgliedstelle*, so haben wir einen **Entscheidungsfragesatz**: *Gehe ich bei Regen nach Hause?*

W-Fragesätze werden durch ein *Fragepronomen* an der 1. *Satzgliedstelle* gebildet: *Wann gehe ich bei Regen nach Hause?*

Aussagesatz – Aussage; Fragesatz – Frage; Aufforderungssatz – Aufforderung

Die Satzarten heißen Aussagesatz, Fragesatz und Aufforderungssatz. Haben die Satzarten etwas mit Aussagen, Fragen und Aufforderungen zu tun? Ja und Nein! Ihr müßt hier zwischen sehr spezialisierten Werkzeugen und Universalwerkzeugen unterscheiden.

Die Satzart *Aussagesatz* ist ein Universalwerkzeug. Du kannst mit Sätzen dieser Art
- etwas aussagen: *Heidelberg liegt am Neckar.*
- etwas erfragen: *Heidelberg liegt am Rhein?* (Dabei mußt du aber mit der Stimme am Satzende hoch gehen, sonst meint der Hörer, du wüßtest nicht, wo Heidelberg liegt.)
- jemanden auffordern: *Wir schreiben jetzt eine Klassenarbeit!*

Dagegen kannst du mit *Aufforderungssätzen* nur Aufforderungen ausdrücken. *Schreibt ordentlicher!* kann nie nur eine Aussage und es kann nie eine Frage sein. *Fragesätze* eignen sich auch, jemanden aufzufordern. *Können Sie schnell kommen!*
Oft ist auch noch von Ausrufesätzen die Rede. Es wäre aber besser, nur von Ausrufen zu sprechen, denn meistens vollenden wir gar keinen Satz, wenn wir voller Überraschung, in höchster Not, sehr erstaunt ... etwas ausrufen: *Feuer!*, *Endlich Ferien!* usw.

Wortlehre

Die Satzglieder bestehen aus Wörtern. Welche Wörter kannst du überhaupt unterscheiden, und wie geht das?

Verben	Die Lehrerin **erzählte** uns eine witzige Geschichte
Leistung:	bezeichnen Tätigkeiten, Vorgänge, Zustände
Verhalten im Satz:	bilden in der gebeugten Form den Satzkern
Veränderungen am Wort:	verändern ihre Form entsprechend der Zahl (Einzahl/Mehrzahl: *ich lese, wir lesen*), der Person (*ich friere, du frierst*), der Zeit (*ich lese, wir lasen*)
Woran erkennt man sie am schnellsten?	Wörter, die mit dem Personalpronomen *ich, du* ... stehen können, sind Verben: *ich erzähle*

Substantiv	Die **Lehrerin** erzählte uns eine witzige **Geschichte**
Leistung:	bezeichnen Menschen, Tiere, Pflanzen, Dinge, Gedachtes
Verhalten im Satz:	Artikel und Substantiv gehören immer zusammen. Zwischen Artikel und Substantiv können Adjektive stehen. Ein Satzglied mit einem Substantiv kann Subjekt oder Objekt des Satzes sein.
Veränderungen am Wort:	verändern ihre Form entsprechend der Zahl (Einzahl/Mehrzahl: *die Mutter, die Mütter)* und dem Fall (*das Haus meines Vaters*)
Woran erkennt man es am schnellsten?	Wörter, die mit einem Artikel und einem Adjektiv stehen können, sind Substantive: *eine witzige Geschichte*

Artikel	**Die** Lehrerin erzählte uns **eine** witzige Geschichte
Leistung:	gibt an, ob es sich um eine bestimmte (*der, die, das*) oder unbestimmte Größe (*ein, eine, ein*) handelt.
Verhalten im Satz:	Artikel gehört immer zu einem Substantiv. Sie richten sich in der Form nach diesem.
Veränderungen am Wort:	verändert seine Form wie das Substantiv, zu dem er gehört. Die Länge *des Tisches* ... Zudem gibt der Artikel meistens das Genus (Geschlecht) des Substantivs an: *die Frau, das Mädchen*

Pronomen	Die Lehrerin erzählte **uns** eine witzige Geschichte
Leistung:	verweisen auf den Sprecher (*ich, wir*), Hörer (*du, ihr*) sowie die Gesprächsgegenstände (*er, sie, es, sie*)
Verhalten im Satz:	Die Pronomina *er, sie, es, sie* verweisen im Normalfall auf Satzglieder, die mit einem Substantiv gebildet sind (*Meine Mutter* feiert Geburtstag. *Sie* wird 40 Jahre alt.)
Veränderungen am Wort:	verändern ihre Form wie das Substantiv (Einzahl/Mehrzahl und die verschiedenen Fälle). Bei Pronomen, die sich auf ein Satzglied mit einem Substantiv beziehen, richtet sich das Pronomen auch im Genus (Geschlecht) danach: *Mein Bruder kommt in die Schule. Er ... Meine Schwester ist in der 10. Klasse. Sie ...*

Adjektive	Die Lehrerin erzählte uns eine **witzige** Geschichte
Leistung:	bezeichnen die Eigenschaften (*gut*), Beschaffenheit (*hölzern*) oder Herkunft (*italienisch*) von etwas.
Verhalten im Satz:	stehen zwischen Artikel und Substantiv (*das schöne Wetter ..., ein schönes Wetter ...*) oder nach dem Hilfsverb *ist* (*Das Wetter ist schön.*). Nur wenn sie vor dem Substantiv stehen, passen sie ihre Form dem Substantiv an.
Veränderungen am Wort:	verändern auch ihre Form wie das Substantiv (Nomen) in Einzahl und Mehrzahl und in den verschiedenen Fällen. Viele Adjektive kann man auch daran erkennen, daß sie gesteigert werden können: *schön – schöner – am schönsten*. Adjektive, die Herkunft oder Beschaffenheit angeben, können nie gesteigert werden.
Woran erkennt man sie am schnellsten?	Wörter, die zwischen Artikel und Substantiven oder nach *ist* stehen können, sind Adjektive: *Eine witzige Geschichte ... Die Geschichte ist witzig.*

Wortfamilie

Zu einer Wortfamilie rechnet man alle Wörter mit einem gemeinsamen Wortstamm. Vergiß aber nicht, daß der Wortstamm dabei selbst wieder verschiedene Formen bilden kann: *seh-, sieh-, sah-, sehen, sieht, gesehen, (du) sahst, sehbar, Fernseher, absehbar, ...*
Wortfamilien sind für das Rechtschreiben unentbehrlich!

Wortfelder

In einem Wortfeld sammelst du unterschiedliche Wörter mit einer ähnlichen Bedeutung: *gehen, laufen, springen, spazieren, wandern, sich bewegen, rennen ...*
Wortfelder helfen im Aufsatz, den richtigen Ausdruck zu finden.

Tips und Tricks

Wenn du irgendeinen Gegenstand untersuchen willst, dann wendest du am besten Tests und Experimente an und betrachtest dann die Ergebnisse.
Auch die Sprache kann man experimentell untersuchen. Hier sind die wichtigsten Proben:
Die Umstellprobe:
Versuche mit den Wörtern, die im Satz vorkommen, den Satz anders zu formulieren. Dabei wirst du feststellen, daß bestimmte Wörter immer zusammen bleiben und nur

gemeinsam den Platz wechseln. Diese Wortgruppen sind die Satzglieder eines Satzes.
Wir schreiben zu Ostern meinen Großeltern einen langen Brief.
Zu Ostern schreiben wir meinen Großeltern einen langen Brief.
Einen langen Brief schreiben wir zu Ostern meinen Großeltern.
Also sind die Satzglieder:
Wir / zu Ostern / meinen Großeltern / einen langen Brief / schreiben.

Die Ersatzprobe:
Versuche ein Wort durch ein anderes mit einer ähnlichen Bedeutung zu ersetzen. Als Ergebnis bekommst du vielleicht einen passenderen Ausdruck.
Die letzten Ferien waren wir an der Nordsee.
Die letzten Ferien verbrachten wir an der Nordsee.

Die Infinitivprobe:
Hier handelt es sich um eine ganz spezielle Probe. Da das Subjekt und das Prädikat in der Person *(ich, du ...)* und in der Zahl (Einzahl/Mehrzahl) angeglichen sein müssen, wird diese Verbindung gesprengt, wenn du das Verb in den Infinitiv setzt, also in die Form, die keine bestimmte Endung aufweist. Als Ergebnis bleibt dann immer das Subjekt übrig.
Ihr schreibt zu Ostern euerer Partnerklasse einen langen Brief.
Zu Ostern euerer Partnerklasse einen langen Brief schreiben / Ihr (= Subjekt)

Die Frageprobe:
Subjekt: *Wer oder was?,* Prädikatsverband: *Was wird vom Subjekt ausgesagt?* Objekt: *Wen oder was?* (Akkusativobjekt), *Wem?* (Dativobjekt). Beim Subjekt und bei den Objekten mußt du immer vom Prädikat als dem Satzkern aus fragen. *Meine Schwester schenkt mir ein Buch*: Subjekt: *Wer schenkt mir ein Buch;* Objekt: *Wem schenkt meine Schwester ein Buch? Was schenkt mir meine Schwester?*

Rechtschreiben

Warum brauchen wir eine geregelte Rechtschreibung?
Die Antwort darauf ist eigentlich ganz einfach. Wenn wir alle annähernd gleich schreiben, dann haben wir es beim Lesen einfach. Rechtschreiben hilft also beim Lesen. Natürlich können auch Texte, die nicht richtig geschrieben sind, gelesen werden. Dies ist aber meistens mit einem großen Aufwand verbunden. Wir können solche Texte nicht mehr flüssig lesen.

Was gehört alles zur Rechtschreibung?
Alles, was dem schnellen Lesen dient:
- die Gliederung eines Textes in Sätze zusammen mit dem Hinweis für die Verwendung des Satzes (Satzschlußzeichen – Äußerungszeichen)
- die Gliederung eines Satzes (Komma, Anführungszeichen ...)
- die Schreibung der Wörter (Groß-, Kleinschreibung, Getrennt- und Zusammenschreibung)
- die Wiedergabe der Laute durch Buchstaben.

Welche Themen werden in Tandem 5 angesprochen?
In diesem Buch werden die folgenden Bereiche angesprochen und erläutert:
- die Satzschlußzeichen
- die Zeichen der wörtlichen Rede und das Komma
- die Groß- und Kleinschreibung
- die Verdoppelung von Mitlautbuchstaben und die Schreibung für lange Selbstlaute.

Zeichensetzung

Die Satzschlußzeichen – Äußerungszeichen ? ! .

Wir kennen im Deutschen drei Satzschlußzeichen: den Punkt, das Fragezeichen und das Ausrufezeichen. Immer, wenn ein vollständiger Satz zu Ende ist, steht eines dieser drei Zeichen, aber welches?
Betrachte einmal den folgenden Aussagesatz mit drei verschiedenen Satzzeichen:
Wir schreiben morgen einen Test.
Wir schreiben morgen einen Test?
Wir schreiben morgen einen Test!
Wir haben hier immer denselben Satz, einen Aussagesatz, der aber ganz verschieden gebraucht wird. In der mündlichen Sprache können wir das durch unsere Stimme deutlich machen. In der schriftlichen Sprache bedienen wir uns der Satzzeichen. Satzschlußzeichen helfen also dem Leser, das Geschriebene richtig zu verstehen. Sie geben ihm den Sinn der Äußerung an, wir könnten sie daher auch *Äußerungszeichen* nennen.
Wenn ein Satz überhaupt nur auf eine Art und Weise verstanden werden kann, dann braucht er lediglich einen Punkt.
Dies ist bei Aufforderungssätzen der Fall. Ihr findet in diesem Buch viele Aufforderungen, die am Schluß einen Punkt haben. Ein Ausrufezeichen steht nur dann, wenn eine Aufforderung mit besonderem Nachdruck gesprochen wird. Dies ist allerdings sehr häufig der Fall.
Es ergibt sich also folgender Zusammenhang:

Fragezeichen ?	Ausrufezeichen !	Punkt .
Wenn etwas als Frage verstanden werden soll, steht als Satzzeichen ein ?.	Wenn etwas mit Nachdruck oder als Ausdruck der Überraschung, Freude, Begeisterung ... gelesen werden soll, steht ein !.	Sonst steht immer ein Punkt.

? und ! sind also mehr als nur ein Zeichen dafür, daß ein Satz zu Ende ist.

Die Gliederung eines Satzes (Komma und Zeichen der wörtlichen Rede)

Sätze können lang sein. Um sie überschaubar zu machen, setzen wir verschiedene Satzzeichen. Ein einfacher Fall liegt vor, wenn aufgezählt wird.
Zum Geburtstag lade ich Oma, Opa und vier Freunde aus der Klasse ein.
Statt des Kommas könnte hier auch *und* stehen, aber das würde bald sehr langweilig. Dem Leser zeigt das Komma, was zusammengehört.

Bei einem Satz, der eine wörtliche Rede enthält, müssen wir diese mit den Anführungszeichen „...“ kennzeichnen. Damit weiß der Leser, was wörtlich gesagt wurde. Hat die wörtliche Rede auch einen Begleitsatz, in dem steht, wer etwas gesagt hat, ergeben sich folgende Regelungen:

Vorangestellter Begleitsatz: Simone sagte: „... □“

□ Hier steht das Satzschlußzeichen, wie es der Sinn des Satzes verlangt.

Nachgestellter Begleitsatz: „...“, sagte Simone.
„...!“ sagte Simone.
„...?“ sagte Simone.

Es gelten also folgende Regeln: Wenn die wörtliche Rede mit einem Punkt abgeschlossen würde, steht dieser Punkt nicht, dafür wird der Begleitsatz nach den Anführungszeichen mit einem Komma abgetrennt.
Wenn die wörtliche Rede mit einem ? oder ! abgeschlossen wird, müssen diese Zeichen stehen, da sonst der Sinn des Satzes nicht verstanden werden könnte. Dafür steht aber nach den Anführungszeichen kein Komma.

Die Groß- und Kleinschreibung

Alle Wörter werden klein geschrieben. Davon ausgenommen sind das erste Wort eines Satzes, die Substantive und das Anredepronomen *Sie (Ihnen, Ihrer);* das Pronomen *Du (Dir, Deiner, Dich)* wird groß geschrieben, wenn es als direkte Anrede in einem Brief auftaucht.
Also muß man wissen, was ein Substantiv ist. Schau dazu unter der *Wortlehre* nach. Für die Lösung der Frage, ob groß oder klein geschrieben wird, helfen dir besonders zwei Proben: *die Artikelprobe* und *die Erweiterungsprobe*.
Der Schneider von Ulm hört die Leute spotten.
Der Schneider von Ulm hört das Spotten der Leute.
Im ersten Satz ist *spotten* Grundform des Verbs und gehört zu *hört.*
Im zweiten Satz hat *spotten* einen Artikel (Artikelprobe) und kann durch ein Adjektiv erweitert (Erweiterungsprobe) werden. *Der Schneider von Ulm hört das laute/fürchterliche/dümmliche Spotten der Leute.* In diesem Satz ist *das Spotten* Akkusativobjekt zu *hören.* Also wird *Spotten* hier groß geschrieben.
Es müssen immer beide Proben angewandt werden! Das sieht man an folgendem Satz:
Der Schneider von Ulm hört das Spotten der Leute. Die einen lachen höhnisch, die anderen triumphieren über seine Niederlage.
Die einen – die anderen schreibt man klein, obwohl ein Artikel dabeisteht, aber diese Teile können nicht durch ein Adjektiv erweitert werden.

Verdoppelung von Mitlautbuchstaben und die Schreibung von langen Selbstlauten

Im Deutschen unterscheiden wir zwischen langen und kurzen Vokalen, aber wir haben keine langen und kurzen Buchstaben. Irgendwie möchten wir aber den Unterschied zwischen einem Erdhügel

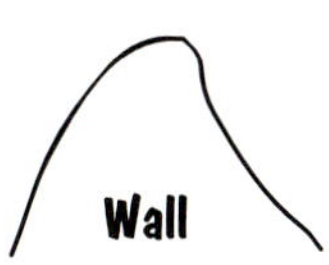

und einem Meeressäugetier

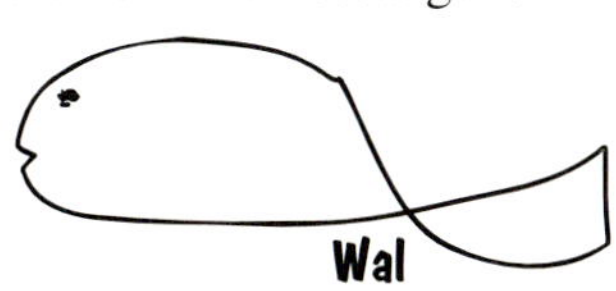

kennzeichnen.

Beide Wörter unterscheiden sich in der mündlichen Sprache ja nur durch die Länge des betonten Vokals. Die Lösung, die unsere Schrift für dieses Problem anbietet, ist teilweise einfach, teilweise kompliziert.

Die einfache Seite:

Bei einem Wort, das mehrere Silben bilden kann, bei dem der betonte Vokal kurz ist, wird der Konsonantenbuchstabe nach diesem Vokal verdoppelt: *Wälle, Kralle, tolle ...* Warum ist das so? Wenn man das Wort *Wall* in die Mehrzahl setzt, erhält man *Wälle* (= Wort mit mehreren Silben). Spricht man nun dieses Wort in Silben, so ergibt sich *Wäl–le.* Wir schreiben also in diesem Fall so, wie es sich bei sehr langsamem Sprechen von selbst ergibt. Die Einzahl *(Wall)* schreiben wir entsprechend auch mit zwei l, damit das Wort für den Leser immer gleich bleibt. Das erklärt auch, warum wir z.B. *im* nie mit zwei m schreiben. Es gibt nämlich von diesem Wort keine Form, bei der sich bei langsamem Sprechen zwei *m* ergäben. (Warum schreiben wir dann aber *wenn?* Hier gibt es auch keine Form, wo sich zwei *n* ergäben. Die Antwort ist hier, daß wir sonst in Konflikt mit dem Fragewort *wen* kämen.)

Die komplizierte Seite:

Damit haben wir eigentlich alles erledigt. Denn wenn wir die Kürze eines betonten Vokals ausgedrückt haben, dann brauchen wir die Länge nicht noch zusätzlich zu kennzeichnen. Allerdings schreiben wir manche Wörter mit einem *h,* wenn im gesprochenen Wort der betonte Vokal lang ist. Aber das tun wir nur, wenn dieses *h* vor einem *r, l, m* oder *n* zu stehen kommt. Und auch dann tun wir es nicht immer. Z.B. tun wir es nie, wenn ein Wort mit *t, p, qu, sch* oder *v* beginnt. Daher heißt es: *Wahl,* aber *Tal.*

Andere Wörter, die zwar ein *r, l, m, n* nach dem langen Vokal aufweisen, aber trotzdem ohne *h* geschrieben werden, mußt du lernen! Solche Wörter sind: *rar, die Pore, der Pol, die Zone, das Öl, die Düne, die Kür, das Mal, selig, der Flur, die Blume, der Name, nämlich, der König, grün, der Plan, die Krone, der Star, stur* und die kleinen Wörter *der, dem, den, wer, wem, nur, nun, jener, gar, mal.*

Die Schreibung von langem i

Ziemlich einfach ist es dagegen wiederum beim langen *i.* Hier schreiben wir fast immer *ie,* außer bei den Wörtern *ihn, ihr, ihm, ihnen, ihrer, Ihnen.* Nie *ie* schreiben wir am Wortanfang und bei einigen Wörtern wie *Stil, Bibel, Tiger ...* Diese Wörter sind sog. Lehnwörter; sie kommen aus anderen Sprachen. Diese Wörter müssen auch gesondert gelernt werden.

Die Schreibung der s-Laute

Eigentlich ist auch hier alles ganz einfach: Nach kurzen, betonten Selbstlauten wird *ss* geschrieben, wie es sich bei langsamem Sprechen in Silben ergibt: *Ris–se, fas–sen ...* Es handelt sich hier also um einen ganz normalen Fall von Mitlautverdoppelung. Zwei *ss* werden immer zu *ß* am Wortende und vor einem Buchstaben für einen Mitlaut: *Riß, gefaßt.* Eigentlich müßte hier ja *ss* geschrieben werden. Durch die Schreibung von *ß* spart man aber einen Buchstaben!

Kompliziert ist für Süddeutsche die Schreibung von *s – ß,* weil sie den Unterschied in der mündlichen Sprache nicht oder kaum hören. In *reisen* ist das *s* eigentlich ein stimmhafter Laut, in *reißen* dagegen ein stimmloser, scharfer Laut. Aber, wie gesagt, im Süddeutschen sprechen wir alle s-Laute stimmlos, und wir können deshalb die Unterschiede auch nicht hören; wir sprechen *gießen* und *Wiesen* in der Mitte annähernd gleich. Aber auch hier hilft ein kleiner Umweg weiter: Suche, ob es innerhalb der Wortfamilie (schau oben

nach) ein Wort mit *ss* gibt. Wenn du eines gefunden hast, dann schreibst du *ß: reißen – gerissen, gießen – gegossen* usw. Aber nicht bei allen Wörtern findest du solche Formen: z.B. *grüßen – gegrüßt – Gruß.* Solche Wörter mußt du dann ebenfalls lernen!
Eine kleine Anmerkung: Manchmal kannst du auch von *Schärfung bzw. Dehnung* lesen. Diese beiden Ausdrücke gehören aber in die mündliche Sprache. Nach einem kurzen Vokal bekommt dieser bei langsamem Sprechen in Silben eine scharfe Grenze durch den Konsonanten: *Him–mel,* diese fehlt bei langen, gedehnten Konsonanten: *wäh–len.* Hier kann das lange *ä* verströmen, bis einem die Luft ausgeht. *Dehnung und Schärfung* sind also Ausdrücke aus der gesprochenen Sprache. In der Schrift redet man besser über *Mitlautverdoppelung* und *Kennzeichnung des langen Selbstlautes in der Schrift.*

Tips und Tricks

Rechtschreiben lernst du nur, wenn du viel – richtig – schreibst und gelernt hast, das, was du geschrieben hast, zu überprüfen. Dazu helfen dir die folgenden Hilfsmittel:
– Ein Wörterbuch: Arbeite, wenn du Texte überarbeitest, mit einem Wörterbuch. Wenn du unsicher bist, schlage nach. Aber wie? In einem Wörterbuch findest du fast immer nur die Grundform eines Wortes: Bei Wörtern wie *lasen, Freundinnen, schönen* mußt du unter *lesen, Freundin, schön* nachschlagen.
– Rechtschreibwissen anwenden: Überlege, was du alles schon weißt! Manchmal wirst du aber dennoch Fehler machen, dann hilft dir der nächste Tip.
– Schwierige Wörter solltest du dir auf eine Kartei aufschreiben. Schwierige Wörter sind solche, die du öfters falsch schreibst oder solche, für die du keine Regel kennst. Für eine Karteikarte nimmst du am besten einen Karton DIN A4, daraus kannst du 4 Karteikarten machen. Eine solche Karteikarte kann z.B. so aussehen:

Wort: ______	Hier schreibst du das betreffende Wort hin.
Wortart: ______	Zu welcher Wortart gehört das Wort? Schreibt auf: *Verb, Substantiv, Artikel, Pronomen, Adjektiv*; bei allen Wörtern, die nicht zu diesen Wortarten gehören, schreibst du *Sonstige* hin.
Wortfamilie: ______ ______ ______	Wörter erhalten ihren Stamm. Schreibe also auch noch andere Wortformen auf: *sehen, siehst, sahen, gesehen ... einsehbar, Sicht, sichtbar ...*
Auffälligkeit: ______	Wörter haben Auffälligkeiten, bei *sehen* ist das *h* das Besondere, bei *nämlich* ist es, daß kein *h* steht. Unterstreiche oder umkreise das Besondere.
Regelmäßigkeit: ______ ______ ______	Gibt es eine Regelmäßigkeit? Bei *sehen* gibt es eine: zwischen zwei e kommt bei zweisilbigen Wörtern immer ein h. Bei *Kram* gibt es keine solche Regelmäßigkeit.

Mit einer solchen Kartei kannst du immer wieder üben: Karten mischen, ein Wort anschauen, Karte umdrehen, aufschreiben: richtig oder falsch geschrieben? Alle Wörter einmal durchschauen, sich Wörter diktieren lassen, anderen seine Wörter diktieren, die Wörter der anderen diktiert bekommen ...
– Texte abschreiben: Abschreiben ist nicht so einfach, wie man oft denkt. Gehe so vor: Zuerst den abzuschreibenden Text ganz lesen und verstehen, was in ihm steht. Dann den ersten Satz lesen. Achte auf Schwierigkeiten, schaue sie dir genau an. Wenn es ein

kurzer Satz ist, den du dir sofort merken kannst, schreibe ihn auf, wenn es ein langer Satz ist, teile ihn in sinnvolle Abschnitte ein. Z.B.:
In den Sommerferien besuchen meine Mutter, mein Vater und meine kleine Schwester unseren Großvater im Nordschwarzwald.
Schwierige Wörter: *Großvater* mit *ß*, *Nordschwarzwald* – ein Wort; sonstige Schwierigkeit: Komma zwischen *Mutter* und *mein Vater.*
Der Satz ist zu lang, um ihn sich sofort merken zu können. Sinnvolle Einheiten sind:
In den Sommerferien – besuchen – meine Mutter (Komma!) – mein Vater und meine kleine Schwester – unseren Großvater – im Nordschwarzwald.

Schreiben

Was heißt Schreiben?
Die Menschen können vielleicht seit 200.000 Jahren sprechen. Aber schreiben können sie erst seit höchstens 8.000 Jahren. Mit der Möglichkeit zu schreiben hat sich das Leben der Menschen sehr verändert. Man konnte nun Botschaften über weite Strecken senden, komplizierte Berechnungen (Himmelskörper) anstellen und vieles andere mehr.
Schreiben ist etwas anderes als sprechen. In einem Gespräch steht man jemandem direkt gegenüber, man kann ihm ins Gesicht sehen und verstehen, was er sagen möchte; selbst beim Telefonieren hört man noch die Stimme des andern und weiß daher oft, wie etwas gemeint ist, auch wenn es nicht wortwörtlich gesagt wurde. Schreiben bedeutet dagegen, für jemanden schreiben, der nicht anwesend ist. Also mußt du darüber nachdenken, ob jemand das, was du als Schreiber meinst, auch so verstehen kann, wie du es meinst. Das bedeutet: Es ist notwendig, daß du in vollständigen Sätzen schreibst und die richtigen Wörter wählst.

Welche Arten zu schreiben gibt es?
Im großen und ganzen kannst du die folgenden Arten unterscheiden:
- Für sich selbst schreiben: Du schreibst dir Kummer und Ärger von der Seele oder drückst deine Freude über etwas aus; dazu eignet sich ein Tagebuch. Wahrscheinlich wirst du darauf achten, daß du dein eigener Leser oder deine eigene Leserin bleibst. Aber alles, was du heute ungenau aufschreibst, das ist vielleicht schon morgen auch für dich nicht mehr verständlich.
- Für andere schreiben: Erlebnisse fesselnd erzählen, weil andere sie gerne lesen, weil sie sich unterhalten fühlen. Wenn du für jemanden etwas schreibst, dann muß er es wiedererkennen können. Hierzu gehört auch, wenn du für jemanden eine Geschichte nacherzählst.
- An andere schreiben: einen Kartengruß an die Oma, einen Brief nach Indien ...
- Schreiben, um sein Gedächtnis zu entlasten: Notizzettel, Hausaufgabenheft ...
- Schreiben, um sich über etwas Klarheit zu verschaffen: einen Plan für eine Aufführung entwerfen ...

Welche Themen werden in Tandem 5 angesprochen?
Alle Themen werden im Buch angesprochen. Den breitesten Raum nimmt Schreiben für andere ein, v.a. Erzählungen und Beschreibungen.

Tips und Tricks

Worauf du beim Schreiben von größeren Texten achten solltest:
Schreibe nicht einfach wild drauf los, sondern versuche dich an die folgende Reihenfolge zu halten.

– Die Ideensammlung: Was und worüber will ich überhaupt schreiben? Was ist das Ziel meines Schreibens? Will ich jemanden informieren – schnell und knapp oder ausführlich? Will ich jemanden unterhalten – soll er sich amüsieren, oder soll er durch mich gefesselt sein? Welche Person, welches Geschehen rücke ich in den Vordergrund? Und wenn dir nichts einfällt? Daß einem gar nichts einfallen will, ist selten. Das eine oder andere schießt einem immer durch den Kopf: zuerst einmal alles notieren, was dir in den Sinn kommt, dann das, was dir eingefallen ist, auf die Brauchbarkeit hin untersuchen. Sicher wird dir jetzt noch mehr einfallen. Schreibe es auf, vergiß aber dein Schreibziel nicht. Je sorgfältiger du hier bist, desto schneller geht es nachher beim Schreiben.

Manchmal fällt einem sehr viel ein. Dann solltest du die Gedanken ordnen und wegstreichen, was du nicht brauchen kannst. Betrachte jetzt die Punkte, die für deinen Text brauchbar erscheinen. Bringe sie in eine Reihenfolge, so daß sich ein roter Faden ergibt. Jetzt hast du bereits einen Text im Kopf, nun muß er hingeschrieben werden.

– Das Schreiben: Am besten ist es, wenn du dich zuerst einmal um den Inhalt kümmerst. Denke vor allem an dein Schreibziel! Über den richtigen Satzbau und die passende Wortwahl sowie die Rechtschreibung kannst du dir später Gedanken machen. (Aber vergiß sie nicht!)

– Die Überarbeitung: Wenn du einen ersten Entwurf geschrieben hast, dann mache erst einmal eine Pause. Lege alles beiseite, denke an etwas anderes! Vielleicht kannst du deinen Text jemandem zu lesen geben. Was sagt er dazu? Hat er dein Schreibziel begriffen?

Nach einiger Zeit schau dir deinen Text noch einmal an. Was wolltest du eigentlich schreiben? Kommt das auch so heraus? Sind die Sätze richtig, passen die Wörter? Wie steht es um die Rechtschreibung? Leg dir ein Wörterbuch neben dein Blatt, und schlag nach, wenn du dir unsicher bist. Versteht ein anderer das, was du schreiben wolltest? Überarbeite deinen Text! Vielleicht solltest du ihn noch einmal schreiben, damit ihn auch andere lesen können!

Lesen und Texte erschließen

Was heißt Lesen?

Lesen heißt nichts anderes als Geschriebenes entziffern und verstehen. Rund dreihundert Wörter oder eintausendfünfhundert Buchstaben pro Minute verarbeitet das Gehirn eines guten Lesers, doppelt so viele wie ein Sprecher in flüssiger mündlicher Rede von sich geben könnte. Um aber dahin zu kommen, braucht es viel Übung!

Angenommen, ihr könntet vom 10. Lebensjahr an bis ins Alter von 60 Jahren alle fünf Tage ein Buch lesen, so hättet ihr insgesamt 3650 Bücher gelesen. Eine echte Leseratte verschlingt vielleicht sogar jeden Tag ein Buch und hätte dann 18250 Bücher gelesen.

Aber verglichen mit den 50000 Büchern, die jedes Jahr in Deutschland erscheinen, ist das gar nicht so viel. Einen Text versteht ihr nicht, indem ihr Wort für Wort zusammensetzt, sondern die Aussagen des Textes einem Thema unterordnet. Dazu müßt ihr natürlich auch wissen, was die einzelnen Ausdrücke heißen. Als erstes müßt ihr also immer die unbekannten Wörter heraussuchen und ihre Bedeutung durch Nachschlagen oder Nachfragen klären. Jetzt kann die Arbeit der Entschlüsselung beginnen. Dabei solltet ihr zwischen Sachtexten und Geschichten unterscheiden.

Wie könnt ihr Geschichten und Gedichte selbständig erschließen?

Der Zugang über die Figuren in der Geschichte

- Findet heraus, welche Figuren in den Geschichten vorkommen. Welche stehen im Mittelpunkt der Handlung, welche am Rand?
- Gliedert den Text nach den Handlungen der Figuren! Setzt Abschnitte und Einschnitte fest (welche Handlungen spielen an einem Ort, wo findet ein Ortswechsel statt?)
- Findet Teilüberschriften für die von euch festgelegten Handlungseinheiten.
- Unterbrecht das Lesen an einer Stelle und überlegt, wie die Geschichte weitergehen könnte. Vergleicht eure Vorschläge mit dem Schluß der Geschichte des Autors.

Der Zugang über das Thema

Jede Geschichte und jedes Gedicht hat ein Thema.

- Versucht der Spur, die die Überschrift legt, nachzugehen. Dabei hilft es euch, wenn ihr die einzelnen Abschnitte zusammenfaßt und auch für sie Überschriften sucht.
- Faßt zusammen, wie sich das Thema der Geschichte entfaltet. Findet andere Überschriften als die gewählte.

Der Zugang über den Klang

Bei vielen Gedichten, in denen keine Handlung vorkommt, hilft euch, wenn ihr den Text laut lest, um den Klang des Gedichtes zu erfassen.

Überhaupt versteht ihr schwere Texte oft schneller, wenn ihr sie euch selbst oder jemandem anderen laut vorlest.

Wie könnt ihr Sachtexte selbständig erschließen?

Bei Sachtexten ist es wichtig, daß ihr euch von der beschriebenen Sache leiten laßt.

- Was wird über die Sache, um die es geht, ausgesagt? Meistens wird der beschriebene Gegenstand oder Vorgang bereits in der Überschrift genannt.
- Achtet auf die Reihenfolge der Darstellung! Am besten numeriert ihr den Text durch und faßt mit einem Schlagwort zusammen, worum es geht; das hilft euch, nichts zu vergessen.

Tips und Tricks zur Texterschließung

Ein gutes und unterhaltsames Buch zu lesen, zu verstehen und zu verarbeiten ist etwas Schönes. Texte können euch unterhalten, sie können euch informieren, und sie sind oft ein Anlaß, über eine Sache oder ein Problem zu diskutieren.

Viele Formen des Textverstehens könnt ihr anhand der im Buch abgedruckten Textbeispiele immer wieder neu ausprobieren und an euren eigenen Reaktionen überprüfen. Wichtig für die Schule ist, sich mit einem Text gemeinsam zu beschäftigen. Dabei wer-

det ihr feststellen, daß jeder von euch den Text anders versteht. Durch gemeinsames Lesen und Sprechen über den Text werden gerade schwierige Texte besser zu erschließen sein.
Ein Rezept, einen Text zu verstehen und zu erschließen, gibt es nicht. Jeder Text braucht seinen eigenen Zugang. Aber einige Vorgehensweisen haben sich sehr bewährt. Ohne sie wird man kaum einen Text verstehen können.
Hier ein Vorschlag von uns:

1. Lest den Text einmal durch.
2. Klärt alle schwierigen Stellen durch Nachfragen oder Nachschlagen.
3. Sucht das Gerüst des Textes – die Personen, die Orte, die beschriebene Sache – und unterstreicht mit verschiedenen Farben.
4. Die wichtigsten Aussagen werden auch besonders markiert.
5. Gliedert jetzt den Text in Sinnabschnitte.
6. Gebt den Sinnabschnitten Überschriften.
7. Wiederholt die zentralen Aussagen des Textes.

Wenn ihr einen Text lest, der euch nicht gehört, dann solltet ihr das Wichtigste herausschreiben.
Vergeßt dabei nie, die Überschrift des Textes auch aufzuschreiben, sonst wißt ihr später nicht mehr, wozu was gehört. Danach notiert ihr die Personen und die Teilüberschriften der Abschnitte.

Welche Arten, Texte zu lesen, gibt es?
Verschiedene Texte werden verschieden gelesen: Ein Kochbuch lest ihr anders als einen Krimi, ein Sachbuch über Tiere anders als die Zeitung. Aber auch jeder Leser kann anders lesen: ein Roman kann für einen Schüler einmal Arbeitslektüre sein, ein anderes Mal (ent)spannende Lektüre im Schwimmbad. Es gibt auch Texte, zu denen wir keinen Zugang finden. Nach zehn oder zwanzig Seiten legen wir sie zur Seite. Es gibt also mehrere Lese- und Verstehenshaltungen.
Am liebsten lest ihr vielleicht, um euch zu unterhalten: Abenteuerbücher, Geschichten, Zeitschriften...
Häufig müßt ihr etwas lesen, um euch zu informieren oder etwas zu lernen: Schulbücher, Sachbücher, Zeitschriften...
Manchmal sucht man eine direkte Anleitung für sein Handeln, dann liest man Gebrauchsanweisungen, Handbücher...
In der Schule lernt ihr einen Text so zu lesen, daß man darüber sprechen kann. Ihr seid aufgefordert, eure Meinung zu dem, was in Erzählungen geschrieben wurde, zu sagen und zu begründen.
Eine künstlerische Form des Lesens ist, wenn ihr die stummen Buchstaben mit eurer Stimme zum Leben erweckt und z.B. Gedichte vortragt.
TANDEM bietet eine Menge Texte, die ihr allein und zusammen auf ganz verschiedene Weisen lesen könnt. Viele Texte informieren euch, andere sollen euch unterhalten, andere fordern euch auf, sie zu gestalten, andere zeigen euch, wie etwas funktioniert. Immer seid ihr es, die den Inhalt der Texte erst erschließen. Macht aus dem Angebot Texte für euch!

Viel Spaß!

Schule? Schule! Seite 5-28	Themenaspekte	Texte und andere Materialien
	Das Recht auf Schule (6–8)	Hamdah, ein Nomadenmädchen (ST, 6); Grundsatz 7 der Kinderrechte (ST, 7); Schulordnung (ST, 7); N.D. Mc Kenna: Kwa Zulu, ein Mädchen aus Südafrika erzählt (Erz., 8)
	Eine andere Schule (9-11)	Keiner sagt „Spasti" (ST, 9–11); I. Wendt: Wie Schule sein soll (G, 11)
	Schulgeschichten erzählen (12–15)	P. Härtling: Warum Bernhard mit dem Hintern heult (JB, 12–13) Bildmaterial (14-15)
	Schulleben: sich kennenlernen – miteinander sprechen (16-21)	I. Brender: Eine (Erz, 16–17); G. Ruck-Pauquet: Der Krebs (Erz, 18–21)
	Sich kennenlernen – über sich reden können (22–25)	M. Kreft: Sabine (G, 22); E. Gomringer: schweigen (G, 23); Bildmaterial (24-25)
	Tandem Training	

Integration – thematisch: *Schule anderswo:* Hamdah, ein Nomadenmädchen; Grundsatz 7 der Kinderrechte; Schulordnung; Kwa Zulu; *Schule bei uns:* Keiner sagt „Spasti"; Wie Schule sein soll, *Schulleben*: Warum Bernhard mit dem Hintern heult; Eine, Der Krebs; *Sich kennenlernen – mit andern und über sich reden:* Der Krebs; Sabine; schweigen;

Anders sein Seite 29-50	Themenaspekte	Texte und andere Materialien
	Andere Länder – anderes Leben (30–33)	J. Krüss: Für uns (29) Weltkarte (30–31) Das Leben in Indien (ST, 32–33)
	Anderen schreiben – Neues erfahren (34–37)	Brief von Poonam Mishra (34–35) Erst überlegen, dann schreiben (36) M. Pitkanen / I. Pitkanen: Ari – der Lappenjunge (ST, 37)
	Andere Sprachen – Zeiten und Zahlen einmal anders	Wenn wir Chinesisch sprächen oder Eskimos wären ... (38) H. Manz: Scheinbare Zeitwörter; Ableitungen (G, 39) J. Reding: Uno, due, tre (G, 40)
	Andere Zeichen – anders lesen (41–43)	M. Davidson / A. Dahan: Das Alphabet aus Punkten (Erz., 41–43)
	Anders sehen ... und andere sehen (44–47)	Blinde Menschen (ST, 44) P. Härtling: Fräulein Einauge (Erz., 45–47)
	Tandem Training (48–50)	

Integration – thematisch: *Anders sein – in fernen Ländern leben:* Das Leben in Indien; Brief an Poonam Mishra; Ari – der Lappenjunge. *Andere Sprachen – die Zeit anders ausdrücken:* Wenn wir Chinesisch sprächen ...; Scheinbare Zeitwörter, Ableitungen; *Anders sein – anders wahrnehmen:* Das Alphabet aus Punkten; Blinde Menschen; Fräulein Einauge.;

Legende: AT = Arbeitstechnik; Dram = dramatischer Text (Spieltext); Erz = Erzählung; F = Fabel; Fth = fächerverbindendes Thema;

Literatur, andere Texte, Medien	Sprechen und Schreiben	Sprachbetrachtung und Grammatik
Produktiver Umgang mit Texten; Ein Gegengedicht schreiben (11)		
Texte erschließen (13)	Erzählen: Schritte zum Erzählen (AT, 14, → TT, 26); Erzählen nach Bildern (15 → TT, 26): Erzählen (I, 15 →TT, 26)	
Produktiver Umgang mit Texten 18–21)	Umgang mit anderen (17); Umgang mit anderen: Mit dem Körper sprechen (I, 18): Wie etwas gesagt wird ; (I, 19); Gespräche führen – Verständnis sichern (AT, 21)	
Texte erschließen (22) Texte erschließen (23)		Wortfelder (I 24 → 27)
	Eine Geschichte nach Bildern erzählen (2 Aufgaben); Gesprächsregeln auswählen und notieren (1 Aufg.); Ein Schleichdiktat schreiben (1 Aufg.) Orientierungswortschatz/Fehlerschwerpunkte	Wörter zu einem bestimmten Wortfeld suchen (3 Aufg.)

Integration: Inhalte des Faches Deutsch: Erzählende Texte – sachliche Texte – mündlich und schriftlich erzählen – Umgang mit anderen – Wortfelder
Integration: Deutsch – andere Fächer: evR: LP 5.5 W: Miteinander neu anfangen: Ich – Du – Wir; LP 5.7 W: Kinder – hier und anderswo; kR: LP 1: Einander kennenlernen – Gemeinschaft erleben; LP 5: Kinder – hier und anderswo

Literatur, andere Texte, Medien	Sprechen und Schreiben	Sprachbetrachtung und Grammatik
Texte erschließen (34) Produktiver Umgang mit Texten (37)	Erzählen im Rahmen eines Briefes (34–36); Briefe schreiben (I, 35 → TT, 48); Tips zum Briefeschreiben (AT, 36)	Großschreibung des Pronomens in der Anrede (I, 35)
		Tempus: Präteritum und Perfekt (38; I, 39 → TT, 49, 50)
Produktiver Umgang mit Texten (43)		
	Umgang mit anderen: sprachliche und außersprachliche Verständigung (44)	
	Einen Brief schreiben (3 Aufg.); Anredepronomen (1 Aufgabe) Orientierungswortschatz Fehlerschwerpunkte	Zeiten und Zeitformen untersuchen (4 Aufg.)

Integration – Inhalte des Faches Deutsch: Erzählende Texte – Erzählen im Brief – Briefe schreiben – Sachtexte – Gedicht – Anredepronomen – Tempusformen.; Integration: Deutsch – andere Fächer: kR: LP 5: Kinder – hier und anderswo; Erdkunde: LP 1: Orientierung auf der Erde

G = Gedicht; I = Information; JB = Jugendbuch; L = Legende; M = Märchen; S = Sage; Sch = Schwank; ST = Sachtext; TT = Tandem-Training

Masken – Seite 51-70

Themenaspekte	Texte und andere Materialien
Verwandeln – verkleiden – verbergen (52–55)	Superman (Comic, 52); Bildmaterial (53); Bastelvorschläge (ST, 54); E. Kästner: Keiner blickt dir hinter das Gesicht (G, 55)
Vertauschen (56–57)	M. Twain: Der Prinz und der Bettelknabe (JB, 56–57)
Verstecken (58–61)	Tarnung, logisch! (ST, 58) Janosch: Die Tarnkappe (Erz, 59–61)
Verschlüsselt und doch verständlich (62–65)	Sklaven; Man müßte es eben nicht direkt sagen (ST, 62) Äsop: Der Bock im Brunnen (F, 63), Äsop: Die tote Katze (F, 63) W. Busch: Bewaffneter Friede (F, G, 64) J. Raith: Der Igel und das Stachelschwein (F, G, 65)
Verstecktes erkennen – Zeichen setzen (66–67)	Rätselbild und -text (66) Satzschlußzeichen (67)
Verschiedene Zeichen – verschiedene Sätze (68)	Der verstruxte Kwolk (68)
Tandem Training (69–70)	

Integration – thematisch: *Verschiedene Masken und Rollen; sich verwandeln, sich verkleiden, sich verbergen*: Superman; Keiner blickt dir hinter das Gesicht; Der Prinz und der Bettelknabe. *Sich tarnen – unauffällig erscheinen:* Tarnung – logisch; Die Tarnkappe. *Verschlüsseln – Kritik äußern:* Der Bock im Brunnen; Die tote Katze; Bewaffneter Friede; Der Igel und das Stachelschwein.

Theater spielen (→ Fächerverbindendes Thema 4: Geschichten spielen) – Seite 71-94

Themenaspekte	Texte und andere Materialien
Ein Spiel beginnen – ohne Worte spielen (72–74)	W. Müller: Morgen spielen wir (Erz, 72–73); Einen ... spielen (Spielvorschläge, 74)
Spielgeschichten wählen – in Rollen schlüpfen (75–78)	P. Schorno: Den Clown spielen (Dram, 75–78)
Lustige Geschichten spielen (79 - 86)	E. Kästner: Wie Eulenspiegel die Kranken heilt (Sch, 79–80); O. Preußler: Der Wahltag (Sch, 81–83); W. Kukula: Allen Leuten recht getan (Sch, 84–85) R.W. Brednich: Die geteilte Suppe (S, 86)
Eine Aufführung planen (87)	Bildmaterial (87)
Eine Aufführung planen – was ist zu tun? (88)	Bildmaterial (88)
Eine Aufführung planen – wer übernimmt was? (89)	Bildmaterial (89)
Eine Aufführung planen – ein Regiebuch schreiben (90–91)	I.v. Heyst: Wie Eulenspiegel zu Wismar einen Pferdehändler narrte (Sch, 90); Wie Eulenspiegel zu Wismar einen Pferdehändler narrte (Dram, 91)
Lampenfieber (92)	P. Lewis: Die Premiere (Erz, 92)
Tandem-Training (93–94)	

Integration – thematisch: *Texte über das Theater und Theaterspielen:* Morgen spielen wir, Den Clown spielen müssen, Die Premiere; *Anlässe zum Spielen:* Einen ... spielen; *Schwänke:* Till Eulenspiegel, Nasreddin, Die Schildbürger; *Planung einer Aufführung:* Was ist zu tun; Regiebuch;

Legende: AT = Arbeitstechnik; Dram = dramatischer Text (Spieltext); Erz = Erzählung; F = Fabel; Fth = fächerverbindendes Thema;

iteratur, andere Texte, Medien	Sprechen und Schreiben	Sprachbetrachtung und Grammatik
	Beschreiben: Bastelanleitung (54)	
exte erschließen (57)		
exte erschließen (58)		
abeln (I, 64 → TT, 69) exte erschließen (63)		
exte erschließen (64) roduktiver Umgang mit Texten (65)	Erzählen nach literarischen Mustern (65 → TT, 69)	
		Satzschlußzeichen (I, 67 → TT, 70)
		Satzarten (I, 68 → TT, 70)
abeln erkennen und Fabeln schreiben Aufgaben)	Orientierungswortschatz / Fehlerschwerpunkte	Satzarten feststellen – Satzschluß-zeichen anwenden (3 Aufg.)

tegration – Inhalte des Faches Deutsch: Erzählende Texte – Sachtexte – Gedichte – Fabeln – Satzarten – Satzschluß-eichen
tegration: Deutsch – andere Fächer: BK LP 3: Vollplastik aus verschiedenen Materialien

iteratur, andere Texte, Medien	Sprechen und Schreiben	Sprachbetrachtung und Grammatik
	Varianten des Spiels: Pantomime (Fth 4, 72–78 → TT, 93)	
eschichten ordnen und ortieren: Textsorten (I, 78)		
er Schwank – ne lustige Geschichte 79)	Anlässe für das Spielen von Geschichten (Fth 4, 79–86)	
	Inszenierung (Fth 4, 87–91)	
		Der einfache Satz (I, 88), Infinitiv; Satzglieder: Subjekt, Prädikatsverband;
		Subjekte ermitteln, Personalform (I, 89 → TT, 93–94)
	Formelemente der Erzählung im Hinblick auf die szenische Realisierung: Dialogisierung (Fth 4, 90–91; Was ist ein Regiebuch? (I, 90)	
	Spiel ohne Worte (1 Aufg.); Partnerdiktat; Orientierungswortschatz/ Fehlerschwerpunkte	Subjekt (3 Aufgaben) Infinitiv (2 Aufgaben)

tegration – Inhalte des Faches Deutsch: Schwänke – Anlässe für das Spielen von Geschichten – erzählende Texte – der infache Satz – Subjekt und Prädikatsverband; Integration: Deutsch – andere Fächer: Fächerverbindendes Thema 4: eschichten spielen.

= Gedicht; I = Information; JB = Jugendbuch; L = Legende; M = Märchen; S = Sage; Sch = Schwank; ST = Sachtext; TT = Tandem-Training

	Themenaspekte	Texte und andere Materialien
Seite 95-114	Wünsche – gut überlegt? (96–101)	J.v. Eichendorff: Wünschelrute (G, 95) B. Brophy: Wünsche (Erz., 96–97); J. Krüss: Timm Thaler und das verkaufte Lachen (JB, 98–100) ; Text- und Bildmaterial (101)
	Der Wunsch vom Schlaraffenland (102–104)	L. Bechstein: Das Märchen vom Schlaraffenland (M, 102–103); E. Jandl: peter frißt seinen weg ins schlaraffenland (G, 103); A. Niemann: Wie ich in der Zukunft lebe (104)
	Unsere Umwelt in der Zukunft – Hoffnungen und Ängste (105)	Texte von Schülern (105)
Wünsche	Was wir über unsere Umwelt aussagen können (106–107)	Textmaterial (106–107)
	Von anderen für die Zukunft lernen (108–111)	E. Bienewald: Zukunft der Xavante (ST, 108–109); Tehanetorens: Der weiße Mann wurde traurig (Erz, 110–111)
	Tandem Training (112–114)	
	<u>Integration – thematisch:</u> *Sinnvolle Wünsche?:* Wünsche, Timm Thaler, Kinderwünsche; *Der Wunsch vom schönen und faulen Leben*: Das Märchen vom Schlaraffenland, peter frißt seinen weg ins Schlaraffenland, Wie ich in der Zukunft lebe; *Wünsche für die Zukunft und die Umwelt*: Texte von Schülern; Textmaterial; *Von anderen für d[ie] Zukunft lernen*: Zukunft der Xavante; Der weiße Mann wurde traurig;	

	Themenaspekte	Texte und andere Materialien
Seite 115-138	Gewohntes – ungewohnt (116–121)	R. Kreuzer: Streng geheime Bekanntmachung (G, 115) B. Kuipers: Der Weg zum Schatz (Erz, 116–121)
	Bekanntes – unbekannt (122)	Bildmaterial (122)
	Unbekanntes wird bekannt – Dingen einen Namen geben (123)	Tagebuch des James Cook (ST, 123)
	Was sich hinter eienem Namen verbirgt – etwas beschreiben (124–125)	Der Koala (ST, 124)
Entdeckungen	Etwas beschreiben – die Sinne schärfen (126–127)	F. Hetmann: Geräusch der Grille – Geräusch des Geldes (Erz, 126–127)
	Hörst du es? Riechst du es? Fühlst du es? – Wahrnehmungen benennen (128–129)	Spielvorschlag (128–129)
	Verborgene Schätze entdecken (130–135)	M. Twain: Die Schatzgräber (JB, 130–133) Franz Auf der Maur: Hurra, da ist ja wirklich Gold! (ST, 134–135)
	Bekanntes entdecken (136)	F. Schiller: Ein Gedicht (G, 136)
	Tandem Training (137–138)	
	<u>Integration – thematisch:</u> *Integration des Nahen und Gewohnten:* Streng geheime Bekanntmachung; Der Weg zum Schatz; Geräusch der Grille – Geräusch des Geldes; Aus Perlen baut sich eine Brücke. *Entdeckung des Fernen:* Tagebuch des James Cook; Der Koala. *Entdeckung des Verborgenen:* Die Schatzgräber; Hurra, da ist ja wirklich Gold;	

Legende: AT = Arbeitstechnik; Dram = dramatischer Text (Spieltext); Erz = Erzählung; F = Fabel; Fth = fächerverbindendes Thema;

iteratur, andere Texte, Medien	Sprechen und Schreiben	Sprachbetrachtung und Grammatik
exte erschließen (102, 103) roduktiver Umgang mit Texten (104)		
roduktiver Umgang mit Texten (105)		
	Informationen beschaffen (107 → TT, 112)	Der Prädikatsverband (I, 106 → TT, 112); Das Prädikat und die Personalform des Verbs (I, 107 → TT, 112–113)
exte erschließen (108, 109, 111) roduktiver Umgang mit Texten (110)		
	Ein Diktat schreiben (1 Aufgabe) Orientierungsschwerpunkt / Fehlerschwerpunkte	Informationen entnehmen und Satzglieder bestimmen (6 Aufg.); Die Personalform eines Verbs finden (1 Aufg.); Prädikate einsetzen (1 Aufg.); Geteilte Prädikate finden (2 Aufg.)

ntegration – Inhalte des Faches Deutsch: Gedichte – erzählende Texte – Märchen – sachliche Texte – Prädikatsverband und rädikat; Integration: Deutsch – andere Fächer: evR: LP 5.1.P: Miteinander in der Schöpfung: Menschen – Tiere – Pflanzen; R: LP 5: Kinder – hier und anderswo; Erdkunde: LP 2: Wir sammeln Informationen zu Umweltfragen im Nahraum

iteratur, andere Texte, Medien	Sprechen und Schreiben	Sprachbetrachtung und Grammatik
roduktiver Umgang mit Texten 120), Texte erschließen (121)	Beschreiben: Beobachten (120)	
	Beschreiben: Beobachten (122)	
	Beschreiben: Benennen (123)	
	Beschreiben: Beobachten und wiedergeben (I, 124, AT, 125 → TT, 137)	Die Leistung des Substantivs (I, 123)
roduktiver Umgang mit Texten (126, 27); Texte erschließen (126, 127)		
		Substantiv und Artikel (I, 128 → TT, 137) Einzahl und Mehrzahl des Substantivs (I, 129 → TT, 137)
exte erschließen (132); Produktiver Jmgang mit Texten (132, 133)		
edichtvortrag (I, 136 → TT, 137)		
in Gedicht vortragen Zwei Gedichte von F. Schiller)	Beschreiben (2 Aufg.) Orientierungswortschatz / Fehlerschwerpunkte	Substantive untersuchen (5 Aufg.)

ntegration – Inhalte des Faches Deutsch: Erzählende Texte – sachliche Texte – Textsorte Beschreiben – Wortart Substantiv
ntegration: Deutsch – andere Fächer: Sport: Körpererfahrungen; Musik: AB 1: Gestaltung außermusikalischer Ereignisse

= Gedicht; I = Information; JB = Jugendbuch; L = Legende; M = Märchen; S = Sage; Sch = Schwank; ST = Sachtext; TT = Tandem-Training

Abenteuer Lesen – Seite 139-158	Themenaspekte	Texte und andere Materialien
	Faszination Bücher (140–143)	M. Ende: Die unendliche Geschichte (JB, 140–141) Buchhandlung und Bücherei (ST, 142); Bildmaterial (143)
	Ein Abenteuerbuch lesen und vorstellen (144–148)	Scott O'Dell: Insel der blauen Delphine (JB, 144–147)
		Aktion: Buch der Woche (148)
	Die Kunst des Erzählens untersuchen (149–153)	S. O'Dell: Insel der blauen Delphine (JB, 149–151) Textmaterial (152–153)
	Spannung erzeugen – anschaulich beschreiben (154–155)	Textmaterial (154–155)
	Ein Lesezeichen gestalten (156)	Aussprüche über das Lesen (156)
	Tandem Training (157–158)	

Integration – thematisch: *Die Faszination von Büchern*: Die unendliche Geschichte; Bücherei als Ort des Lesens; *Lesen eines Abenteuerbuches*: Die Insel der blauen Delphine: *Über das Lesen als Abenteuer*: Lesezeichen gestalten

Tiere – Seite 159-184	Themenaspekte	Texte und andere Materialien
	Wie sind Goldhamster wirklich? – Sich informieren (160-163)	Ch. Adrian: Goldhamster haben etwas an sich (ST, 160) K. Lorenz: Der Goldhamster (ST, 161); Bildmaterial (160-161) J. Pfaue: Das Hamsterhaus; Das Laufrad (ST, 162); N. Deppe: Die Geschichte des Goldhamsters (ST, 163); Lexikonauszug (163)
	Sich phantastische Tiere ausmalen (164–168)	S. Kellog: Malwine in der Badewanne (Erz, 164–166); H.P. Thiel/M. Würmli: Das Ungeheuer von Loch Ness (ST, 167); J. Krüss: Die armen kleinen Drachen (G, 168)
	Schreckliche Tiere – von Heiligen wundersam besiegt (169–173)	Der heilige Columban und das Seeungeheuer (L, 169); Die Legende vom heiligen Georg (L, 170–173)
	Tiernamen erklären – Wörter bilden	M. Ende/M. Schlüter: Der Lindwurm und der Schmetterling (G, 174–177); Textmaterial (178)
	Tiere im Gedicht (180)	Ch. Morgenstern: Bildungen der Natur vorgeschlagen (G, 179) J. Ringelnatz: Im Park; Die Ameisen (180)
	Tandem-Training (181–184)	

Integration – thematisch: *Wissenswertes über Haustiere:* Texte über und zum Goldhamster; *Phantastische Tiere:* Malwine in der Badewanne; Das Ungeheuer von Loch Ness; *Ungeheuer in Legenden:* Der heilige Columban und der heilige Georg; *Tiere im Gedicht:* M. Ende/M. Schlüter, Chr. Morgenstern, J. Ringelnatz;

Legende: AT = Arbeitstechnik; Dram = dramatischer Text (Spieltext); Erz = Erzählung; F = Fabel; Fth = fächerverbindendes Thema;

iteratur, andere Texte, Medien	Sprechen und Schreiben	Sprachbetrachtung und Grammatik
ugendbuch (140–141)		
formationen beschaffen: Bibliothek enutzen (142–143 → TT, 157) exte erschließen (146-148)		
exte erschließen (150)		Satzzeichen bei wörtlicher Rede (I, 151 → TT, 157)
exte erschließen (152–153)		
	Erzählen nach Mustern (155 → TT, 158)	Adjektive (I, 154 → TT, 157, 158)
bschreiben (AT, 156)		
ich in einer Bibliothek urechtfinden (1 Aufgabe)	Spannend erzählen (2 Aufgaben) Orientierungswortschatz / Fehlerschwerpunkte	Zeichen für wörtliche Rede setzen (1 Aufgabe); Adjektive finden und untersuchen (4 Aufgaben)

ntegration – Inhalte des Faches Deutsch: Jugendbuch – Sachtexte – Texte erschließen – Erzählen – Wörtliche Rede – djektive

iteratur, andere Texte, Medien	Sprechen und Schreiben	Sprachbetrachtung und Grammatik
exte erschließen (160)	Informationen beschaffen (I, 161 → TT, 181); Gespräche führen (162); Nachschlagen (163 → TT, 182)	
roduktiver Umgang mit exten (166, 167) exte erschließen (167)	Erzählen: Phantasieerzählung (167)	
egenden (I, 172) exte erschließen (173)		
	Nachschlagen im Wörterbuch (176 → TT, 182)	Wortbildung (I, 177 → TT, 182, 183); Wortzusammensetzung (178, 179)
	Informationen einholen (2 Aufg.); Informationen weitergeben (1 Aufg.); Nachschlagewerke benutzen (2 Aufg.); Diktat (1 Aufg.); Orientierungswortschatz / Fehlerschwerpunkte	Wortbildung (11 Aufg.)

ntegration – Inhalte des Faches Deutsch: Sachtexte – erzählende Texte – Legenden – Gedichte – Informationen eschaffen – Wortbildung

ntegration : Deutsch – andere Fächer: kR: LP 8: Mensch und Tier; Biologie: LP 1: Artgerechte Tierhaltung

= Gedicht; I = Information; JB = Jugendbuch; L = Legende; M = Märchen; S = Sage; Sch = Schwank; ST = Sachtext; TT = Tandem-Training

Wer ist der Größte?	Themenaspekte	Texte und andere Materialien
Seite 185-206	Große Erfinder – berühmt und verlacht (186-189)	Der Schneider von Ulm (ST, 186–187) Ein Flugzeugtechniker berichtet (ST, 188) Edison – größter Erfinder aller Zeiten (ST, 189)
	Von großen und kleinen Leuten (190–199)	O. Schott, Bei den „Kleinen"; Spielzeug (Erz, 190) Brüder Grimm: Daumesdick (M, 191–194), Die Bienenkönigin (M, 195–196) G. B. Fuchs: Ich bin der kleinste Mann (G, 196) Bildvorlage (197) J. Guggenmos: Der Riese Häuserlupf (M, 198–199)
	Gemeinsam groß sein (200–202)	Es war einmal das Wort „begegnet" (200–202)
	Groß oder klein? (203)	Erarbeitungstext und Bildmaterial (203)
	Tandem Training (204–206)	
	Integration – thematisch: *„Große" Leute:* Einstiegsseite; Der Schneider von Ulm; Edison. *Probleme großer und kleiner Leute:* Bei den Kleinen; Spielzeug; Daumesdick; Die Bienenkönigin; Ich bin der kleinste Mann; Der Riese Häuserlupf; Es war einmal das Wort „begegnet".;	

Knifflige Probleme lösen	Themenaspekte	Texte und andere Materialien
Seite 207-230	Knifflige Probleme lösen – aber wie? (208–209)	Jetzt weiß ich nicht mehr, wo ich bin! (Erz, 208); Bildmaterial (209)
	Eine List ersinnen (210–211)	Die Weiber zu Weinsberg (S, 210–211)
	Einen Plan entwickeln (212–213)	Das Trojanische Pferd (S, 212–213)
	Eine Idee verwirklichen (214–216)	H. Spronsel: Der Traum eines Knaben (Erz, 214–215) Der Trick mit dem Trojanischen Pferd (ST, 216)
	Hinsehen – eine Weile nachdenken (217–220)	A. LIndgren: Wie Michel wieder zu seinem Pferd kam (JB, 217–219); Der jüngste „Kavalier der Straße" (ST, 220)
	Knifflige Probleme lösen – wie von Geisterhand (221–223)	Der unheimliche Holzhacker (221–223)
	Knifflige Probleme lösen – Rätselwörter (224–225)	Es hängt an der Wand (Rätsel, 224); Wer? Was? Welcher? (Quiz, 225)
	Probleme der deutschen Rechtschreibung – Schritt für Schritt – fast – gelöst (226–227)	Algorithmus zur „Dehnung" und„ Schärfung" (226–227)
	Tandem Training (228–230)	
	Integration – thematisch: *Probleme erkennen – Lösungen finden:* Die Weiber zu Weinsberg; Das Trojanische Pferd; Der Traum eines Knaben; Michel von Lönneberga; Der unheimliche Holzhacker; Rätsel..	

Legende: AT = Arbeitstechnik; Dram = dramatischer Text (Spieltext); Erz = Erzählung; F = Fabel; Fth = fächerverbindendes Thema;

Literatur, andere Texte, Medien	Sprechen und Schreiben	Sprachbetrachtung und Grammatik
Texte erschließen (186-189) Produktiver Umgang mit Texten (189); Informationen beschaffen (189)		
Texte erschließen (190)	Erzählen (197)	
Märchen (I, 191, 193 → TT, 205) Texte erschließen (196) Gestaltendes Lesen (196) Produktiver Umgang mit Texten (197)		
		Satzglieder/Objekte (I, 200 → TT, 204) Aufzählen von Satzgliedern, Komma (I, 202 → TT, 204)
Großschreibung (I, 203 → TT, 205)		
Ein Märchen schreiben (1 Aufg.)	Erzählen (1 Aufg.) Großschreibung von Verben (2 Aufg.) Diktat (1 Aufg.) Orientierungswortschatz / Fehlerschwerpunkte	Satzglieder (2 Aufg.)

Integration des Faches Deutsch: Erzählende Texte – Sachtexte – Textsorte Märchen – Satzglieder – Großschreibung von Verben;
Integration: Deutsch – andere Fächer: LP 1: Schwimmen und Fliegen

Literatur, andere Texte, Medien	Sprechen und Schreiben	Sprachbetrachtung und Grammatik
Texte erschließen (208)		
Texte erschließen (210, 211)	Erzählen nach literarischen Mustern: Nacherzählen (I, 211)	
Sage (I, 213 → TT, 228); Produktiver Umgang mit Texten (212, 213)		
Sagen – nicht nur erdacht (I, 215) Texte erschließen (215, 216)		
Einen Text erschließen (218–219); Produktiver Umgang mit Texten (218, 219)	Erzählen: Erzählanfänge weiterschreiben (220)	
Geistersage (I, 221)		
		Personalpronomen (I, 224 → TT, 230); Fragepronomen (I, 225 → TT, 230)
	Verdopplung von Mitlautbuchstaben – Kennzeichnung eines langen Selbstlautes (AT, 226–227 → TT, 229)	
Merkmale der Sage erkennen (1 Aufg.)	Eine Sage umschreiben (2 Aufg.); Rechtschreibprobleme lösen (6 Aufg.); Ein Laufdiktat schreiben (1 Aufg.)	Personal- und Fragepronomen richtig anwenden (3 Aufg.)

Integration – Inhalte des Faches Deutsch: Erzählende Texte – Sage – Zeitungsbericht – Dehnung und Schärfung – Personal- und Fragepronomen

G = Gedicht; I = Information; JB = Jugendbuch; L = Legende; M = Märchen; S = Sage; Sch = Schwank; ST = Sachtext; TT = Tandem-Training

Seite 231-254	Themenaspekte	Texte und andere Materialien
Mut	Mutig reden – mutig handeln (232–234)	L. Tetzner: Von einem, der mutig werden wollte ... (Erz, 232–234)
	Mut beweisen (235–237)	Ein himmlischer Beruf (ST 235); Und wenn es einmal brennt ... (ST 236); Menschen retten (ST 237)
	Mutig sein – sich wehren (238–239)	M. Höhn: Arne (Erz, 238–239)
	Mit der Sprache herausrücken (240–242)	A. Bröger: Sag ich's? Oder sag ich's nicht? (Erz, 240–242)
	Angst überwinden (243–245)	U. Wölfel: Der Nachtvogel (Erz, 243– 244); E. Mörike: In der Frühe (G, 244); F. Hohler; Der Vogel Angst (G, 245) J. Haas; Du bist eine Insel (G, 245)
	Mut – die richtigen Worte finden (246–249)	Evelyne Stein: Andrea vom vierten Stock (Erz, 246–249)
	Den Mut nicht verlieren (250–252)	S. Mock: Wie ich ins Krankenhaus kam (250–252)
	Tandem Training (253–254)	
	Integration – thematisch: *Was ist Mut?* Von einem, der mutig werden wollte...; *Gefährliche Berufe:* Ein himmlische Beruf; Und wenn es einmal brennt; Der berühmteste Feuerwehrmann der Welt; Menschen retten. *Mut im Alltag:* Arne; Sag ich's? Oder sag ich's nicht; Der Nachtvogel; Die Türe; In der Frühe; Der Vogel Angst; Du bist eine Inse Andrea vom vierten Stock; Wie ich ins Krankenhaus kam.	

Seite 255-272	Themenaspekte	Texte und andere Materialien
Früher – ... und heute	Kaminfegen – eine schwere Arbeit (256–257)	L. Tetzner: Giorgio wird Kaminfegerjunge (Erz, 256–257)
	Kaminfegen – zur Arbeit auffordern (258–259)	L. Tetzner: Giorgio im Kamin des Bäckers (Erz, 258–259)
	Eulenspiegel, ein pfiffiger Bäcker	Eulenspiegel bäckt Eulen und Meerkatzen (Sch, 260–261)
	Wer erfand die Brezel – Eine Sage berichtet (262)	Wie die Brezel entstand (S, 262)
	Zeichen und Sprüche der Handwerker früher (263)	Bilder und Sprüche (263)
	Bücher herstellen früher (264)	F. Feld: Schriften noch aus dem Jahre 1285 und früher ... (Erz, 264); Gutenbergs Erfindung (Erz, 265)
	Schrift – früher und heute (266–267)	Der Buchdrucker (G, 266–267)
	Gold machen – Gold zaubern (268–271)	F. Stöckle: Ein Goldrezept (268); Doktor Faustus (G, 269); Brüder Grimm: Rumpelstilzchen (M, 270–271)
	Tandem Training (272)	
	Integration – thematisch: *Berufe, früher – ... heute:* Einstiegsseite, Giorgio wird Kaminfegerjunge; Giorgio im Kamin d Bäckers; Eulenspiegel – ein pfiffiger Bäcker, Wie die Brezel entstand; Zeichen und Sprüche der Handwerker früher; *Schreiben und Drucken, früher und heute:* Schrift aus dem Jahre 1285 und früher ...; Gutenbergs Erfindung; Der Bu drucker. *Schwarze Künste:* Ein Goldrezept, Doktor Faustus; Rumpelstilzchen; Der Mann, der Gold wachsen ließ.	

Legende: AT = Arbeitstechnik; Dram = dramatischer Text (Spieltext); Erz = Erzählung; F = Fabel; Fth = fächerverbindendes Thema;

Literatur, andere Texte, Medien	Sprechen und Schreiben	Sprachbetrachtung und Grammatik
Texte erschließen (234)		
Texte erschließen (235)		
Texte erschließen (238); Produktiver Umgang mit Texten (239)		
Produktiver Umgang mit Texten (242)		
	Höflich miteinander umgehen (249 → TT, 253)	Formulieren: Proben (AT, 249 → TT, 253, 254)
	Erzählen (1 Aufg.); Mutig sein – die richtigen Worte finden (1 Aufg.) Orientierungswortschatz Fehlerschwerpunkte	Proben und probieren (3 Aufg.)

Integration – Inhalte des Faches Deutsch: Erzählende Texte, Sachtexte, Gedichte, Grammatikalische Proben als Formulierungshilfe

Literatur, andere Texte, Medien	Sprechen und Schreiben	Sprachbetrachtung und Grammatik
Texte erschließen (258)		Der einfache Satz (Satzarten) (I, 259 → TT, 272)
Texte erschließen (260–261); Produktiver Umgang mit Texten (261)		
Informationen beschaffen (263–267)		
	s-Laute (I, 267 → TT, 272)	
Gestaltendes Lesen (269)		
	Schärfung (s-Laute) (3 Aufg.); Diktat schreiben; Orientierungswortschatz / Fehlerschwerpunkte	Satzarten (1 Aufg.)

Integration – Inhalte des Faches Deutsch: Erzählende Texte – Schwank – Sage – Sachtexte – Der einfache Satz (Satzarten) – Schärfung (s-Laute)

G = Gedicht; I = Information; JB = Jugendbuch; L = Legende; M = Märchen; S = Sage; Sch = Schwank; ST = Sachtext; TT = Tandem-Training

Texte – Textarten – Autoren

Gedichte

Busch, Wilhelm: Bewaffneter Friede 64
Eichendorff, Joseph v.: Wünschelrute 95
Ende, Michael/Schlüter, Manfred: Der Lindwurm und der Schmetterling 174
Fuchs, Günter Bruno: Ich bin der kleinste Mann 196
Gomringer, Eugen: schweigen 23
Haas, Judith: Du bist eine Insel 245
Hohler, Franz: Der Vogel Angst 245
Jandl, Ernst: peter frißt seinen weg ins schlaraffenland . . . 103
Kästner, Erich: Keiner blickt dir hinter das Gesicht 55
Kreft, Marianne: Sabine 22
Krüss, James: Die armen Drachen 168
Krüss, James: Anders sein 29
Manz, Hans: Scheinbare Zeitwörter 39
Morgenstern, Christian: Neue Bildungen, der Natur vorgeschlagen 179
Mörike, Eduard: In der Frühe 244
Raith, Josef: Der Igel und das Stachelschwein 65
Reding, Josef: Uno, due, tre 40
Ringelnatz, Joachim: Im Park 180
Ringelnatz, Joachim: Die Ameisen 180
Schiller, Friedrich: Rätselgedicht 136
unbekannter Verfasser: Doktor Faustus 269
Wendt, Irmela: Wie Schule sein soll 11

Erzählungen

Brender, Irmela: Eine. 16
Bröger, Achim: Sag ich's? Oder sag ich's nicht? 240
Brophy, Brigid: Wünsche 96
Ebeling, Hans: Gutenbergs Erfindung 265
Feld, Friedrich: Schrift noch aus dem Jahre 1285 oder früher 264
Härtling, Peter: Fräulein Einauge 45
Hetmann, Frederik: Geräusch der Grille – Geräusch des Geldes 126
Höhn, Michael: Arne 238
Janosch: Die Tarnkappe 59
Kellog, Stephen: Malwine in der Badewanne 164
Kuipers, Ben: Der Weg zum Schatz 116
Lewis, Peter: Die Premiere 92
Müller, Werner: Morgen spielen wir 72
Ruck-Pauquet, Gina: Der Krebs 18
Schott, Ortrun: Bei den „Kleinen" und „Spielzeug" 190
Stein, Evelyne: Andrea vom vierten Stock . . . 246
Tehanetorens: Der weiße Mann wurde traurig 110
Tetzner, Lisa: Von einem, der mutig werden wollte 232
Wölfel, Ursula: Der Nachtvogel 243

Dramatische Texte

Schorno, Paul: Den Clown spielen 75

Märchen

Bechstein, Ludwig: Das Märchen vom Schlaraffenland 102
Grimm, Jakob u. Wilhelm:
Daumesdick 191
Die Bienenkönigin 195
Rumpelstilzchen 270
Guggenmos, Josef: Der Riese Häuserlupf 198

Legenden

Der heilige Columban 169
Die Legende vom heiligen Georg 170

Fabeln

Äsop: Der Bock im Brunnen 63
Äsop: Die tote Katze 63
Busch, Wilhelm: Bewaffneter Friede 64
Raith, Josef: Der Igel und das Stachelschwein 65

Sagen

Brednich, R.W.: Die geteilte Suppe . . . 86
Das Trojanische Pferd . . . 212
Der unheimliche Holzhacker . . . 221
Die Weiber zu Weinsberg . . . 210
Wie die Brezel entstand . . . 262

Schwank

Heyst, Ilse v.: Wie Eulenspiegel zu Wismar einen Pferdehändler narrte . . . 90
Eulenspiegel backt Eulen und Meerkatzen . . 260
Kästner, Erich: Wie Eulenspiegel die Kranken heilt . . . 79
Kukula, Walter: Allen Leuten recht getan . . . 84
Preußler, Otfried: Der Wahltag . . . 81

Auszüge aus Jugendbüchern

Ende, Michael: Die unendliche Geschichte . . 140
Härtling, Peter: Warum Bernhard mit dem Hintern heult, aus: Ben liebt Anna . . . 12
Krüss, James: Timm Thaler oder das verkaufte Lachen . . . 98
Lindgren, Astrid: Wie Michel wieder zu seinem Pferd kam, aus: Michel von Lönneberga . . . 217
O'Dell, Scott: Insel der blauen Delphine . . . 144,149
Tetzner, Lisa: Giorgio, aus: Die schwarzen Brüder . . . 256
Twain, Mark: Die Schatzgräber, aus: Die Abenteuer des Tom Sawyer . . . 130
Twain, Mark: Der Prinz und der Bettelknabe . . . 56

Sachtexte

Adrian, Christine: Goldhamster haben etwas an sich . . . 160
Auf der Maur, Franz: Hurra, da ist ja wirklich Gold! . . . 134
Bienewald, Erwin: Zukunft der Xavante . . . 108
Cook, James: Tagebuch . . . 123
Das Leben in Indien . . . 32
Davidson, M./Dahan, A.: Das Alphabet aus Punkten . . . 41
Deppe, Norbert: Die Geschichte des Goldhamsters . . . 163
Der Buchdrucker . . . 266
Der Schneider von Ulm . . . 186
Edison – größter Erfinder aller Zeiten . . . 189
Grundsatz 7 der Kinderrechte . . . 7
Hamdah, ein Nomadenmädchen . . . 6
Karpf, Urs: Menschen retten . . . 237
Keiner sagt „Spasti" . . . 9
Kronmüller, Rolf: Ein Flugzeugtechniker berichtet . . . 188
Lorenz, Konrad: Der Goldhamster . . . 161
McKenna, Nancy D.: Kwa Zulu, ein Mädchen aus Südafrika erzählt . . . 8
Pfaue, Justus: Das Hamsterhaus . . . 162
Pitkänen, Matti/Pitkänen, Ilka: Ari – der Lappenjunge . . . 37
Schulordnung . . . 7
Spronsel, Heinz: Der Traum eines Knaben . . . 214
Stöckle, Frieder: Ein Goldrezept . . . 268
Thiel, H.P./Würmli, M.: Das Ungeheuer von Loch Ness . . . 167

Autoren und berühmte Gestalten

Bechstein, Ludwig . . . 102
Brender, Irmela . . . 16
Busch, Wilhelm . . . 64
Eichendorf, Josef v. . . . 95
Ende, Michael . . . 140
Eulenspiegel . . . 80
Gomringer, Eugen . . . 23
Grimm, Jakob und Wilhelm . . . 192
Guggenmos, Josef . . . 198
Härtling, Peter . . . 12
Homer . . . 212
Jandl, Ernst . . . 103
Janosch . . . 59
Kästner, Erich . . . 55
Krüss, James . . . 98
Lindgren, Astrid . . . 217
Mörike, Eduard . . . 244
Morgenstern, Christian . . . 179
Nasreddin . . . 84
O'Dell, Scott . . . 144
Ringelnatz, Joachim . . . 180
Schildbürger . . . 81
Schiller, Friedrich . . . 136
Schliemann, Heinrich . . . 214
Tetzner, Lisa . . . 232
Twain, Marc . . . 56
Wölfel, Ursula . . . 243

Textquellen

S. 6: Clark Stede: Hamdah, aus: Treff Schülermagazin Nr. 4, April 1990, Velber Verlag, Seelze; **S. 8:** Nancy Durell McKenna: Kwa Zulu, ein Mädchen aus Südafrika erzählt, Peter Hammer Verlag 1988 (aus dem Englischen übersetzt von Susanne Köhler); **S. 9:** Keiner sagt „Spasti", aus: Zusammen Nr. 3/83, Friedrich Velber Verlag, Seelze 1983, S. 12ff.; **S. 11:** Irmela Wendt: Wie Schule sein soll, aus: Wolfgang Wagerer (Hrg.): Gemeinsam sind wir unausstehlich. Geschichten rund um die Schule. Herder, 3. Aufl., Wien 1991; **S. 12:** Peter Härtling: Warum Bernhard mit dem Hintern heult, aus: ders.: Ben liebt Anna, Beltz & Gelberg, Weinheim/Basel 1986; **S. 16:** Irmela Brender: Eine, aus: H.-J. Gelberg (Hrg.): Menschengeschichten, Beltz & Gelberg, Weinheim/Basel 1975; **S. 18:** Gina Ruck-Pauquèt: Der Krebs, aus: Deutsche Kurzgeschichten Bd. II, 5, 5./6. Schuljahr, Reclam Verlag Nr. 15007, Stuttgart 1988; **S. 22:** Marianne Kreft: Sabine, aus: H.-J. Gelberg (Hrg.): Überall und neben dir, Beltz & Gelberg, Weinheim/Basel 1989; **S. 23:** Eugen Gomringer: Schweigen, aus: ders.: Konkrete Poesie, Stuttgart, Reclam 2. Aufl. 1991, S. 58 1. Veröffentl. in „33 Konstellationen", tschudy-Verlag, St. Gallen, 1960; **S. 29:** James Krüss: Anders sein, aus: ders.: Alle Kinder dieser Erde, Lentz Verlag München, 1979, S. 75; **S. 37:** Matti und Ilka Pitkänen: Ari, der Lappenjunge, aus: dies.: Ari aus Lappland, Oetinger Verlag, Hamburg 1983, S. 34/35; **S. 39:** Hans Manz: „Scheinbare Zeitwörter" und „Ableitungen", aus: ders.: Die Welt der Wörter, Sprachbuch für Kinder und Neugierige, Beltz & Gelberg, Weinheim 1991; **S. 40:** Josef Reding: Uno, due, tre, aus: J. Fuhrmann (Hrg.): Gedichte für Anfänger, Rowohlt, Reinbek 1980; **S. 41:** Davidson Margret/Dahan, André: Der Junge, der den Blinden das Lesen ermöglichte, aus: Louis Braille – Der Junge, der die Blindenschrift erfand, Verlag an der Este, Buxtehude 1994; **S. 45:** Peter Härtling: Fräulein Einauge, aus: ders.: Geschichten für Kinder, Beltz & Gelberg 1988; **S. 52:** Superman: Ehapa-Verlag, Stuttgart 1978; **S. 55:** Erich Kästner: Keiner blickt dir hinter das Gesicht, aus: ders.: Dr. Erich Kästners lyrische Hausapotheke, © Atrium Verlag AG, Zürich 1936; **S. 56:** Mark Twain: Der Prinz und der Bettelknabe (Auszug), dtv junior, München 1972, © Hoch Verlag, Düsseldorf; **S. 59:** Janosch: Die Tarnkappe, aus: ders.: Der Mäusesheriff und andere Geschichten, Georg Bitter Verlag; **S. 63:** Aesop: Der Bock im Brunnen, Die tote Katze, aus: Paul Alverdes (Hrg.): Rabe, Fuchs und Löwe, Ehrenwirth 1962; **S. 64:** Wilhelm Busch: Bewaffneter Friede, aus: Hist.-krit. Gesamtausgabe, hrg. von Friedrich Bohne, Vollmer Verlag, Wiesbaden, Berlin o.J.; **S. 65:** Josef Raith: Der Igel und das Stachelschwein, aus: ders.: Der Simpel Pimpel, Allraith Verlag Nassenhausen 1983; **S. 72:** Werner Müller: Morgen spielen wir, aus: Auf die Bühne , fertig, los! Ein Theater-Spielbuch für Kinder und Jugendliche, Eltern und Lehrer, Pfeiffer Verlag, München 1988; **S. 75:** Paul Schorno: Den Clown spielen müssen? Aus: Ruth Schneider und Paul Schorno (Hrg.): Ich soll den Clown spielen?, Lenos Verlag, Basel 1985, S. 172ff.; **S. 79:** Wie Eulenspiegel die Kranken heilte, aus: Erich Kästner erzählt Till Eulenspiegel, Beltz & Gelberg, Weinheim/Basel 1975, S. 9ff., © Atrium Verlag, Zürich; **S. 81:** Der Wahltag, aus: Otfried Preußler: Bei uns in Schilda, dtv junior, München, 10. Aufl. 1990; © Thienemanns, Stuttgart; **S. 84:** Allen Leuten recht getan, aus: Walter Kukula: Nasreddin, der Schelm, Jugend und Volk, München 1968, S. 28ff.; **S. 86:** R.W. Brednich: Die geteilte Suppe, aus: ders.: Die Spinne in der Yucca-Palme, Becksche Verlagsbuchhandlung, Becksche Reihe Bd. 403; **S. 90:** Wie Eulenspiegel zu Wismar einen Pferdehändler narrte, aus: Ilse van Heyst: Eulenspiegel und anderes Narren-Werk, Trauner, Stuttgart 1973, S. 66ff.; **S. 92:** Die Premiere, aus: Peter Lewis: Wie eine Theatergruppe arbeitet, Tesslof Verlag, Hamburg 1980, S. 32f.; **S. 95:** Joseph von Eichendorff: Wünschelrute: in: Schwarz auf Weiß (Gedichte), S. 58, 2. Aufl. 1962 Schroedel, Hannover; **S. 96:** Brigid Brophy: Wünsche, aus: Dichter erzählen Kindern, Middelhauve, Köln 1973; **S. 98:** James Krüss: Tim Thaler oder Das verkaufte Lachen, Ravensburger Buchverlag, Ravensburg 1987; **S. 102:** Das Märchen vom Schlaraffenland, aus: Märchen und Sagen, Eine Readers Digest Sammlung, S. 223; **S. 103:** Ernst Jandl: peter frißt seinen weg ins schlaraffenland, aus: ders.; Serienfuss, Luchterhand Verlag, Darmstadt, Neuwied 1974; **S. 104:** Anne Niemann, Wie ich in der Zukunft lebe, aus: Menschenskinder – Jugend und Öffentlichkeit e.V., Bonn (Hrg.): Viel Lärm um mich, Verlag Zytglogge, Iserlohn, 1987, S. 74ff. **S. 105:** Schüleräußerungen, vermittelt durch Dr. Sigbert E. Kluwe, München, aus: H.-J. Gelberg (Hrg.): Der Bunte Hund, Beltz & Gelberg 1985, S. 26f.; **S. 108:** Erwin Bienewald: Zukunft der Xavante, aus: Greenpeace IV/92, 1992, S. 52; **S. 110:** Tehanetorens: Der weiße Mann wurde traurig, aus: Das Leben suchen. Ein Arbeitsbuch für den evangelischen Religionsunterricht im 5. und 6. Schuljahr, Diesterweg, Frankfurt 1985, S. 120/21; **S. 115:** Rolf Krenzer: Streng geheime Bekanntmachung, aus: Augen aufmachen!, 7. Jahrbuch für Kinderliteratur, Beltz & Gelberg, Weinheim 1987; **S. 116:** Ben Kuipers: Der Weg zum Schatz, aus: ders.: Ein selbstgemachter Sommer. Simon und die allerliebste Großmutter der Welt, Loewe Verlag, Bindlach 1988; **S. 126:** Frederik Hetmann: Geräusch der Grille – Geräusch des Geldes, aus: Wild West Show, Geschichten über Geschichten, Beltz & Gelberg, Weinheim/Basel 1973; **S. 130:** Mark Twain: Die Schatzgräber, aus: Tom Sawyer und Huckleberry Finn, Dressler Verlag Hamburg 1989, © Atrium Verlag Zürich; **S. 134:** Franz Auf der Maur: Hurra, da ist ja wirklich Gold!, aus: Treff Schülermagazin Nr. 8/1989, Velber Verlag, Seelze; **S. 136:** Friedrich Schiller: „Aus Perlen baut sich eine Brücke" (Rätselgedicht); aus: Friedrich Schiller, Sämtliche Werke, hsg. von Gerhard Fricke und Herbert G. Töpfer in Verbindung mit Herbert Stubenrauch, Bd. 1, Hauser,

München, 2. Auflg. 1962; **S. 137:** Friedrich Schiller: „Es führt dich meilenweit von dannen" und „Zwei Eimer sieht man ab und auf… " (Rätselgedichte) a.a.O.; **S. 140:** Michael Ende: Die unendliche Geschichte (Auszug), Thienemanns Verlag, Stuttgart 1979; **S. 144:** Scott O'Dell: Die Insel der blauen Delphine (Auszüge), dtv junior, 19. Auflage, München 1992, © Walter Verlag, Olten: **S. 152:** dto.; **S. 160:** Goldhamster haben etwas an sich, aus: Christine Adrian: Das richtige Tier für unser Kind, Mosaik Verlag, München 1978; **S. 161:** Konrad Lorenz: Der Goldhamster, aus: Wolf/Müller: Diktattexte, Hirschgraben, Frankfurt, 5. Aufl. 1975, S. 34; **S. 162:** Das Hamsterhaus/Das Laufrad, aus: Justus Pfaue: Die lieben Haustiere, Falken Verlag, Niederhausen 1976; **S. 163:** Norbert Deppe: Die Geschichte des Goldhamsters, aus: ders.: Mit Tieren leben, Reutlingen 1987, S. 67f.: **S. 163:** Auszug aus: Duden-Schülerlexikon, Bibliographisches Institut Mannheim, 2. Aufl. 1974, S. 248; **S. 164:** Steven Kellog: Malwine in der Badewanne (Auszug), Oetinger, Hamburg 1979; **S. 167:** Hans Peter Thiel/Markus Würmli: Das Ungeheuer von Loch Ness, aus: dies.: Ferienbuch England, Schottland, Wales, dtv junior 1985; **S. 168:** James Krüss: Die armen kleinen Drachen, aus: James' Tierleben, Betz Verlag, München 1965, S. 86ff.; **S. 170:** Die Legende vom heiligen Georg, nacherzählt von Frank Jehle, aus: ders.: Das kleine Legendenbuch, Benziger-Verlag, Zürich 1983; **S. 174:** Michael Ende/Manfred Schlüter: Der Lindwurm und der Schmetterling oder Der seltsame Tausch, Thienemanns, Stuttgart 1981; **S. 180:** Joachim Ringelnatz: „Im Park" und „Die Ameisen" aus: ders.: Das Gesamtwerk, © Diogenes Verlag, Zürich 1994; **S. 186:** Der Schneider von Ulm, nacherzählt von Leo Weismantel, aus: Die Fähre, Bd. 1, Hessische Lesebuchstiftung, Schlangenbad 1964; **S. 188:** Rolf Kronmüller: ein Flugzeugtechniker berichtet, aus: ders.: In Ulm, um Ulm und um Ulm herum (Sagen aus Südwestdeutschland), Klett Lesehefte, Stuttgart 1984; **S. 189:** Größter Erfinder aller Zeiten. Edisons Schulzeit…, aus: Reutlinger Generalanzeiger vom 1.2.1992, Reutlingen; **S. 190:** Ortrun Schott: „Bei den Kleinen" und „Spielzeug", aus: Erhard und Ortrun Schott: Verspottet, dtv, München 1983, S. 24 u. 25; **S. 191:** Brüder Grimm: Daumesdick, aus: Die Märchen der Brüder Grimm, Goldmann Verlag, München 1964; **S. 195:** Brüder Grimm: Die Bienenkönigin, ebda.; **S. 198:** Josef Guggenmos: Der Riese Häuserlupf, aus: ders.: Ein Elefant marschiert durchs Land, Georg Bitter Verlag, Recklinghausen 1968; **S. 210:** Brüder Grimm: Die Weiber zu Weinsberg (Auszug), aus: Deutsche Sagen, 2. Teil, 1818; **S. 212:** Das Trojanische Pferd, aus: Homer: Ilias und Odyssee, nacherzählt von Walter Jens, Otto Maier Verlag, Ravensburg, 2. Aufl. 1959; **S. 214:** Heinz Spronsel: Der Traum eines Knaben, aus: ders.: Die Spur von 1000 Jahren, Hoch Verlag, Düsseldorf 1957, S. 100ff.; **S. 217:** Astrid Lindgren: Wie Michel wieder zu seinem Pferd kam, aus: dies.: Michel muß mehr Männchen machen, Oetinger, Hamburg 1966; **S. 220:** ungenannter Verfasser: Der jüngste Kavalier der Straße, aus: Westfälische Rundschau, ohne Datum; **S. 221:** Der unheimlich Holzhacker, aus: Hermann Gebhart: Alte und neue Geschichten vom Berggeist Rübezahl, Adam Kraft Verlag, Augsburg, S. 43–45; **S. 230:** Die Schlange und das Kind, aus: Der Schatz im Berg, Sagen aus den Kreisen Reutlingen und Tübingen, Oertel und Spörer, Reutlingen 1985, S. 120; **S. 232:** Lisa Tetzner: Von einem, der mutig werden wollte und von einem, der alles besser wußte, aus: Texte für den Deutschunterricht, Diesterweg 1134, S. 80ff.; **S. 237:** Urs Karpf: SOS Menschen retten, aus: Treff Schülermagazin Nr. 3/1990, Velber Verlag, Seelze; **S. 238:** Michael Höhn: Arne, aus: Mutig sein. KinderBilderLesebuch, Elefantenpress 1981; **S. 240:** Achim Bröger: Sag ich's? Oder sag ich's nicht? aus: ders.: Geschwister … nein danke!?, Arena, Würzburg 1987; **S. 243:** Ursula Wölfel: Der Nachtvogel, aus: dies.: Die grauen und die grünen Felder, Otto Maier Verlag, Ravensburg 1982, S. 22–24; **S. 244:** Eduard Mörike: In der Frühe; aus: ders.: Sämtliche Werke, hrg. von Gerhard Baumann in Verbindung mit Sigfried Grosse, Bd. 1, Cotta, Stuttgart 1961; **S. 245:** Franz Hohler: Der Vogel Angst (Originaltitel des Gedichts: „Nach dreißig"), aus: Vierzig vorbei. Gedichte. Luchterhand, Neuwied 1988; **S. 245:** Judith Haas: Du bist eine Insel, aus: Ernst A. Ekker/G. Hofer (Hrg.): Die grüne Insel, Breitschopf, Wien o.J.; **S. 246:** Evelyne Stein: Andrea vom vierten Stock, aus: Geschichten zum Mut-Haben und Mut-Machen, Jugend und Volk, München 1985; **S. 256** und **258:** Lisa Tetzner: Giorgio, aus: dies.: Die Schwarzen Brüder, Büchergilde Gutenberg, Stuttgart 1983, S. 171ff.; **S. 260:** Eulenspiegel bäckt Eulen und Meerkatzen, aus: Eulenspiegel, Tosa Verlag, Wien o.J.; **S. 262:** Wie die Brezel entstand, aus: Kennzeichen Reutlingen, Verlag Waldemar Lutz, Lörrach, und Ernst Klett Verlag, Stuttgart, 1989, S. 176; **S. 264:** Schrift noch aus dem Jahre 1285 und früher …, Auszug aus: Friedrich Feld: Johannes Gutenberg, Bojeverlag, Stuttgart 1979; **S. 265:** Gutenbergs Erfindung: nach: Hans Ebeling/Birkenfeld: Die Reise in die Vergangenheit, Westermann, Braunschweig, o.J.; **S. 267:** aus: Friedrich Feld: Johannes Gutenberg, s.o., s. 19; **S. 268:** Ein Goldrezept, aus: Frieder Stöckle: Gold aus der Retorte, Arena Verlag, Würzburg 1981, S. 32; **S. 269:** Doktor Faustus, aus: Alexander von Bernus: Goldgeheimnis, Ogham Verlag, Stuttgart 1984, S. 27f.; **S. 270:** Brüder Grimm: Rumpelstilzchen, aus: Die Märchen der Brüder Grimm, Goldmann Verlag, München 1964

Sollte trotz aller Bemühungen um korrekte Urheberangaben ein Irrtum unterlaufen sein, bitten wir darum, sich mit dem Verlag in Verbindung zu setzen, damit wir eventuelle Korrekturen bzw. übliche Vergütungen vornehmen können.

Bildquellen

S. 5: IFA-Bilderteam; Keystone; G. Schlottmann; **S. 6:** Clark Stede; **S. 7:** Victor Englebert, Rolf Kunitsch, James R. Holland; **S. 8:** Nancy Durell McKenna/ Hammer Verlag; **S. 9:** Ernst Scagnet; **S. 10:** Hanns-Jörg Anders; **S. 12, 55, 56, 59, 98, 102, 103, 136, 140, 179, 180, 189, 192, 212, 217, 232, 244:** Ullstein Bilderdienst; **S. 14:** Sempé/Diogenes Verlag; **S. 15:** Charles M. Schulz/P.I.B. Copenhagen; **S. 16:** Irmela Brender; **S. 23:** © Renate von Mangoldt, Berlin; **S. 24:** Bavaria Bildagentur; **S. 26:** Der Schmöker, e.o. plauen/Südverlag; **S. 29:** IFA-Bilderteam/Garet; **S. 30/31:** IKEA Weltatlas für Kinder/© litera-team, Sendlinger Straße 13, München; **S. 33:** Gruner + Jahr; **S. 34/35:** Sorin Michels; **S. 44:** amw pressedienst; **S. 47:** aus: Peter Härtling: Geschichten für Kinder, © 1988 Beltz Verlag, Weinheim und Basel, Programm Beltz & Gelberg, Weinheim; Zeichnung von Peter Knorr; **S. 51:** Bildarchiv Paysan; **S. 52:** Supermann; 5. Superband, Ehapa Verlag, Stuttgart 1989; **S. 53:** Dietrich Dettmann; Rainer Fröbel; **S. 58:** Tausend Tricks der Tarnung, J.F. Schreiber Verlag, Stuttgart/Fay; **S. 60/61:** Janosch; **S. 62:** Historia Foto; **S. 64:** Wilhelm Busch: historisch-kritische Gesamtausgabe; hrg. von Friedrich Bohne, Vollmer Verlag, Wiesbaden, Berlin, o.J.; **S. 65:** Ben Behnke/Stern; **S. 71:** Schulzeitung des Schulzentrums Pliezhausen; **S. 73:** bpk/Felizitas Timpe; **S. 92:** Matthias Stutte, Dortmund; **S. 105:** Christoph Eschweiler, aus: Der Bunte Hun d, Nr. 10/85, hrg. v. H.-J. Gelberg, Geltz Verlag, Weinheim und Basel 1985, Programm Beltz und Gelberg, Weinheim; **S. 108/109:** Klick/Hake, Friesenstraße, Bremen; **S. 122:** Gakken & Co. Ltd., Tokyo; **S. 123:** National Maritime Museum, London-Anthony; **S. 134/135:** Franz Auf der Maur; **S. 137:** IFA-Bilderteam; **S. 139:** © Stiftung Lesen, Mainz; **S. 143:** Umschlagabbildung zu dem dtv junior-Band Scott O'Dell „Insel der blauen Delphine" von Heinke Both, © 1977 Deutscher Taschenbuch Verlag; **S. 146/147:** Umschlagabbildungen zu den dtv junior-Bänden Scott O'Dell „Die schwarze Perle" von Ulla Margarete Braun, © 1971 Deutscher Taschenbuch Verlag, München, „Das verlassene Boot am Strand" von Alfred Seidel, © 1981 Deutscher Taschenbuch Verlag, München, „Das Feuer von Assisi" von Anja Verbeek, © 1989 Deutscher Taschenbuch Verlag, München; **S. 144:** Verlag Walter Olten, Solothurn; **S. 151:** Klaus Kordon/Jupp Mönster, Robinson, Mittwoch und Julchen, © by Ravensburger Buchverlag Otto Maier GmbH, 1991; **S. 160:** (li): Helmut Alle; **S. 160:** (re): Karin Skopstad, München; **S. 161:** Helmut Alle; **S. 164/165:** Verlag Friedrich Oetinger, Hamburg; **S. 182:** Biologie heute 1 G. Ausg. NRW, Schroedel Schulbuch Verlag GmbH 1994; **S. 95, 186-188, 203 (li.), 264, 265, 266, 268, 270/271:** Archiv für Kunst und Geschichte, Berlin; **S. 190:** Nico Orengo: Figura Gigante, Beck & Glückler, Freiburg 1988; **S. 198, 235:** dpa; **S. 199:** aus: Josef Guggenmos: Ein Elefant marschiert durchs Land, Georg Bitter Verlag 1972; **S. 203:** bpk (re.); **S. 204:** li. o.u.u.: Didier Carpentier, Joel Bachelet: Flugmodellbau; Christophorus Verlag, Freiburg 1982, S. 2 u. 64 – Mitte: Lufthansa, Public Relations Organization, Köln – re. o.: ZEFA, re. u.: Hanfried Schliephake, Königsbrunn; **S. 209:** Rainer Fröbel; **S. 210:** Fremdenverkehrsverein Weinsberg; **S. 213:** Bildarchiv Preußischer Kulturbesitz; **S. 217:** Ullstein – Kövesdi Presseagentur; **S. 219:** Tele Bunk, Berlin; **S. 236:** Internationales Bildarchiv Horst von Irmer; Agence France; **S. 237:** YPS Palmaille; **S. 243:** Thienemann Verlag; **S. 250-253:** Juliane Güldner, Bühl; **S. 253:** li: Marion Schweitzer, München – re: Tony Stone/Jean-François Causse, u. : Hanfried Schliephake; **S. 255:** Interfoto, Internationales Bildarchiv Horst von Irmer.

Sollte trotz aller Bemühungen um korrekte Urheberangaben ein Irrtum unterlaufen sein, bitten wir darum, sich mit dem Verlag in Verbindung zu setzen, damit wir eventuelle Korrekturen bzw. übliche Vergütungen vornehmen können.

Informationen

Hier findest du die Seiten angegeben, die einen Informationskasten zu dem entsprechenden Themen haben. Dort und im systematischen Anhang findest du wichtiges Wissen kurz zusammengefaßt.

Information zu	Infokasten	Zum Nachschlagen
Sprechen und Schreiben		
Beschreiben	124	
Brief	35	
Erzählen	15	
Nacherzählen	211	
Textsorten		
Fabel	64	
Jugendbuch	139ff.	
Legende	172	
Märchen	191	
Regiebuch	90	
Sage	213	
	215	
	221	
Schwank	79	
Textsorten-unterscheidung	78	
Sprache untersuchen		
Adjektiv	154	276
Angaben		274
Artikel	128	275
	203	
Auffordern	259	274
Einzahl/Mehrzahl	129	275
Infinitiv	88	
Kasus (Fall)	129	275
Substantiv	123ff.	275
Objekt	200	274
Prädikat	88	274
	107	
Prädikatsverband	106	273
Pronomen	224f.	276
Satz		273
Satzarten	68	274
	259	
Satzglieder	88/200	273f.
Subjekt	88f.	273f.
Substantiv	123ff.	
Tempus	39	
Verb	39	275
Vergangenheit	39	275
Wortbildung	177f.	
Wortfamilien		276
Wortfelder	204	276/281

Information zu	Infokasten	Zum Nachschlagen
Rechtschreiben		
Großschreibung	178	278
	203	
h-Schreibung (= Dehnung)	227	279f.
Komma bei Aufzählungen	202	278
Konsonantenbuchstabenverdoppelung (Schärfung)	226	279f.
Satzschlußzeichen	67	278
	259	
ss – ß	267	280
Zeichensetzung bei wörtlicher Rede	151	279
Arbeitstechniken		
Abschreiben	156	
Algorithmus	226f.	
Bibliothek nutzen	143	
Buchkarte	148	
Ersatzprobe	249	277
Erweiterungsprobe	128, 249	
Frageprobe	88f.	277
Formulieren		249
Gedichtvortrag	136	
Gespräche führen, Verständnis sichern	21	
Infinitivprobe	89	277
Informationen beschaffen	161	
Klangprobe	249	
Körpersprache	18	
Lesetips		283f.
Nachschlagewerke nutzen	163/176	281
Rechtschreibkartei		281
Schreibtips	14	283
	37	
	125	
	249	
Umstellprobe	249	276
Wie etwas gesagt wird	19	

Thema	Literatur, andere Texte und Medien	Sprechen und Schreiben
Schule? – Schule! S. 5 – 28	Jugendbuchauszug, Produktiver Umgang mit Texten; Texte erschließen	Erzählen, Bildergeschichte, Umgang mit anderen
Anders sein S. 29–50	Produktiver Umgang mit Texten; Texte erschließen	Erzählen im Rahmen eines Briefes; Umgang mit anderen; Großschreibung des Anredepronomens
Masken S. 51–70	Fabeln; Jugendbuchauszug Produktiver Umgang mit Texten; Texte erschließen	Beschreiben: Bastelanleitung; Erzählen nach lit. Mustern
Theater spielen S. 71–94	Schwank: Geschichten ordnen und sortieren: Textsorten; Produktiver Umgang mit Texten; Texte erschließen	Ein Regiebuch erstellen
Wünsche S. 95–114	Jugendbuchauszug Produktiver Umgang mit Texten; Texte erschließen	Informationen beschaffen
Entdeckungen S. 115–138	Jugendbuchauszug Produktiver Umgang mit Texten; Texte erschließen; Gestaltendes Lesen	Beschreiben Gedichte vortragen; Lösungshilfen zur Großschreibung

Thema	Literatur, andere Texte und Medien	Sprechen und Schreiben
Abenteuer Lesen S. 139–158	Jugendbuchauszug Produktiver Umgang mit Texten; Texte erschließen	Spannendes Erzählen von Erlebnissen; Informationen beschaffen; mit Informationen umgehen
Tiere S. 159-184	Legende Produktiver Umgang mit Texten; Texte erschließen	Phantasieerzählung: Informationen beschaffen Lösungshilfen zur Großschreibung
Wer ist der Größte? S. 185–206	Märchen Produktiver Umgang mit Texten; Texte erschließen	Märchen erzählen und schreiben Großschreibung von Adjektiven und Verben
Knifflige Probleme lösen S. 207–230	Sage, Jugenbuchauszug Produktiver Umgang mit Texten; Texte erschließen	Erzählen – nacherzählen Dehnung und Schärfung
Mut S. 231–254	Produktiver Umgang mit Texten; Texte erschließen	Umgang mit anderen
Früher – ... und heute? S. 255–272	Produktiver Umgang mit Texten; Texte erschließen	Höflich miteinander umgehen

Sprachbetrachtung und Grammatik	Arbeitstechniken	Informationen zu
Wortfeld	Schritte zum Erzählen, Gespräche führen – Verständnis sichern	Peter Härtling; Irmela Brender; Eugen Gomringer; Erzählen; Mit dem Körper sprechen; wie etwas gesagt wird, Wortfelder
Tempus: Präsens, Präteritum und Perfekt	Tips zum Briefeschreiben	Briefe schreiben Vergangenes ausdrücken: Präteritum und Perfekt Großschreibung des Anredepronomens
Satzarten; Satzschlußzeichen		Erich Kästner; Mark Twain; Janosch; Wilhelm Busch; Fabel Satzarten; Satzschlußzeichen
Infinitiv; Personalform; Subjekt		Till Eulenspiegel; Schildbürger; Nasreddin Ordnen und Sortieren von Geschichten; Schwank; Regiebuch; Satzglieder; Subjekt – Der einfache Satz, Subjekte ermitteln – Personalform
Der Prädikatsverband; Das Prädikat und die Personalform des Verbs		Prädikat, Prädikatsverband; James Krüss, Ernst Jandl, Ludwig Bechstein
Substantiv und Artikel Einzahl und Mehrzahl des Substantivs	Schreibtips zum Beschreiben Ein Gedicht vortragen	Friedrich Schiller Beschreiben; Substantiv und Artikel; Einzahl und Mehrzahl des Substantivs Gedichtvortrag

Sprachbetrachtung und Grammatik	Arbeitstechniken	Informationen zu
Adjektiv; Vergleichsformen des Adjektivs Zeichensetzung bei wörtlicher Rede	Bibliothek nutzen Abschreiben	Michael Ende; Scott O'Dell Wörtliche Rede; Adjektive Satzzeichen bei wörtlicher Rede
Wortbildung	Informationen beschaffen; Wörterbücher nutzen	Christian Morgenstern, Joachim Ringelnatz Legende; Informationen beschaffen Zusammengesetzte Wörter; Großschreibung
Satzglieder, Objekte		Gebrüder Grimm; Josef Guggenmos Märchen; Satzglieder, Komma bei Aufzählung; Großschreibung von Verben
Pronomen: Fragepronomen, Personalpronomen	Ein Algorithmus zu Dehnung und Schärfung	Homer; Heinrich Schliemann; Astrid Lindgren Nacherzählen; Sagen; Sagen – nicht nur erdacht; Geistersagen; Personalpronomen, Fragepronomen Dehnung und Schärfung
		Lisa Tetzner; Ursula Wölfel; Eduard Mörike
Angemessene Formen, jemanden aufzufordern	Proben und probieren: Ersatz-, Erweiterungs-, Klang- und Umstellprobe;	Verschiedene Arten aufzufordern Schärfung (s-Laute)